Grundkurs Sprachwissenschaft Spanisch

Andreas Wesch

Ernst Klett Sprachen
Barcelona Budapest Ljubljana London
Posen Prag Sofia Stuttgart

Bibliographische Information Der Deutschen Bibliothek
Die Deutsche Bibliothek verzeichnet diese Publikation in der Deutschen
Nationalbibliographie; detaillierte bibliographische Daten sind im
Internet über http://dnb.ddb.de abrufbar

9 783129 396223

1. Auflage A 1 5 4   I 2006 2005

Internetadresse I http://www.klett.de
Bildnachweis I Biblioteca Ateneu Barcelonés
    © Peter Aprahamian / CORBIS

Redaktion I Dr. Susanne Schauf
Umschlaggestaltung und Layout I Christine Schneyer
Satz I Hahn Medien GmbH, Kornwestheim
Druck I Gutmann+Co., Talheim. Printed in Germany.
ISBN 3-12-939622-5

Inhalt

Kapitel 1

Einige Fakten zur spanischen Sprache 7

1 Das Spanische und die anderen romanischen
Sprachen 7
2 Die Verbreitung des Spanischen 11
3 Die anderen Sprachen Spaniens 13

Kapitel 2

**Sprache und Sprechen: Grundlagen der
Sprachwissenschaft** 17

1 Die drei Ebenen des Sprachlichen 17
2 Sprachliche Universalien und verschiedene
Teildisziplinen der Sprachwissenschaft 21
3 Prinzipien der strukturalistischen Sprachwissenschaft 23
4 Einige Anmerkungen zur Geschichte und Entwicklung . . . 26
der Sprachwissenschaft
5 Zeichen- und Kommunikationsmodelle 35

Kapitel 3

Die lautliche Seite der Sprache 43

1 Einführung in die lautliche Transkription 43
2 Phonetik 45
3 Phonologie (Phonematik) 52
4 Phonie und Graphie 58
5 Suprasegmentalia 59

Kapitel 4

Die Form: Grundzüge der strukturellen Morphologie 61

1 Die zweifache Gegliedertheit der Sprache 61
2 Syntagmatik und Paradigmatik 63
3 Grundzüge der strukturellen Morphologie 66

Kapitel 5

Kategorien der Flexion, insbesondere beim Verb 71

1 Flexionsmorphologie 72
2 Tempus und Aspekt im Spanischen 73
3 Modus 78

Kapitel 6

Lexikalische Kreativität 81

1 Aspekte der Wortbildungslehre und Wortbildung
im Spanischen 82
2 Was ist ein *métomentodo*, was ein *hazmerreir*? –
andere Formen lexikalischer Kreativität 90
3 Lexikalisierung 91

Kapitel 7	**Semantik und Lexikologie** **93**
	1 Semasiologie und Onomasiologie 94
	2 Semantische Relationen und Wortfelder 95
	3 Richtungen der lexikalischen Semantik 99
	4 Lexikalischer Bedeutungswandel 102
	5 Semantische Besonderheiten des Spanischen
	und „falsche Freunde" 105
	6 Wortschatz und Wörterbuch:
	Grundzüge der Lexikographie 105

Kapitel 8	**Die Verknüpfung und Anordnung der sprachlichen**
	Elemente: Grundbegriffe der Syntax **109**
	1 Konstituentenanalyse 109
	2 Dependenzgrammatik 110
	3 Funktionale Satzperspektive 116
	4 Über die Einheit *Satz* hinaus: Texte 118

Kapitel 9	**Die historische Perspektive** **120**
	1 Sprachgeschichte der Iberischen Halbinsel und externe
	Sprachgeschichte des Spanischen 120
	2 Zum Phänomen des Sprachwandels 140
	3 Interne Sprachgeschichte: vom Vulgärlatein
	zum Spanischen 143

Kapitel 10	**Sprachliche Variation:**
	Norm, Subnormen, Normabweichungen **157**
	1 Grundlagen der Varietätenlinguistik 158
	2 Diatopische Variation im Spanischen 162
	3 Diastratische und diaphasische Variation 164
	4 Gesprochene und geschriebene Sprache 166
	5 Sprachkontakt 168

Anhang	Querschnitt durch den menschlichen Artikulationsapparat . . 172
	Literatur 173
	Sachregister 181

Vorwort

Mit der vorliegenden Einführung habe ich mir zum Ziel gesetzt, Studierenden der spanischen bzw. hispanistischen Philologie im Grundstudium einen ersten knappen und, wie ich hoffe, leicht verständlichen Überblick über die Grundlagen der sprachwissenschaftlichen Beschäftigung mit dem Spanischen zu verschaffen, und zwar sowohl als Begleitung zum universitären Einführungskurs als auch zum Selbststudium. Bei den manchmal notwendigen Vereinfachungen – nur dort, wo sie m. E. legitim sind – habe ich darauf geachtet, sowohl auf die Tatsache der Vereinfachung selbst als auch auf weiterführende Lektüre hinzuweisen. Andererseits habe ich lieber die eine oder andere kleine Redundanz in Kauf genommen, als allzu viele Rückverweise oder allzu verkürzte Darstellungen zu geben (und doppelt genäht hält bekanntlich besser...).

Inhalt und Gliederung dieses Buches orientieren sich an den Einführungsveranstaltungen in die (gallo-, italo- und) iberoromanische Sprachwissenschaft, die ich im Laufe vieler Jahre an der Freien Universität Berlin, der Albert-Ludwigs-Universität Freiburg i. Br., der Université Marc Bloch de Strasbourg, der Universität Konstanz und der Universität zu Köln abgehalten habe. Für Hinweise bzw. Unterstützung verschiedenster Art danke ich herzlichst meinen verehrten Lehrern Hans-Martin Gauger und Jens Lüdtke, weiterhin Elisenda Padrós Wolff, Heidrun Pelz und Johannes Müller-Lancé sowie Simone Benz, Stephanie Görge, Matthias Kugler, Anika Meckesheimer, Bettina Sander, Henrike Sattler, Daniela Schultheiß, Barbara Weizsäcker und ganz besonders – ohne sie wäre das Ganze ohnehin nicht möglich gewesen! – meiner Frau Petra Wesch. Wichtigen Anteil an diesem Buch haben auch die aktiven und interessierten Teilnehmerinnen und Teilnehmer an meinen Lehrveranstaltungen, nur sind sie leider zu zahlreich, als dass ich sie hier namentlich nennen könnte – an alle ein kollektives, aber nicht minder herzliches Dankeschön.

Ganz besonders danke ich Hartwig Kalverkämper dafür, dass er mir die Autorschaft dieses Grundkurses Sprachwissenschaft Spanisch anvertraut hat, eine Aufgabe, die ich mit Freude übernommen habe und die sehr viel Spaß gemacht hat. Nicht zuletzt geht mein spezieller Dank an Susanne Schauf vom Klett-Verlag für die hervorragende verlegerische Betreuung.

Gewidmet ist dieses Buch meinem kleinen Töchterchen Anne, die sich so oft zu Recht beklagt, dass der Papa ständig arbeitet, und ihrer Oma, meiner Mutter Edith Wesch, deren Begeisterung für iberoromanische und lateinamerikanische Kultur schon früh auf mich übergesprungen ist.

Andreas Wesch
im September 2001

5

KAPITEL 1 Einige Fakten zur spanischen Sprache

1 Das Spanische und die anderen romanischen Sprachen

Das Spanische gehört zur Familie der romanischen Sprachen, die aus dem gesprochenen Latein oder, wie man es meist nennt, dem Vulgärlatein hervorgegangen sind. Latein, ursprünglich ja die Sprache lediglich der Stadt Rom und ihrer Umgebung, wurde im Zuge der Expansion des Römischen Reiches im gesamten Mittelmeerraum und auch darüber hinaus verbreitet. In den meisten der von den Römern eroberten Territorien bildeten sich nach und nach Tochtersprachen heraus: Portugiesisch, Galicisch, Spanisch, Katalanisch, Okzitanisch, Französisch, Italienisch, Sardisch, Rätoromanisch, Rumänisch, um zunächst, von West nach Ost, nur diejenigen zu nennen, die einigermaßen unumstritten den Status von Sprachen haben. Doch könnten einerseits einige der genannten Sprachen noch einmal unterteilt werden, weil ihre Einheit oft in Frage gestellt und debattiert wird. So ließen sich etwa Katalanisch in Valenzianisch und Katalanisch im engeren Sinne (dazu womöglich noch Balearisch), Okzitanisch in Limousinisch, Gaskognisch und Provenzalisch sowie Rätoromanisch in Bündnerisch, Ladinisch und Friaulisch aufgliedern.[1] Andererseits könnte man Sprachen aufführen, bei denen der Status noch umstritten ist, etwa Asturisch (im nordspanischen Asturien), Korsisch, Frankoprovenzalisch (zwischen Französisch und Okzitanisch in der östlichen Mitte Frankreichs, der welschen Schweiz und dem nordwestlichen Italien) und Aromunisch (eine eng mit dem Rumänischen verwandte balkanromanische Minderheitensprache, deren Sprecher über Albanien, Rumänien, Bulgarien, Jugoslawien, Mazedonien und Nordgriechenland verstreut leben). Schließlich wäre der Vollständigkeit halber das Dalmatische zu nennen, das bis Ende des 19. Jahrhunderts in Dalmatien, also an der östlichen Adria, gesprochen wurde, aber dann ausgestorben ist.

Romania

---

1 Gerade beim Katalanischen, Okzitanischen und Rätoromanischen ist das fehlende Bewusstsein der Sprecher, eine zusammenhängende Sprachgemeinschaft zu bilden, ein großes Problem, denn eine stärkende Einigkeit wird so verhindert.

Neue Romania	Diese Alte Romania, also die Gesamtheit der Gebiete, die einmal zum *Imperium Romanum* gehörten, und in denen sich romanische Sprachen herausgebildet haben, ist aber nur ein Teil der Romania, heutzutage sogar nur der kleinere Teil, denn durch den Kolonialismus haben sich die romanischen Sprachen auch außerhalb Europas ausgebreitet (s. für das Spanische auch S. 11 ff.), so dass man heute von über 600 Mio. Sprechern romanischer Sprachen weltweit ausgehen kann. Hinzu kommen die Sprecher der Kreolsprachen, Idiome, die sich in der Karibik, im Indischen Ozean, in Afrika, Asien und Ozeanien ihrerseits auf der Basis von romanischen Sprachen (insbesondere Französisch und Portugiesisch) herausgebildet haben, und zwar in ganz ähnlicher Weise, wie die romanischen Sprachen sich einst auf der Basis des Vulgärlateinischen herausgebildet hatten. Eine Kreolsprache entsteht zunächst durch extreme Vereinfachung (Pidginisierung) einer Kolonialsprache, wobei dann die Pidginsprache zur Muttersprache einer folgenden Generation wird und im Laufe der Zeit eine Standardisierung und Anpassung auch an formelle Sprachregister erfährt, so dass sie (wieder) zu einer „vollwertigen" Sprache wird (s. dazu S. 170 f.). All diese Gebiete bilden gemeinsam das, was man Neue Romania nennt.

Gliederung nach CARLO TAGLIAVINI	Doch kommen wir noch einmal zurück zur Alten Romania und ihrer Gliederung. Nach CARLO TAGLIAVINI, der insgesamt vier Untergruppen von romanischen Sprachen unterscheidet, gehört das Spanische zur Untergruppe der iberoromanischen Sprachen.

- balkanromanische (oder dakoromanische) Sprachen, heute nur noch Rumänisch und Aromunisch, bis Ende des 19. Jahrhunderts auch Dalmatisch, das gleichzeitig eine Brückenstellung einnimmt (bzw. einnahm) zu den
- italoromanischen Sprachen, zu denen neben dem Dalmatischen das Italienische, das Sardische und das Rätoromanische gerechnet werden; weiterhin
- galloromanische Sprachen, also Französisch, Frankoprovenzalisch, Okzitanisch und zum Teil auch noch Katalanisch, das wiederum Brückensprache ist zu den
- iberoromanischen Sprachen, neben Katalanisch noch Spanisch, Galicisch und Portugiesisch.

Areallinguistik nach MATTEO BARTOLI	Von ebenfalls vier Untergruppen, nämlich Iberia, Gallia, Italia und Dacia, ging MATTEO BARTOLI aus, der als wichtigster Vertreter der Areallinguistik gelten kann. Entsprechend einer seiner Raumnormen, nämlich der Norm der Seitenareale, stellen die Iberia und die Dacia die Randromania, die Gallia und die Italia dagegen die Zentralromania dar, und zwar aus folgenden Gründen: Sprachliche Neuerungen, das zeigten Bartolis Studien, gehen

in der Regel von innovatorischen Zentralarealen aus und errei-
chen bei ihrer Verbreitung nicht immer auch die Randareale. Die
Randareale konservieren also in der Regel einen älteren Sprach-
stand, sind sprachlich konservativer. So kann man in der Tat beobachten, dass bei gemeinromanischen Neuerungen die Iberia und
die Dacia stets die ältere Phase erhalten, während in der Gallia
und der Italia die neuere Phase vorherrscht. Bartoli macht dies vor
allem an Phänomenen des Wortschatzes fest. So heißt etwa der
Tisch auf Spanisch *mesa* und auf Rumänisch *masă*, was sich von
lateinisch *mensa* herleitet, und *mensa* ist älter als *tabula*, die Form,
auf deren Grundlage sich das französische *table* und das italienische *tavola* herausgebildet haben. Gegenüber den gallo- und italoromanischen Sprachen sind die iberoromanischen Sprachen
also konservativer oder archaischer.

Von lediglich zwei großen Gruppen romanischer Sprachen ging
WALTHER VON WARTBURG aus. Er machte seine Klassifikation überwiegend an lautlichen Kriterien (freilich mit grammatischen Folgen) fest, sowie an der Frage nach den in den jeweiligen Arealen
gesprochenen vorrömischen Sprachen. Die Präsenz keltischer
Sprachen vor der Romanisierung und eine ganze Reihe von lautlichen Phänomenen koinzidieren, und wo vor den Römern keine
Kelten gesiedelt hatten, beobachtet man diese Phänomene gerade
nicht. Die Grenze zwischen diesen beiden Arealen ist die Linie, die
von La Spezia an der Riviera nach Rimini an der Adria verläuft.
Hier bündeln sich die Trennlinien zwischen drei lautlichen Phänomenen: nördlich davon – in der Westromania – werden (1) lat.
/p/, /t/, /k/ zwischen Vokalen zu /b/, /d/, /g/, wird (2) die Aussprache der lat. Lautverbindungen /kt/ und /ult/ im Wortinneren
zum Gaumen hin verschoben und bleibt (3) der Laut /s/ am Wortende erhalten. Südlich davon – in der Ostromania – bleiben (1')
lat. /p/, /t/, /k/ zwischen Vokalen erhalten, werden (2') die genannten Lautverbindungen nicht zum Gaumen verschoben und ver-
stummt (3') /s/ am Wortende. Dem westromanischen (hier dem
spanischen) (1) *saber* ‚wissen‘ (<*sapere*), *mudar* ‚sich ändern‘
(<*mutari*), *amigo* ‚Freund‘ (<*amicu*), (2) *noche* ‚Nacht‘ (<*nocte*),
mucho ‚viel‘ (<*multu*), (3) *tú cant-as* ‚du singst‘, *las amig-as*
‚die Freundinnen‘ steht ostromanisches (hier italienisches) (1')
amico, sapere, mutare, (2') *notte, molto,* (3') *tu cant-i, le amich-e* gegenüber.

Die gedachte Grenze zwischen zwei verschiedenen sprachlichen
Phänomenen nennt man Isoglosse, wobei es natürlich auch parallel verlaufende Isoglossen gibt, d. h. zwei Areale können sich
sprachlich durch mehr als ein Phänomen unterscheiden. Wir
sprechen dann von Isoglossenbündeln. Das Isoglossenbündel
La Spezia–Rimini bildet die Grenze zwischen West- und Ostroma-

Ost- und West-romania nach WALTHER VON WARTBURG

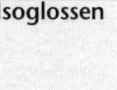

Isoglossen

nia.[2] Im Gebiet der Westromania hatten vor der Romanisierung Kelten gesiedelt, im Gebiet der Ostromania nicht.[3] Westromanische Sprachen sind somit die iberoromanischen und die galloromanischen Sprachen, die norditalienischen Dialekte und das Rätoromanische. Ostromanische Sprachen sind (oder waren) das Standarditalienische, die süditalienischen Dialekte und die balkanromanischen Sprachen. Das Sardische nimmt in dieser Klassifikation eine Sonderstellung ein.

Romania continua und *discontinua* nach AMADO ALONSO

Auch AMADO ALONSO ging schließlich von zwei Gruppen romanischer Sprachen aus. Aber während bei der gerade besprochenen Gliederung in West- und Ostromania vor allem eine Rolle gespielt hat, welche *vor*römischen Sprachen gesprochen wurden, sah Alonso genauer auf die Sprachen, die *nach* der Romanisierung das gesprochene Latein der römischen Provinzen beeinflussten. Da von diesen das Germanische, genauer: das Fränkische in der Galloromania einerseits und die slawischen Sprachen und das Ungarische in der Dacoromania andererseits die mit Abstand einflussreichsten waren, nehmen das Französische und das Rumänische auf Grund ihrer Strukturen heute eine Sonderstellung unter den romanischen Sprachen ein. Sie „tanzen aus der Reihe", denn die anderen romanischen Sprachen sind sich untereinander alle viel ähnlicher als etwa das Französische dem Spanischen oder das Rumänische dem Italienischen. So bilden im Sinne Alonsos das Französische und das Rumänische die *Romania discontinua*, eben mit gewissen Brüchen in der Entwicklung und entsprechend weiter Entfernung vom Lateinischen auf Grund der starken Einflüsse der Kontaktsprachen Fränkisch bzw. Balkanslawisch und Ungarisch. Alle anderen romanischen Sprachen bilden die *Romania continua* – hier gibt es in der Kontinuität der Entwicklung keine größe-

---

2 Es gibt eigentlich zwei Isoglossenbegriffe: ursprünglich bedeutet *Isoglosse* (griech.) ‚gleiche Sprache'. In diesem Sinne bezeichnet der Begriff zum einen das Verbreitungsgebiet eines sprachlichen Phänomens, also das Areal, in dem in Bezug auf dieses Phänomen sozusagen die gleiche Sprache gesprochen wird. Beispiel: im Norden Spaniens unterscheidet man die Laute /s/ und /θ/ (den „gelispelten" th-Laut), im Süden haben wir dagegen entweder nur /s/ *(seseo)* oder nur /θ/ *(ceceo)*. Eine Isoglosse wäre dann also die Nordhälfte des spanischen Sprachgebietes (das Areal der Unterscheidung), zwei andere wären die Areale des *seseo* und des *ceceo*. Der erheblich gängigere Isoglossenbegriff bezeichnet demgegenüber nicht die Areale, in denen ein sprachliches Phänomen verbreitet ist, sondern eben die Grenze zwischen zwei sprachlichen Phänomenen, also die virtuelle Linie, die wir zwischen zwei Arealen ziehen können. In diesem Sinne wäre die Grenze zwischen der Unterscheidung auf der nördlichen und dem *seseo/ceceo* auf der südlichen Seite eine Isoglosse.

3 Man mag erstaunt sein, dass diese Sprachgrenze mitten durch Italien verläuft, aber die Grundlage der Klassifikation sind natürlich die italienischen Mundarten. Dass man heute in Mailand, Turin und Udine Standarditalienisch spricht und dadurch die Mundarten überlagert sind, ist ein junges Phänomen.

ren Brüche, und die Divergenzen zum Lateinischen sind nicht so zahlreich wie im Französischen und Rumänischen.

② Die Verbreitung des Spanischen

Gemessen an der Sprecherzahl (über 370 Mio.) nimmt das Spanische unter den romanischen Sprachen die Spitzenstellung ein, was es zugleich zur drittgrößten Sprache der Welt (nach Englisch und Chinesisch) macht. Eine große romanische Sprache ist auch das Portugiesische (ca. 175 Mio.), wohingegen das Französische erst an dritter Stelle steht (ca. 75 Mio.), gefolgt von Italienisch (ca. 60 Mio.), Rumänisch (ca. 25 Mio.), Katalanisch (ca. 7–8 Mio.), Galicisch (ca. 3 Mio.) und Okzitanisch (mit extrem divergierenden Schätzungen zwischen lediglich einer und stolzen 12 Mio. Sprechern;[4] realistisch dürfte es sein, von maximal 2 Mio. auszugehen). Die Sprecherzahlen aller anderen romanischen Sprachen liegen unter 1 Mio.

Sprecherzahlen

Die heutige Verbreitung des Spanischen ist immens. Gesprochen wird es auf vier Kontinenten; nur in Australien und Ozeanien gibt es keine nennenswerten spanischsprachigen Gemeinschaften. In Amerika und Asien haben sich außerdem spanische Kreolsprachen herausgebildet (s. dazu S. 170 f.).

1 Spanisch in Europa

In Europa wird Spanisch in folgenden Ländern gesprochen:

europäisches Spanisch

– in Spanien, d. h. auf dem Festland, in den nordafrikanischen Exklaven Ceuta und Melilla, auf den Balearen und den Kanarischen Inseln, von knapp 40 Mio. Menschen als Mutter- oder Zweitsprache (neben einer der Sprachen, um die es auf S. 14 ff. gehen wird)
– in Gibraltar, das der britischen Krone unterstellt ist, von 17.000–18.000 Menschen als familiärer Dialekt neben dem Englischen
– im nördlichen Portugal in einigen Gemeinden nahe der span. Grenze (Rionor, Guadramil, Miranda und Sendim); die Sprachgrenze zwischen Spanisch und Portugiesisch und die Staatsgrenze zwischen Spanien und Portugal verlaufen nicht überall vollkommen deckungsgleich (vgl. S. 14)

---

4 Man muss hier wohl zwischen ca. 10–12 Mio. potentiellen Sprechern, die bestenfalls Okzitanisch verstehen, und ca. 2 Mio. aktiven Sprechern unterscheiden.

- in Andorra als Verkehrssprache
- in Frankreich und Deutschland von schätzungsweise 2–3 Mio. Gastarbeitern und deren Familien.

2 Spanisch in Amerika

amerika-nisches Spanisch

In Amerika wird Spanisch, grob von Nord nach Süd aufgezählt, in folgenden Ländern gesprochen:

- in den USA, einschließlich der mit den USA assoziierten Karibikinsel Puerto Rico, von ca. 25 Mio. Menschen (die legal dort leben; die Dunkelziffer dürfte deutlich höher sein), insbesondere von mexikanischen und mittelamerikanischen Zuwanderern nach Kalifornien, Neu Mexiko, Texas und Arizona, von Puertoricanern auf Puerto Rico selbst (ca. 3,5 Mio.), in New York und in Chicago sowie von Kubanern im Süden Floridas
- in Mexiko von ca. 85 Mio. Menschen; 3 Mio. Mexikaner sprechen altamerikanische Sprachen wie Náhuatl, Otomí und Maya
- in Guatemala von ca. 8 Mio. Menschen, wobei es dort außerdem noch zahlreiche indigene Sprachen gibt
- in Honduras von ca. 4 Mio. Menschen
- in El Salvador von ca. 5 Mio. Menschen
- in Nicaragua von ca. 3 Mio. Menschen
- in Costa Rica von ca. 2,5 Mio. Menschen
- in Panamá von ca. 2 Mio. Menschen
- auf Kuba von ca. 10 Mio. Menschen
- in der Dominikanischen Republik von ca. 6 Mio. Menschen
- auf Trinidad und Tobago als Verkehrssprache
- in Venezuela von ca. 15 Mio. Menschen
- in Kolumbien von ca. 28 Mio. Menschen
- in Ecuador von ca. 9 Mio. Menschen; 1,2 Mio. sprechen Quechua
- in Peru von ca. 20 Mio. Menschen; bis zu 5 Mio. sprechen Quechua, 0,5 Mio. Aymara (seit 1975 ist Quechua zweite offizielle Sprache)
- in Bolivien von ca. 7 Mio. Menschen; 1,5 Mio. sprechen Quechua, 1 Mio. sprechen Aymara
- in Paraguay von gut 3 Mio. Menschen; mindestens 2 Mio. sprechen Guaraní (beide Sprachen sind offizielle Amtssprachen)
- in Argentinien von ca. 30 Mio. Menschen
- in Uruguay von ca. 3 Mio. Menschen
- in Chile von ca. 12 Mio. Menschen; 250.000 sprechen Mapuche
- auf den Falklandinseln (span. *Islas Malvinas*)
- in einigen spanischen Sprachinseln in Brasilien.

3 Spanisch in Afrika und Asien

In Afrika und Asien gibt es nicht mehr viele spanische Sprachge-
meinschaften, und die, die sich erhalten haben, sind eher klein.
Gesprochen wird Spanisch:

Reste von kolonialem Spanisch

– in Marokko als Verkehrssprache sowie in Peñón de Vélez de la
  Gomera, auf den Alhucemas-Inseln und den Chafarinas-Inseln
– in Westsahara neben Arabisch als Amtssprache
– in Äquatorial-Guinea als Amtssprache und von ca. 40.000
  Menschen als Muttersprache
– auf den Philippinen von weniger als 1 Mio. Menschen, wobei
  längst nicht alle tatsächlich Muttersprachler sind; offizielle
  Sprachen sind dort Englisch und Tagalog.

4 Judenspanisch

Das *judeo-español* ist die Sprache der 1492 aus Spanien vertriebe-
nen Juden, der Sefarden, die zunächst in den Niederlanden und
in Norddeutschland Zuflucht suchten, ehe sie sich dann aber vor
allem auf dem Balkan und in Kleinasien ansiedelten. Wegen der
Judenverfolgung durch Nazideutschland sind die sefardischen
Gemeinden heute extrem dezimiert. Nennenswerte gibt es nur
noch in Saloniki (Griechenland), Izmir (Türkei), in New York und
in Israel, dort in Jerusalem und ganz besonders in Tel Aviv. Die
Verstreuung der Sprache lässt nur Spekulationen über die Sprecherzahl zu, wobei es einsprachig sefardische Sprecher wohl
ohnehin nicht mehr gibt. Optimistische Schätzungen gehen von
bis zu 360.000 Sprechern aus. Dennoch sind gerade in Israel
Bemühungen um das Judenspanische auszumachen, wo immer-
hin eine Wochenzeitschrift in dieser Sprache erscheint und regel-
mäßige Radiosendungen auf *judeo-espanyol* produziert werden.

judeo-espanyol

3 Die anderen Sprachen Spaniens

Neben dem Spanischen als Nationalsprache und den spanischen
Dialekten (s. dazu S. 162 f.) werden auf dem Territorium Spaniens
auch andere Sprachen gesprochen, auf die hier zumindest neben-
bei eingegangen werden soll. Es muss angemerkt werden, dass die
Sprecher all dieser Sprachen in Spanien generell zweisprachig sind
– schließlich schreibt sogar die spanische Verfassung die Beherr-
schung des Spanischen für alle spanischen Staatsbürger vor.

Regional-sprache

1 Das Katalanische

català,
valencià,
mallorquí
(baleàric)

Das Katalanische ist eine romanische Sprache, die von ca. 7–8 Mio. Menschen gesprochen wird, und zwar auch außerhalb Spaniens:

- in Katalonien (also in den Provinzen Girona, Barcelona, Lleida und Tarragona)
- in Aragón in einem schmalen Streifen an der Grenze zu Katalonien (genannt *La Franja* ‚der Streifen‘)
- im Valenzianischen Land (Provinzen Castelló de la Plana, València und Alacant [Alicante] sowie am Nordrand von Murcia)
- auf den Balearen (Mallorca, Menorca, Eivissa [Ibiza], Formentera)
- in Andorra, wo Katalanisch Staatssprache ist
- im französischen Département Pyrénées-Orientales in und um Perpinyà (Perpignan); traditionell wird die Region Rosselló (Roussillon) genannt
- in der Stadt L'Alguer (Alghero) auf Sardinien.

Das Katalanische kann auf eine lange literarische Tradition zurückblicken und ist seit dem Tod Francos im Jahre 1975 langsam wieder zu einer voll ausgebauten Sprache geworden, die nicht nur allen Diskurstraditionen gerecht wird, sondern auch wirklich in der Praxis in sämtliche Bereiche vorgedrungen ist. Dadurch hat es, nach der Epoche des Verbots in der Francozeit, in Katalonien (weit weniger allerdings in València und auf den Balearen) das Spanische stark zurückgedrängt. Unter den Regionalsprachen Spaniens steht das Katalanische heute eindeutig am besten da: Katalanisch wird unterrichtet, es ist Schulsprache, Mediensprache, Behördensprache und natürlich Literatursprache. Tägliche Umgangssprache hat es ohnehin, trotz des Verbots unter Franco, nie aufgehört zu sein.

2 Das Galicische und das Portugiesische

galego-
português

Das Galicische wird heute von etwa 3 Mio. Menschen in Galicien selbst, d. h. in den spanischen Provinzen A Coruña, Pontevedra, Ourense und Lugo, gesprochen, außerdem in Asturien, León und Zamora an der Grenze zu Galicien. Zahlenmäßig bedeutsame Gemeinden von Galiciern gibt es auf Kuba und in Argentinien.

Das Portugiesische wird in einigen Gemeinden entlang der spanisch-portugiesischen Grenze auch auf spanischer Seite gesprochen, und zwar in Ermisende (in der Provinz Zamora) sowie (weiter südlich, in den Provinzen Salamanca und Cáceres) in

Alamedilla, Eljas, Valverde del Fresno, San Martín de Trevejo, Herrera de Alcántara und Olivença, das lange Zeit zu Portugal gehört hat.

Wenn man sich mit der Geschichte des Portugiesischen beschäftigt, muss man das Galicische (manche nennen die Sprache auch Galegisch) stets mit einbeziehen, da die Wurzeln des heutigen Portugiesisch im nördlich benachbarten Galicien liegen, also im Nordwesten der Iberischen Halbinsel, wo sich Galicisch aus dem dort gesprochenen Vulgärlatein herausgebildet hat – historisch betrachtet ist Portugiesisch also nach Süden verpflanztes Galicisch. Man spricht in der historischen Sprachwissenschaft daher auch oft von Galego-Portugiesisch oder Galicisch-Portugiesisch (span. *gallego-portugués*).

3 Das Aranesische

Das Aranesische ist eine Varietät des Okzitanischen, genauer: des Gaskognischen, also auch eine romanische Sprache. Gesprochen wird es von maximal 6.000 Menschen im Val d'Aran in den Pyrenäen, an der Grenze zu Frankreich (d. h. zur Gaskogne). Da die Region, übrigens das Quellgebiet der Garonne, zu Katalonien (Provinz Lleida) gehört, sind ihre Bewohner zumeist dreisprachig Aranesisch-Katalanisch-Spanisch.

aranés

4 Das Baskische

Das Baskische ist nicht nur eine nicht-romanische, sondern sogar eine nicht-indogermanische Sprache von ungeklärter Herkunft. Gesprochen wird es auf spanischer Seite von ca. 700.000 Menschen, auf französischer Seite von ca. 150.000 Menschen (letztere Zahl ist ohne Zweifel eine optimistische Schätzung). Die Verbreitung in Spanien erstreckt sich im Baskenland selbst über die gesamte Provinz Gipuzkoa und über die Provinz Vizkaya sowie auf einige Orte in der Provinz Alava. Außerdem wird im Nordwesten Navarras zum Teil noch Baskisch gesprochen.

Die Ausdehnung des baskischen Sprachgebietes war ursprünglich einmal erheblich größer. Der Name des gerade erwähnten Val d'Aran, das doch deutlich weiter östlich in den Pyrenäen liegt, geht auf baskische Ursprünge zurück, und zwar ist es eigentlich ein tautologischer Name, da sowohl gaskognisch-aranesisch *val* als auch baskisch *aran* ‚Tal' bedeuten.

euskera

Hervorragend und bis heute unübertroffen ist das Handbuch von Berschin/Fernández-Sevilla/Felixberger [2]1995. Zur Verbreitung, Geschichte und Struktur des Spanischen bietet es eine Fülle von Informationen, und ist doch kompakt und auf das Wesentliche konzentriert. Eine gute Einführung in die spanische Sprachwissenschaft ist auch diejenige von Dietrich/Geckeler [3]2000.

Eine sehr gute Einführung in die romanische Sprachwissenschaft liegt mit dem Buch von Gauger/Oesterreicher/Windisch 1981 vor, von dem in Kürze eine völlig überarbeitete Neuauflage erscheinen wird. Originell ist diese Einführung, weil die Autoren, nach einem einführenden Kapitel (s. a. Gauger 1989), ihre Leser mittels kritischer Würdigungen von Werken, die als Meilensteine der romanischen Sprachwissenschaft gelten können, an die Materie heranführen. – Zu empfehlen ist auch Blasco Ferrer 1996.

Zwei Klassiker sind Tagliavini [2]1998 und Lausberg [2]1963-1972, die ersten bedeutenden Einführungen in die historische romanische Sprachwissenschaft seit dem epochalen Werk von Meyer-Lübke [3]1920. – Weitere Einführungen sind Pöckl/Rainer [2]1994 (mit einer Tonkassette zum Anhören von romanischen Sprachproben), Renzi 1980 und Lindenbauer/Metzeltin/Thir [2]1995. Auf die iberoromanischen Sprachen spezialisiert ist der Klassiker von Entwistle 1936/[2]1951, während Colon 1989 die Konzentration ganz auf das Spanische und das Katalanische richtet.

Besonders wichtig ist der Hinweis auf das *Lexikon der romanistischen Linguistik* (*LRL*, Holtus/Metzeltin/Schmitt (Hgg.) 1987ff; zum Spanischen Band 6,1, zum Portugiesischen und Galicischen Band 6,2, zum Katalanischen und Okzitanischen Band 2). In diesem thematisch gegliederten Nachschlagewerk findet sich zu fast jedem denkbaren historischen und gegenwartsbezogenen Thema ein Überblicksartikel, sowohl zu den einzelnen romanischen Sprachen als auch in gesamtromanischer Perspektive. In Kürze wird zudem ein mehrbändiges Handbuch zur Geschichte der romanischen Sprachen vorliegen; s. Ernst/Gleßgen/Schmitt/Schweickard (in Vorbereitung).

Über Regional- und Minderheitensprachen in Spanien informiert detailliert Bochmann 1989. Speziell zum Katalanischen ist die Lektüre des sehr guten Handbuchs von Lüdtke 1984 anzuraten, während etwas Ähnliches zum Portugiesischen ein Desiderat bleibt. Allerdings liegt mit Sten 1944 eine sehr schöne, kompakte Überblicksdarstellung zu den Besonderheiten des Portugiesischen vor, die durchaus nicht überholt ist; s. außerdem Câmara 1972.

Das in diesem Kapitel dargelegte Zahlenmaterial ist weitgehend Crystal 1997 entnommen.

Wer einen Blick in die Originale der oben erwähnten Klassiker der romanistischen Sprachwissenschaft werfen möchte – hier sind die Hinweise: Alonso 1945/[2]1951, Bartoli 1945, Wartburg 1950.

2 KAPITEL Sprache und Sprechen: Grundlagen der Sprachwissenschaft

Bevor wieder konkret auf das Spanische eingegangen wird, ist es notwendig, kurz einige unerlässliche Grundlagen der Beschäftigung mit Sprache generell, also der allgemeinen Sprachwissenschaft – oder allgemeinen Linguistik – darzulegen.

Vorbemerkung

1 Die drei Ebenen des Sprachlichen

Man vergleiche in den folgenden Äußerungen, was unter *sprechen* und *Sprache* jeweils zu verstehen ist:

Beispiele

(1) *Die kleine Tochter von unseren Nachbarn spricht schon.*
(2) *Nebenan spricht jemand.*
(3) *Hans spricht ein bisschen zuviel.*
(4) *Brigitte kann fünf Sprachen.*
(5) *Jesús spricht Spanisch mit seinen Kindern.*
(6) *Die Chefin spricht der Sekretärin ihre Briefe auf ein Diktiergerät.*
(7) *Die Dozentin hat gut, aber zu lange gesprochen.*
(8) *Bring es doch mal zur Sprache!*

Lesarten

In Beispiel (1) geht es eindeutig um so etwas wie Sprachfähigkeit, Sprachvermögen.[1] Die Äußerung (2) geht in eine ähnliche Richtung; hier dreht es sich um die Feststellung, dass, etwa durch eine Wand hindurch, in irgendeiner Weise menschliche Sprache zu vernehmen ist, ohne dass weiter präzisiert wäre, welche Inhalte in welcher Sprache vermittelt werden. Und auch Beispiel (3) ist klar auf „Sprechen im Allgemeinen" bezogen, denn hier wird weder über die Form noch über den Inhalt etwas ausgesagt, sondern nur festgestellt, dass eine Person ihr dem Menschen eigenes Sprachvermögen ein wenig zu ausgiebig unter Beweis stellt. Anders die Äußerungen (4), (5) und (6). Im Mittelpunkt steht in (4) und (5) eindeutig die Sprache als System der Kommunikation, mit der Möglichkeit, ihr einen Namen zu geben (z. B. *Spanisch*), oder, in (6), die Sprache in Form einer bestimmten traditionellen „Textsorte", in allen Fällen aber noch ohne Bezug auf konkrete, reale Akte der Kommunikation. Um solche geht es schließlich in den Beispielen (7) und (8): Ersteres bezieht sich – noch ohne inhaltli-

---

1 Nicht von ungefähr ist im Lateinischen in Bezug auf das kleine Kind vom *infans* die Rede, also von dem ‚(noch) nicht Sprechenden‘; daher frz. *enfant* ‚Kind‘, span. *infante*, ursprünglich ‚Kind‘, heute nur noch ‚Königskind‘.

che Präzisierungen – auf einen ganz konkreten Vortrag, Letzteres imperativisch auf einen noch in der Zukunft liegenden Akt der Kommunikation einschließlich inhaltlicher Bezüge, die in dem Pronomen (*es*) impliziert sind.

1 Sprechtätigkeit im Allgemeinen, Einzelsprache (*langue*) und Diskurstradition, Rede (*parole*)

Ebenen des Sprachlichen

Offensichtlich haben also das Verb *sprechen* (analog natürlich auch *reden* und alle anderen Verben, die einen Kommunikationsakt bezeichnen, sowie auch span. *hablar* und seine Synonyme) und das Substantiv *Sprache* (ebenso span. *lengua*) sehr verschiedene Bedeutungsnuancen, die weitgehend den drei zu unterscheidenden Ebenen des Sprachlichen entsprechen:

Universelle Ebene:
Sprechtätigkeit im Allgemeinen (Sprachvermögen)
Historische Ebene:
(1a) Einzelsprache (System)   (1b) Diskurstraditionen (idiomatisches Wissen)   (expressives Wissen) (2) Norm (idiomatisches und expressives Wissen)
Aktuelle (individuelle) Ebene:
Rede in ihrer konkreten Realisierung (Diskurs)

Abb. 1: Ebenen des Sprachlichen

langage

Die Unterscheidung dieser drei Ebenen, wie wir sie in der hier dargelegten Weise vor allem bei EUGENIO COSERIU und seinen Schülerinnen und Schülern auf den Punkt gebracht finden, geht letztlich auf FERDINAND DE SAUSSURE zurück, der Ende des 19., Anfang des 20. Jahrhunderts an der Universität Genf lehrte und als Begründer der synchronen strukturalistischen Sprachwissenschaft eine besonders wichtige Rolle spielt.[2] SAUSSURE ging davon aus, dass eine besondere menschliche Fähigkeit die *(faculté de) langage* sei, was etwa der hier angesetzten universellen Ebene entspräche.

---

2 Zwischen drei Ebenen des Sprachlichen unterschied, vor SAUSSURE, wohl zuerst GEORG VON DER GABELENTZ, und zwar Ende des 19. Jahrhunderts.

Zugleich führte Saussure die besonders grundlegende Dichotomie (d. h. Paar einander entgegengesetzter Begriffe) von *langue und parole* ein, die in der Folgezeit immer wieder aufgegriffen wurde und im Mittelpunkt der gesamten strukturalistischen und strukturalistisch beeinflussten Sprachwissenschaft steht. Die beiden Begriffe gründen auf der Tatsache, dass das menschliche Sprechen einerseits individuell, andererseits sozial bedingt ist. So ist *langue* ein soziales Faktum, der gemeinsame Code, der jedem Teilhaber an einer Sprachgemeinschaft gleichsam wie ein Wörterbuch zur Verfügung steht, während *parole* der individuelle Akt ist, die jeweils konkrete Äußerung, die nach den Regeln der *langue* erfolgt. Die *langue* wiederum, also das zugrundeliegende System, kann ihrerseits nur aus der „Gesamtheit" – hier kann natürlich immer nur gemeint sein: einer größtmöglichen Anzahl – von *parole*-Äußerungen ermittelt werden. Dies zeigt auch, dass keine der beiden Ebenen als primär gegenüber der anderen anzusehen ist: *parole* erfolgt nach den Regeln der *langue*, die Regeln der *langue* ergeben sich aus der Gesamtheit der individuellen *parole*-Akte. Nach Saussure ist *langue*: sozial, essenziell, homogen, psychisch, virtuell und passiv im Individuum gespeichert; *parole* dagegen ist individuell, akzidentell, heterogen, psychisch-physisch, konkret und ein bewusster, willentlicher Akt. Beide stehen aber in einer gegenseitigen Abhängigkeit voneinander (*dépendence réciproque*), d. h. es gibt weder *langue* ohne *parole* noch *parole* ohne *langue*.

Die Dichotomie *langue* vs. *parole*, die in etwa der oben im Schaubild getroffenen Unterscheidung zwischen der historischen und der aktuellen Ebene entspricht, ist freilich nicht die einzige grundlegende Dichotomie, die wir Saussure zu verdanken haben. Wir werden im Laufe dieser Einführung weiteren begegnen.

langue und *parole*

2 System, Diskurstraditionen, Norm und Rede

Es gilt nun, die historische Ebene etwas differenzierter zu betrachten, da in Saussures Auffassung von der *langue* als homogenem System, in dem alles miteinander zusammenhängt, einige Probleme nicht berücksichtigt werden.

Zunächst befolgen wir beim Sprechen und Schreiben, unserem idiomatischen Wissen entsprechend, die Regeln, die uns das System vorgibt.

Damit ist es aber nicht getan, denn wir bewegen uns auch immer in bestimmten Diskurstypen oder „Textsorten" (auf diesen Aspekt wird im nächsten Teilkapitel [S. 22] zurückzukommen sein) und drücken uns nach den entsprechenden Vorgaben aus. Was in einem Diskurstyp angemessen ist, braucht es in einem anderen nicht zu sein, und das ist bis zu einem gewissen Grad auch unab-

Korrektheit und Angemessenheit

hängig davon, welche Sprache man spricht, also eigentlich ein übereinzelsprachliches Phänomen: Rede ich auf dem Fußballplatz wie bei einer festlichen Laudatio, wirft man mir zu Recht vor, ich redete geschwollen, und spreche ich bei einer festlichen Laudatio wie bei einem lockeren Gespräch auf dem Fußballplatz, muss ich mir mit Sicherheit anhören, wieder zu Recht, ich hätte zu flapsig gesprochen. Mit anderen Worten: Wir alle verfügen neben dem idiomatischen Wissen um sprachliche Korrektheit auch über ein expressives Wissen um sprachliche Angemessenheit. Wenn ich gerade gesagt habe, dass die Angemessenheit lediglich bis zu einem gewissen Grad einzelsprachunabhängig ist, meine ich damit, dass es natürlich dennoch von Sprachgemeinschaft zu Sprachgemeinschaft unterschiedliche Grenzen zwischen Angemessenheit und Unangemessenheit gibt. So unterscheiden beispielsweise sowohl das Deutsche als auch das Spanische eine vertraute und eine höfliche Anredeform (die beiden Systeme unterscheiden sich also in diesem Punkt nicht), aber die Grenzen zwischen *du* und *Sie* einerseits und *tú* und *usted* andererseits verlaufen an sehr unterschiedlichen Stellen. Wo im Spanischen ein *tú* vollkommen angemessen ist, etwa unter Kollegen, kann im Deutschen das vermeintlich – aber eben wirklich nur vermeintlich – dem *tú* entsprechende *du* ausgesprochen unangemessen sein. Nicht nur Verstöße gegen die sprachliche Korrektheit, also gegen das System, sondern auch solche gegen die sprachliche Angemessenheit, unterlaufen, wie das Beispiel außerdem zeigen sollte, typischerweise ganz besonders Sprechern, die sich gerade nicht in ihrer Muttersprache bewegen.

Norm

Weiterhin, und vor allem, ist längst nicht alles, was von der *langue* als virtuellem System her möglich wäre, in der Rede, so wie sie im täglichen Leben zu beobachten ist, auch tatsächlich verwirklicht. Mit anderen Worten: Es ist so manche Äußerung denkbar, die sich zwar sowohl an die Regeln des Systems als auch an die Vorgaben der Textsorte hält, die aber dennoch von muttersprachlichen Sprechern nicht akzeptiert würde, etwa mit einem Urteil wie „das ist nicht wirklich falsch, aber das sagt man nicht so". Es kommt hier, und das ist sehr wichtig, eine Instanz ins Spiel, die von COSERIU *Norm* genannt wird, der Bereich „des sprachlich Normalen", leicht vereinfachend gesagt, die Gesamtheit dessen, was von den hypothetisch vorgegebenen Möglichkeiten auch tatsächlich ausgenutzt wird. Natürlich geschehen auch Verstöße gegen die Norm besonders dann, wenn man sich nicht in der Muttersprache ausdrückt.

Beispiel

Am deutlichsten wird dies wieder an einem Beispiel. Die involvierten Systeme sind erneut das Deutsche und das Spanische, der Diskurstyp ist das Telefongespräch. Als Anrufer sagt man im Deutschen, sobald sich am anderen Ende jemand gemeldet hat, *Guten Tag, hier ist XY, ... (etc.)*, im Spanischen dagegen *Buenos días, soy XY, ... (etc.)*, und typischerweise sagen Spanier auf Deutsch oft *Guten Tag, ich bin XY, ... (etc.)*, und Deutsche auf Spanisch *Buenos días, aquí está XY, ... (etc.)*. Das ist sicher beides nicht falsch, denn es verstößt nicht gegen die Regeln der Systeme: die Sätze sind grammatisch wohlgeformt und korrekt. Beides ist sicher auch nicht unangemessen, denn es verstößt nicht gegen die Traditionen des Telefongesprächs: wenn sich am anderen Ende der Leitung jemand meldet, sagt man höflicherweise erst einmal, wer man ist. Dennoch verstößt es gegen gewisse „Regeln", und zwar gegen die „Regeln dessen, was man gewöhnlich in einer solchen Situation sagt". Man *könnte* auch im Spanischen am Telefon sagen *Buenos días, aquí está XY, ... (etc.)*, aber man *tut* es eben nicht.

2 Sprachliche Universalien und verschiedene Teildisziplinen der Sprachwissenschaft

Wenn auch im vorangehenden Teilkapitel drei Ebenen des Sprachlichen unterschieden worden sind, so muss dennoch darauf bestanden werden, dass sie unmöglich getrennt voneinander „vorkommen" können, sondern dass sie stets alle drei gleichzeitig „da" sind – die Unterscheidung bildet also die Grundlage für die wissenschaftliche Analyse, nicht mehr und nicht weniger.

Aus den drei Ebenen des Sprachlichen resultieren nun eine Reihe von Eigenschaften, die nicht unbedingt an einem konkreten Akt der Kommunikation festzumachen sind, sondern jeder sprachlichen Äußerung anhaften. Ihre Untersuchung bzw. die Beschäftigung mit ihnen fällt dabei jeweils verschiedenen Teildisziplinen zu, die in den Kommentaren zu einigen der einzelnen Eigenschaften kurz genannt werden sollen. Wir können mindestens acht solcher Universalien formulieren. Dies sind die strikten oder essenziellen Universalien:

Sprachliche Universalien

Sprache verfügt über Mittel, mit denen die zu vermittelnden Inhalte ausgedrückt werden, also über Laute bzw. Buchstaben, je nachdem, ob Sprache phonisch oder graphisch realisiert wird.

Exteriorität

Traditionell beschäftigen sich die Phonetik und die Phonologie (zum Unterschied zwischen den beiden Teildisziplinen s. Kapitel 3) mit den Lauten der Sprache. Die aus diesen Lauten gebildeten Formen wie Wörter, Endungen, etc. sind Gegenstand der Morphologie (s. Kapitel 4).

Sprache bedeutet etwas und bezieht sich auf die außersprachliche Wirklichkeit, bezeichnet diese. Die Lehre von den sprachlichen

Semantizität

Bedeutungen heißt Semantik (s. Kapitel 7). Sie ist aber nicht die einzige Disziplin, die sich mit dieser Eigenschaft von Sprache auseinandersetzt – auch in der linguistischen Pragmatik und in der Textlinguistik geht es um Bedeutung und Bezeichnung (s. Kapitel 8, S. 118).

Linearität

Jedes Sprechen hat eine Ausdehnung in der Zeit – geschriebene Sprache entsprechend im Raum – und ist unidirektional linear.

Dies mag banal klingen, bestimmt aber die Fragestellungen und Methoden der Sprachwissenschaft, und es gibt ja auch nichtlineare Formen der Kommunikation, etwa über Verkehrszeichen oder bestimmte Gebärden bzw. Gesichtsausdrücke.

Mit der linearen Anordnung und Verknüpfung der sprachlichen Elemente in der *chaîne parlée* (auch dies ein Begriff von Saussure), der sprachlichen Kette, beschäftigt sich vor allem die Syntax (s. Kapitel 8).

Alterität

Bei jedem Sprechen richtet sich ein Ich an ein Du, d.h. ein oder mehrere Sender an einen oder mehrere Empfänger (die natürlich im inneren Monolog identisch sind).

Diese subjektive Dimension der Kommunikation ist u.a. Gegenstand der linguistischen Pragmatik (s. S. 118) und der Konversationsanalyse.

Historizität

Jedes Sprechen vollzieht sich notwendigerweise nach einzelsprachlichen Traditionen, im Modus einer Einzelsprache,[3] die sich mitsamt ihren Konventionen historisch herausgebildet hat.

Dieses Universale ist dafür verantwortlich, dass Menschen sich überhaupt sprachlich verständigen können, und ist eng verwandt mit der universellen Spracheigenschaft der Diskursivität. Das hiermit verbundene Sprecherbewusstsein beinhaltet das Wissen um bzw. das Streben nach sprachlicher Korrektheit.

Diskursivität

Jedes Sprechen vollzieht sich nach – übereinzelsprachlichen – Diskurstraditionen, also immer im Modus irgendeines Texttyps oder einer Textsorte.

Wer kommuniziert, weiß in der Regel, was jeweils angemessen ist, und wird sich bei einem Bewerbungsgespräch gerade nicht in der Textsorte *Gespräch auf dem Fußballplatz* ausdrücken, sondern in der Textsorte *Bewerbungsgespräch*. Das Universale der Diskursivität ist eng verwandt mit der schon besprochenen Historizität. Das hiermit verbundene Sprecherbewusstsein beinhaltet dagegen das Wissen um bzw. das Streben nach sprachlicher Angemessenheit.

---

3 Bezeichnenderweise hieß es im Lateinischen *latine loqui*; das Verb *loqui* ‚sprechen' wurde also durch das Adverb *latine* (sozusagen „auf lateinische Art und Weise", „wörtliche" spanische Übersetzung **hablar latinamente*) modal bestimmt.

Auch mit solchen Aspekten der Kommunikation beschäftigen sich die Pragmatik und die Textlinguistik.

Jedes Sprechen stellt immer wieder einen neuen schöpferischen Akt dar, bei dem lediglich die Mittel historisch vorgegeben sind (vgl. Historizität), aber der Umgang mit diesen Mitteln ist jedesmal neu. Gemeint ist im übrigen jedes Sprechen, nicht nur das literarisch überformte.

Kreativität

Eine Disziplin, die sich mit den hier angesprochenen Aspekten auseinandersetzt, ist die sprachliche Stilistik.

Sprache kann auf sich selbst referieren, beinhaltet die Möglichkeit des Sprechens über das Sprechen, ist also potenziell Metasprache.

Reflexivität und Autonymie

Unter anderem ist natürlich das, was wir als Sprachwissenschaftler ständig tun, Sprechen über Sprache. Doch auch im Alltag begegnen uns reflexive Strukturen auf Schritt und Tritt: so ist eine Äußerung wie *Das Wort „Rhythmus" schreibt man mit <rh> und <th>* klar metasprachlich, weil nicht der Inhalt des Wortes *Rhythmus* interessiert, sondern das Wort selbst. Wenn ein Wort als „Name für sich selbst" fungiert, sprechen wir von autonymer Verwendung. Ein anderes Beispiel für Reflexivität: Das indefinite Pronomen *damit* referiert in einer so alltäglichen Frage wie *Was meinst du damit?* auf etwas zuvor Gesagtes, also auf Sprache. Oder nehmen wir eine Äußerung wie *Was, diesen Schrotthaufen nennst du Auto?!* *Auto* erscheint hier in autonymer Verwendung; der Sprecher referiert auf eine Äußerung seines Gesprächspartners.

Wie die jeweiligen Kommentare zu den einzelnen sprachlichen Universalien zeigen sollten, bestimmen diese die Fragestellungen und Methoden der Sprachwissenschaft.

3 Prinzipien der strukturalistischen Sprachwissenschaft

Auf den weiter oben schon genannten FERDINAND DE SAUSSURE geht eine weitere für die Sprachwissenschaft besonders wichtige Dichotomie zurück, und zwar die Unterscheidung zwischen einer Achse des Aufeinanderfolgenden (*axe des successivités*) und einer Achse des Gleichzeitigen (*axe des simultanéités*). Die Dichotomie lautet *Diachronie vs. Synchronie*. Für die Beschäftigung mit der Sprache bedeutet dies, dass wir sie einerseits durch die Zeit hindurch – diachronisch – betrachten können, etwa um bestimmte Phänomene des Wandels zu untersuchen, und dass wir sie andererseits zu einem bestimmten Zeitpunkt – synchronisch – näher in Augenschein nehmen können, etwa zur Untersuchung bestimmter Strukturen.

Sprache und Zeit

Beschrei-bung	Wenn von „Beschäftigung mit der Sprache", „Untersuchung" und „Betrachtung" die Rede ist, deutet sich bereits wieder eine Saussuresche Dichotomie an, die ebenfalls bis heute die Arbeitsweise der Sprachwissenschaft bestimmt. Die Beschäftigung mit der Sprache kann nämlich einen präskriptiven oder einen deskriptiven Charakter haben, je nach Zielsetzung. Vorschriften zu einem grammatisch bzw. stilistisch korrekten Sprachgebrauch machen in der Regel die sprachpflegerischen und/oder normierenden Instanzen, also Sprachakademien und ähnliche Einrichtungen (eine präskriptive Sprachwissenschaft, der freilich nicht die Daseinsberechtigung abgesprochen werden soll; s. dazu ausführlich Kapitel 10). Außerhalb solcher Kontexte interessiert dagegen die Frage nach Korrektheit bzw. Inkorrektheit die Sprachwissenschaftler bestenfalls am Rande: Sprachwissenschaft will beschreiben, und zwar „alles", was realisiert wird, nicht nur das vermeintlich Korrekte (deskriptive Sprachwissenschaft). Die Dichotomie lautet in diesem Falle also *deskriptiv* vs. *präskriptiv*.

1 Synchronie, Diachronie und Sprachgeschichte

Synchronie und Diachronie	Bei der synchronischen Untersuchung braucht der Zeitpunkt (bzw. eng begrenzte Zeitraum), der untersucht werden soll, nicht notwendigerweise die Gegenwart zu sein (wiewohl sie es oft ist), sondern es ist auch möglich, ältere Sprachstände synchronisch zu beschreiben. Die – nicht seltene und manchmal praktische – Gleichsetzung von diachronischer und historischer Sprachwissenschaft einerseits und von synchronischer und aktualitätsbezogener Sprachwissenschaft andererseits greift daher zu kurz: sowohl mit dem Spanischen des Mittelalters als auch mit dem Spanischen der Gegenwart kann man sich sowohl diachronisch als auch synchronisch beschäftigen. Es handelt sich also um eine Frage des Erkenntnisinteresses und der Methode.

Für die oben genannten sprachwissenschaftlichen Teildisziplinen bedeutet die Unterscheidung zwischen Diachronie (Betrachtung der Sprache durch die Zeit hindurch) und Synchronie (Betrachtung der Sprache zu einem bestimmten Zeitpunkt) sozusagen eine Verdopplung, da man im Prinzip in jeder von ihnen jeweils beide Blickrichtungen einnehmen kann. In der vorliegenden Einführung steht die synchronische Sprachwissenschaft im Mittelpunkt, während die diachronische nur am Rand behandelt werden kann.

2 Oppositionen

Entscheidend ist nun, dass es vor SAUSSURE so etwas wie eine synchronische Sprachwissenschaft überhaupt nicht gegeben hatte – er kann somit als ihr Begründer gelten. Zugleich wird mit Saussure eine sprachwissenschaftliche Richtung ins Leben gerufen, die das gesamte 20. Jahrhundert über in verschiedenen Ausprägungen und Schulen sehr viel Zuspruch genossen hat, nämlich der Strukturalismus. Im Falle Saussures und seiner Schüler handelt es sich um die erste strukturalistische Schule, die Genfer Schule des Strukturalismus.

Strukturalismus

Die Grundidee des Strukturalismus ist, etwas vereinfachend gesagt, dass die Elemente, die eine Sprache ausmachen, in verschiedenartigen Oppositionen zueinander stehen, mit anderen Worten, dass Sprache ein System von Oppositionen ist, in dem jedes Element sich stets negativ definiert, d. h. genau dadurch, dass es gerade nicht wie ein anderes ist; in der Sprache gebe es nichts als Unterschiede, wie Saussure selbst es sagte („dans la langue, il n'y a que des différences") – eine Definition *ex negativo*.

Grundidee des Strukturalismus

So besteht zum Beispiel im Deutschen eine Opposition zwischen dem i-Laut und dem ü-Laut, die darin besteht, dass beim ü-Laut die Lippen gerundet sind, beim i-Laut jedoch nicht (sonst ist die Aussprache aber gleich); dadurch sind die beiden Laute in der Lage, die Wörter *Tier* und *Tür* lautlich voneinander zu unterscheiden. Weiterhin besteht im Spanischen zwischen den Wörtern *asiento* ‚Sitz(gelegenheit)' und *silla* ‚Stuhl' eine Opposition, denn die beiden Wörter unterscheiden sich hinsichtlich ihrer Spezifizität: *silla* ist klar spezifischer als *asiento*. Bei dieser Opposition können wir sagen, dass *silla* das markierte Glied der Opposition ist, *asiento* dagegen das unmarkierte Glied, denn ich kann jeden Stuhl eine Sitzgelegenheit nennen, aber längst nicht jede Sitzgelegenheit ist ein Stuhl. Die Opposition kann also neutralisiert werden in dem Sinne, dass das unmarkierte Glied auch für das markierte stehen kann, aber nicht umgekehrt.

Opposition, Markierung und Neutralisierung: Beispiele

Weitere Beispiele für Oppositionen und deren Neutralisierungen werden in den Kapiteln zur Phonologie, zur Morphologie und zum Wortschatz gegeben.

3 Primat der gesprochenen Sprache

Es liegt auf der Hand, dass menschliche Sprache sowohl mündlich als auch schriftlich realisiert werden kann, d. h. sowohl im phonischen als auch im graphischen Modus oder Code. Wichtig ist nun, dass für Saussure die gesprochene Sprache primär gegenüber der

Codes

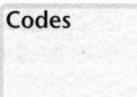

geschriebenen ist, also ein primäres gegenüber einem sekundären System, wobei die Systeme in gewisser Weise auch unabhängig voneinander sind.[4] Für den Primat der gesprochenen Sprache spricht natürlich vor allem, dass Sprechen vor dem Schreiben erlernt wird, sowohl ontogenetisch (d. h. in der Entwicklung eines Individuums) als auch phylogenetisch (d. h. innerhalb der Menschheitsgeschichte). Auf das Problem der Unterschiede zwischen gesprochener und geschriebener Sprache kommen wir in Kapitel 10 ausführlich zurück.

4 Einige Anmerkungen zur Geschichte und Entwicklung der Sprachwissenschaft

Phasen nach GAUGER

Wenn Saussure auch der Begründer der modernen Sprachwissenschaft ist, so darf doch nicht ganz vergessen werden, dass es selbstverständlich auch vorher schon eine Sprachwissenschaft gegeben hatte. Hans-Martin Gauger unterscheidet sieben Phasen der Sprachwissenschaft (vgl. den Abschnitt zur weiterführenden Literatur).

1 Erste, zweite und dritte Phase – allgemeine und romanistische Sprachwissenschaft vor dem Strukturalismus

Erste Phase: Anfänge

Die wissenschaftliche Beschäftigung mit Sprache setzte ab dem 19. Jh. in Form der Herausbildung einer historisch-vergleichenden Sprachwissenschaft ein, nachdem bereits im 18. Jh. Gemeinsamkeiten zwischen Sanskrit und europäischen Sprachen entdeckt worden waren.

FRIEDRICH SCHLEGEL und die Indogermanistik

Im Jahre 1808 erschien das Werk *Über die Sprache und Weisheit der Inder* von FRIEDRICH SCHLEGEL, in dessen Folge die Indogermanistik die Forschung zu den gemeinsamen Wurzeln der indogermanischen Sprachen vorantrieb. Die wichtigsten Vertreter waren FRANZ BOPP (*Ueber das Conjugationssystem der Sanscritsprache in Vergleichung mit jenem der griechischen, lateinischen, persischen und germanischen Sprache*, 1816), JAKOB GRIMM und RASMUS RASK.

---

4 So steht im Französischen dem o-Laut eine Vielzahl von graphischen Realisierungen gegenüber: *Saint-Malo, Bordeaux, Renault, Peugeot, Eau de Cologne, Gault Millau, La Chaux*, um nur, ohne Anspruch auf Vollständigkeit, sieben verschiedene Schreibungen anzuführen. Noch krasser ist das Beispiel der dritten Person Plural im Französischen, wo dem geschrieben Endungselement *-ent* im Gesprochenen überhaupt nichts entspricht: *elles chantent* ‚sie singen' und *elle chante* ‚sie singt' unterscheiden sich phonisch nicht im geringsten.

Wohl der bedeutendste Sprachphilosoph überhaupt war WILHELM VON HUMBOLDT, der jedoch auf die Entwicklung der historisch-vergleichenden (nicht nur romanistischen) Sprachwissenschaft kaum einen Einfluss ausgeübt hat, sehr viel mehr dagegen auf die Sprachwissenschaft des 20. Jhs. Auf ihn geht eine Reihe von Konzepten zurück, die von EUGENIO COSERIU und einigen seiner Schülerinnen und Schüler wieder aufgegriffen worden sind, vor allem die Auffassung von Sprache als einer Tätigkeit (*energeia*) und nicht als einem Werk (*ergon*).

Exkurs: WILHELM VON HUMBOLDT

Ebenfalls noch in der ersten Hälfte des 19. Jh. wandte FRIEDRICH DIEZ den historisch-vergleichenden Ansatz auf die Familie der romanischen Sprachen an. Diez, der 1836-43 eine *Grammatik der romanischen Sprachen* und 1853 ein *Etymologisches Wörterbuch der romanischen Sprachen* veröffentlichte, ist somit der Begründer der Romanistik – von jeher also eine deutsche Disziplin.

FRIEDRICH DIEZ: Begründer der Romanistik

Bedeutend war vor allem auch AUGUST SCHLEICHERS Stammbaumtheorie, in der von einer genealogischen Gliederung der Sprachen ausgegangen wird, wobei gemeinsame Vorläufer von Sprachen durch die Methode der Rekonstruktion erarbeitet wurden (methodisch anders geht die Sprachtypologie vor, die Sprachen nach den ihnen eigenen Charakteristika klassifiziert, ohne sich detailliert für die Herkunft dieser Strukturen zu interessieren). Schleichers Werk *Compendium der vergleichenden Grammatik der indogermanischen Sprachen* stammt aus dem Jahre 1861.

Zweite Phase: AUGUST SCHLEICHER

Die breite Wirkung der positivistischen Wissenschaftsauffassung in den Naturwissenschaften beeinflusste auch die Sprachwissenschaft. So war in der zweiten Hälfte des 19. Jahrhunderts eine ganze Forschergeneration bestrebt, naturwissenschaftliche Prinzipien auch in der Sprachwissenschaft wirksam werden zu lassen und diese durch Systematisierung der Sprachdaten als exakte Wissenschaft zu betreiben, indem der lautliche und formale Wandel durch Lautgesetze beschrieben wurde. Die zunächst verspottend gemeinte Bezeichnung *Junggrammatiker* für diese Forschergeneration hat sich in der Folge durchgesetzt, und bis heute nennt man so die Anhänger der Ideen der Leipziger Indogermanisten KARL BRUGMANN, EDUARD SIEVERS und KARL VERNER. Die Theorie der junggrammatischen Schule legte HERMANN PAUL in seinen *Prinzipien der Sprachgeschichte* von 1880 dar, ein Buch, das bis heute jede Sprachwissenschaftlerin und jeder Sprachwissenschaftler gelesen haben sollte.

Dritte Phase: die Junggrammatiker

Für die Romanistik ist in diesem Zusammenhang insbesondere das Werk von WILHELM MEYER-LÜBKE hervorzuheben: *Grammatik der romanischen Sprachen* (1890–1902) und *Romanisches etymologisches Wörterbuch* (bekannt als *REW*, 1930–35).

WILHELM MEYER-LÜBKE

Es ist übrigens interessant, dass bedeutende Vertreter des Strukturalismus, auf die gleich noch zurückzukommen sein wird, zu Zeiten der Junggrammatiker in Leipzig studiert haben. Noch im 19. Jahrhundert Ferdinand de Saussure, und kurz vor dem Ersten Weltkrieg LEONARD BLOOMFIELD, LUCIEN TESNIÈRE und NIKOLAJ TRUBECKOJ.

Idealismus: KARL VOßLER

Gegenbewegungen zum streng historisch ausgerichteten Positivismus der Junggrammatiker gab es ab dem Beginn des 20. Jhs. mit der idealistischen Auffassung eines KARL VOßLER, der die Sprachbeschreibung von wissenschaftlichen Zwängen befreien wollte.

Sprachgeographie: JULES GILLIÉRON

Noch mehr gilt es, gerade in einer romanistischen Einführung, die Sprachgeographie hervorzuheben, die Ende des 19., Anfang des 20. Jhs. in Frankreich durch den französischen Sprachatlas von JULES GILLIÉRON und seinem Mitarbeiter Edmond Edmont ihre Anfänge nahm, und deren Absicht eine rein gegenwartsbezogene Erforschung und Dokumentation der Dialekte bzw. anderer regionaler Unterschiede darstellt. Die Methode der Sprachgeographie besteht darin, im Bereich des zu untersuchenden Sprachareals ein relativ dichtes Netz von Erhebungspunkten zu erstellen, Dörfer, in denen ausgewählte Informanten von den Sprachgeographen darüber befragt werden, wie sie bestimmte Wörter aussprechen, welche Wörter sie für bestimmte Gegenstände und Sachverhalte verwenden, etc. Die erhobenen Daten werden dann in Karten des Sprachareals eingetragen. Letztliches Ziel der Sprachgeographie ist also die Erstellung von Sprachkarten bzw. von Sprachatlanten. Die Sprachgeographie ist bis heute eine wichtige Teildisziplin der Sprachwissenschaft geblieben, auch in Spanien – wohin sie schon früh gelangte – und Lateinamerika.

2 Vierte und fünfte Phase – der Strukturalismus

Genfer Schule; FERDINAND DE SAUSSURE

Das umwälzendste Gegengewicht zur junggrammatischen Ideologie bildete jedoch der Strukturalismus, der durch FERDINAND DE SAUSSURE begründet wurde.

Da SAUSSURE in Genf lehrte, wird seine Ausprägung des Strukturalismus, wie sie in der Folge auch von seinen Schülern CHARLES BALLY und ALBERT SECHEHAYE vertreten wurde, die Genfer Schule genannt. Bally und Sechehaye waren es auch, die Saussures zwischen 1906 und 1911 gehaltene Vorlesungen 1916 nach Saussures Tod als *Cours de linguistique générale* veröffentlichten.

Schulen des Strukturalismus

Außerdem gab es nach Saussure weitere strukturalistische Schulen, die seine Prinzipien und Auffassungen in verschiedener Art und Weise weitergeführt haben.

Die Prager Schule (oder der Funktionalismus) mit ihren Haupt- **Prager**
vertretern ROMAN JAKOBSON und NIKOLAJ TRUBECKOJ, hat sich ins- **Schule**
besondere im Bereich der Phonologie (s. S. 52 ff.) hervorgetan und
die Funktionen der Sprachlaute im System herausgearbeitet.
Zudem wurde aber auch zum ersten Mal nicht nur die Frage
danach gestellt, wie das sprachliche System funktioniert, sondern
auch nach den Funktionen von menschlicher Sprache allgemein,
also danach, wozu Sprache dient (im Kommunikationsmodell
von Roman Jakobson geht es gerade um die Funktionen von Sprache; s. S. 40 f.). Nahe stand der Prager Schule auch ANDRÉ MARTI-
NET, auf den eine Reihe von wichtigen sprachwissenschaftlichen
Grundbegriffen zurückgehen (s. dazu Kapitel 4), sowie KARL
BÜHLER, dessen Zeichen- und Kommunikationsmodell wir weiter
unten kennen lernen werden (s. S. 38 ff.).

Etwas später brachte die Prager Schule mit den Schriften von
FRANTIŠEK DANEŠ und anderen die Funktionale Satzperspektive
hervor, einen syntaktischen Forschungsansatz, der sprachliche
Äußerungen auf ihren Informationsgehalt hin befragt (was ist
bekannt und was ist neu am Inhalt der Äußerung?) und entsprechend diesem Gehalt analysiert (s. dazu Kapitel 8).

Die Kopenhagener Schule (oder Glossematik), mit ihren Haupt- **Kopen-**
vertretern LOUIS HJELMSLEV und VIGGO BRØNDAL, findet ihr Mani- **hagener**
fest in Hjelmslevs *Prolegomena zu einer Sprachtheorie*, 1943 im **Schule**
dänischen Original erschienen. In diesem Werk werden die theoretischen Grundlagen der Glossematik dargelegt, wobei insbesondere die Saussuresche Unterscheidung zwischen syntagmatischen und assoziativen Beziehungen und diejenige zwischen
Ausdruck und Inhalt aufgegriffen wird (wir kommen darauf
zurück). Saussure hatte einmal gesagt, so lesen wir im *Cours de linguistique générale*, dass Sprache eine Form, keine Substanz sei.
Unter Bezug auf diese Maxime waren die Kopenhagener Strukturalisten bestrebt, radikal eine Sprachwissenschaft der *langue*, eine
systemimmanente „Algebra der Sprache" zu betreiben, in der kein
Raum für jedwede Art von Spekulationen bleibt. Der extrem hohe
Abstraktionsgrad ebnete den Weg für die spätere Entstehung einer
formalen Sprachbeschreibung.

Ein spanischer Sprachwissenschaftler, welcher der Kopenhagener Schule sehr nah stand, war EMILIO ALARCOS LLORACH. Dies
zeigt sich insbesondere in seiner *Gramática estructural* von 1951.

Die Prinzipen des amerikanischen Strukturalismus (auch Des- **Fünfte**
kriptivismus oder Distributionalismus genannt) werden in LEO- **Phase:**
NARD BLOOMFIELDS Werk *Language* (1933) beschrieben, wobei sich **Nordameri-**
die nordamerikanische Schule so deutlich von den anderen Schu- **kanische**
len abhebt, dass mit ihr eine fünfte Phase der Sprachwissenschaft **Schule**
eingeleitet wird. In dieser strukturalistischen Richtung ist der Ein-

fluss der behavioristischen Psychologie ausschlaggebend, in der nur untersucht werden darf, was der direkten Beobachtung zugänglich ist, so dass die Bedeutung einer sprachlichen Form aus der Untersuchung ausgeschlossen werden muss, weil sie nicht intersubjektiv nachvollziehbar zu beschreiben ist. So wurde oft von der *„meaning*-Feindlichkeit" des amerikanischen Strukturalismus gesprochen: nur, einerseits, die Abfolge von Lauten und, andererseits, die Umgebung, in der eine Form auftreten kann (also ihre Distribution, daher *Distributionalismus*), seien objektiv wissenschaftlich zu beschreiben. Das zusammengetragene konkrete Sprachmaterial wurde in seine unmittelbaren Konstituenten zerlegt und auf diese Weise analysiert, und zwar nach der Methode der IC-Analyse (im Original *immediate constituent analysis*, daher IC). Dass man von einem authentischen Corpus, also der *parole*, ausging, brachte den Vertretern dieser Richtung auch das Etikett *Deskriptivismus* ein.

Dependenz-grammatik

Zentral ist weiterhin die Dependenzgrammatik, die auf dem Werk *Eléments de syntaxe structurale* von Lucien Tesnière aus dem Jahre 1959 basiert (s. dazu S. 110 ff.). Dieses grundlegende Werk Tesnières hat sehr viel Einfluss ausgeübt.

Natürlich wurden immer auch Gegenstimmen zum Strukturalismus laut. Aus Platzgründen kann hier zwar nicht auf alles ausführlich eingegangen werden, aber ein paar Tendenzen sollen kurz aufgezeigt werden.

3 Sechste Phase – generative Transformationsgrammatik

GTG

Die Anhänger der generativen Transformationsgrammatik (GTG) ignorieren traditionell jegliche andere sprachwissenschaftliche Forschung. Nun soll hier zwar nicht gerade Gleiches mit Gleichem vergolten werden, denn sonst gäbe es ja dieses kurze Unterkapitel nicht, und vor allem sind einige der Ideen und Konzepte viel zu interessant und anregend, als dass man sie sich ganz entgehen lassen sollte. Die Komplexität der GTG lässt einem jedoch im Grunde nur die Alternative, ihren Prinzipien und Methoden entweder ein gerüttelt Maß an Platz zu widmen – was in diesem Handbuch für Anfängerinnen und Anfänger in spanischer Sprachwissenschaft nicht möglich ist – oder sich auf eine bloße Erwähnung mit kurzen Anmerkungen zu den Grundideen zu beschränken. Genau dies wollen wir im folgenden tun.

Noam Chomsky

Die GTG ist Ende der fünfziger Jahre und in den sechziger Jahren des 20. Jhs. aus den Arbeiten des US-amerikanischen Philosophen und Sprachwissenschaftlers Noam Chomsky hervorgegangen, der zum ersten Mal 1957 in seinen *Syntactic Structures* und später dann, 1965 in seinen *Aspects of the Theory of Syntax*, in teilweise revidierter Form, die Prinzipien des Generativismus dargelegt hat. Die Grundidee ist, dass die fundamentalen Satztypen (Kernsätze) nach einigen wenigen Grundregeln generiert werden, während die übrigen Sätze (Passivsätze, Fragesätze, Ausrufesätze) durch Transformationen der Kernsätze entstehen, wofür Transformationsregeln aufgestellt werden. Im Laufe der Jahre hat die GTG zahlreiche Umarbeitungen erfahren, sodass ihre erste Phase mittlerweile überholt ist. So wurden die außerordentlich zahlreichen Transformationsregeln durch allgemeinere Bewegungsregeln ersetzt. Seit Chomskys Arbeit von 1981 spricht man von der Rektions- und Bindungstheorie (im Original *Theory of government and binding*, abgekürzt GB). Ein zentraler Punkt ist das Streben nach einer Universalgrammatik, die sozusagen als einheitliche Grundlage für alle Sprachen zur Verfügung steht und durch eine Reihe von Regeln an die jeweilige Einzelsprache angepasst werden kann. – Die jüngste Entwicklung hat Chomsky (1995) das minimalistische Programm genannt.

4 Siebte Phase – neueste Tendenzen

Auch nach dem Zweiten Weltkrieg hat es einen europäischen Strukturalismus gegeben, besser: es gibt ihn bis heute. Besonders einflussreich in Europa und Lateinamerika ist die Sprachauffassung von EUGENIO COSERIU, der in den fünfziger Jahren des 20. Jhs. in Montevideo und seit den sechziger Jahren in Tübingen lehrte. Wir werden im folgenden in vielen Kapiteln wieder auf ihn zurückkommen und deshalb nicht hier, sondern jeweils an gegebener Stelle auf die entsprechenden Konzepte und Ideen eingehen.

EUGENIO COSERIU

Wenn Coseriu auch ohne Zweifel Strukturalist ist, so muss doch von vornherein hervorgehoben werden, dass sowohl er als auch seine Schülerinnen und Schüler (sowie die Schülerinnen und Schüler seiner Schülerinnen und Schüler!) durch die Breite ihres Ansatzes weit über den „klassischen" Strukturalismus hinausgehen und von den Schulen unabhängig arbeiten. In den sechziger Jahren und ganz besonders zu Beginn der siebziger Jahre des 20. Jhs. erfuhr die Sprachwissenschaft diverse Neuorientierungen, und zwar in Form einer gewissen Distanzierung von den streng auf das System bezogenen Forschungen der Strukturalisten und der Generativisten, um das Augenmerk auch auf außersprachliche bzw. sprachbegleitende Komponenten der Kommunikation zu lenken, und hieran waren Coseriu und seine Schülerinnen und Schüler durchaus auch maßgeblich beteiligt.

Neuorientierungen

Pragma-linguistik	Die Rolle der linguistischen Pragmatik oder Pragmalinguistik ist so bedeutend, dass man allgemein von einer „pragmatischen Wende" in der Sprachwissenschaft spricht. Da hier nicht alle ihre verschiedenen Ausprägungen dargestellt werden können, sei lediglich die einflussreichste kurz angesprochen, und zwar die aus dem angelsächsischen Raum stammende Sprechakttheorie, deren Grundbegriffe auch über die Studien ihrer Vertreter hinaus Verbreitung gefunden haben. Ihre Anfänge liegen in den sechziger Jahren: 1962 veröffentlichte der englische Philosoph JOHN AUSTIN sein Werk *How to do things with words.* Eine gründliche Verfeinerung der Sprechakttheorie stellt etwas später das Werk *Speech acts: an essay in the philosophy of language* (1969) von JOHN R. SEARLE dar. Für den deutschsprachigen Raum und zugleich für die Romanistik zentral ist in der Pragmalinguistik das Wirken von BRIGITTE SCHLIEBEN-LANGE.
Illokution	Die Sprechakttheorie geht von zwei Maximen aus, nämlich dass Sprechen Handeln ist und dass die Bedeutung eines Wortes sein konkreter Gebrauch in der Kommunikation ist. Die Handlung, die ein Mensch mit einer sprachlichen Äußerung vollzieht, wurde illokutionärer Akt genannt, wobei mehrere Äußerungen mit demselben illokutionären Akt zusammenhängen können und, umgekehrt, eine Äußerung verschiedene illokutionäre Akte darstellen kann. Beispiel: die drei Äußerungen *por favor, ¡cierra la ventana! – ¿no quieres cerrar la ventana? – ¡hace frío aquí!* ‚mach bitte das Fenster zu' – ‚willst du nicht das Fenster zumachen?' – ‚es ist kalt hier' unterscheiden sich eindeutig voneinander, können aber alle drei an denselben illokutionären Akt gekoppelt sein, nämlich eine Aufforderung (hier die Bitte, das Fenster zu schließen). Von den drei Äußerungen stellt die erste einen direkten Sprechakt oder illokutionären Akt dar, die beiden anderen dagegen indirekte Sprechakte. So ist die illokutive Funktion von *¡hace frío aquí!* in diesem Fall ‚Aufforderung'. Andererseits kann *¿no quieres cerrar la ventana?* (in einem anderen Kontext) auch eine normale Frage sein.
Perlokution	Die perlokutive Funktion einer Äußerung ist dagegen die Reaktion, die durch die Äußerung hervorgerufen wird: *vale, ya cierro la ventana* ‚OK, ich mache das Fenster schon zu' oder auch *pues, ¡cierra tú la ventana!* ‚mach du doch das Fenster zu!' (worauf die Handlung selbst folgen kann).
Perfor-mation	Performative Akte sind illokutionäre Akte, bei denen im Moment der Äußerung zugleich die Handlung vollzogen wird, die ausgedrückt wird, etwa dt. *ich taufe dich im Namen des Vaters und des Sohnes und des Heiligen Geistes* oder span. *te prohibo decir semejantes cosas* ‚ich verbiete dir, solche Sachen zu sagen'.

Eine andere, aber verwandte Art von Wende stellt die Abkehr von der strengen Beschränkung auf die Einheit *Satz* dar, die sich sowohl der „klassische" Strukturalismus als auch der Generativismus auf die Fahnen geschrieben hatten. Die Analyse wird auf den Text und dessen Konstitution ausgeweitet, wobei unter *Text* in der Regel jede Art der sprachlichen Äußerung zu verstehen ist. Die für die Romanistik wichtigsten Namen sind in diesem Zusammenhang HARALD WEINRICH, ELISABETH GÜLICH und WOLFGANG RAIBLE.

Text-linguistik

Ein vergleichender sprachwissenschaftlicher Ansatz, der sich vom Strukturalismus absetzt, ist Mario Wandruszkas Interlinguistik. Diese Richtung basiert auf dem Gedanken, dass die Sprache als Werkzeug zur Kommunikation nicht systematisch, sondern asystematisch und historisch-kontingent ist, wobei Gestaltungsprinzipien wirksam sind wie Analogien, Anomalien, Polymorphien, Polysemien, Redundanzen und Defizienzen, Inkonsequenzen, Konstanten und Varianten. In dieser asystematischen Disponibilität, der Zufälligkeiten als dem Wesentlichen der Sprachen, liegt begründet, dass nur eine vergleichende wissenschaftliche Herangehensweise ihrem Objekt gerecht werden kann, eine, die nicht versucht, eine Sprache wie ein geometrisches Gebilde zu behandeln. Wandruszka knüpft damit zugleich an eine Tradition an, und zwar an die Phasen der (nicht nur) romanischen Sprachwissenschaft, in denen das vergleichende Arbeiten im Mittelpunkt stand, mit dem Unterschied, dass es damals ein ausschließlich historischer Vergleich gewesen war, kein gegenwartsbezogener.

Inter-linguistik

Das Bewusstsein der Sprecher für ihre Sprache steht im Mittelpunkt der Sprachauffassung von HANS-MARTIN GAUGER. Er selbst sieht seinen Ansatz, dessen Grundgedanken hier nur angedeutet werden können, als Versuch einer Neubesinnung der Sprachwissenschaft bezüglich ihres zentralen Objekts, eben der Sprache (vor allem im Sinne der *langue* nach SAUSSURE, s.o.) bei gleichzeitiger Öffnung zum Psychologischen hin. Das Sprachbewusstsein äußert sich nach Gauger unter anderem – es erschöpft sich aber bei weitem nicht darin! – im Bereich der „durchsichtigen Wörter", d. h. der Wörter einer Sprache, die von ihrer Form und ihrem Inhalt her auf andere Wörter hin durchsichtig sind (weil sie irgendwann einmal von ihnen abgeleitet wurden), so etwa *librería* ‚Buchhandlung', für das Sprecherbewusstsein klar zurückführbar auf *libro* ‚Buch', wobei die Sprecher zugleich auch wissen, dass mit *-ería* auch andere Bezeichnungen für Geschäfte, Lokale, Fabriken u.ä. gebildet sein können, z. B. *cervecería* ‚Bierbar, Brauerei', durchsichtig auf *cerveza* ‚Bier' hin, etc. In Kapitel 6 kommen wir darauf zurück.

bewusst-seinsorientierte Sprachwissenschaft

kognitive Semantik

Eine Wende in der Beschäftigung mit dem Wortschatz und den lexikalischen Bedeutungen stellt die kognitive Semantik dar. Im Gegensatz zur rein strukturellen Semantik zeichnet sie sich durch eine Öffnung hin zu den psychologischen Kategorien der Kognition aus (zur lexikalischen Semantik s. Kapitel 7).

Soziolinguistik, Variationslinguistik

Seit den fünfziger und sechziger Jahren des 20. Jhs. ist eine weitere Wende in der Sprachwissenschaft von größter Bedeutung. Diese hat mit der Soziolinguistik eine Teildisziplin hervorgebracht, in der versucht wird, die Zusammenhänge zwischen Sprache und Gesellschaft zu erforschen. Die Anfänge liegen im angelsächsischen Raum, wo insbesondere die Arbeiten von BASIL BERNSTEIN hervorzuheben sind, der als erster die Abhängigkeit der Sprachvarietät von der Schichtzugehörigkeit untersucht hat. Weitere Namen wären zu nennen, etwa CHARLES M. FERGUSON, der den Begriff der Diglossie für gesellschaftliche Zweisprachigkeit geprägt hat, JOSHUA FISHMAN, der die soziolinguistischen Fragestellungen mit der Frage „wer spricht mit wem wo wann über welches Thema wie?" auf den Punkt gebracht hat, oder Uriel Weinreich, dessen Werk über Sprachkontakt zum Klassiker geworden ist. Wichtig ist in diesem Zusammenhang auch die Erforschung der Zusammenhänge von Sprache und Geschlecht, ein Gebiet, auf dem vor allem ROBIN LAKOFF interessante Untersuchungen vorgelegt hat. Schließlich darf WILLIAM LABOV nicht vergessen werden, dessen Untersuchung zur sozialen Schichtung des New Yorker Englisch als Meilenstein der Sprachwissenschaft gelten kann, der aber auch mit seinen *Sociolinguistic Patterns* hervorgetreten ist. Die Verbreitung all dieser Forschungen im deutschsprachigen Raum ist übrigens ebenfalls besonders BRIGITTE SCHLIEBEN-LANGE zu verdanken.

Für den nicht-englischsprachigen Raum ist der grundlegende Aufsatz von LEIV FLYDAL hervorzuheben, in dem die Soziolinguistik mit der Dialektologie in Verbindung gebracht wird – hier liegen die Anfänge einer umfassenden Variations- und Varietätenlinguistik, in der alle Dimensionen der Variation berücksichtigt werden. Aufgegriffen wurde dies wieder von EUGENIO COSERIU und in der Folge von PETER KOCH und WULF OESTERREICHER, die außerdem die Frage nach den Unterschieden zwischen Mündlichkeit und Schriftlichkeit mit in die Diskussion gebracht haben. In Kapitel 10 kommen wir auf die in diesem Abschnitt angesprochenen Aspekte zurück.

andere „Bindestrich-Linguistiken"

Sicher ist mit diesen kurzen Anmerkungen zur Entwicklung der Sprachwissenschaft längst nicht erfasst, welche Themenbereiche Gegenstand der Untersuchung sind und mit welchen Methoden sie angegangen werden. Das ist in einem derart kurzen Abriss auch nicht zu leisten. Es soll hier dennoch nicht verschwiegen werden, dass sich sowohl unter strukturalistischen als auch unter anderen, besonders eben den kommunikativ-pragmatischen Vorzeichen eine ganze Reihe von weiteren „Bindestrich-Linguistiken" herausgebildet haben, d. h. Ausprägungen der Sprachwissenschaft, welche die Sprache in Verbindung mit oder in ihrer Relation zu anderen Phänomenen und Faktoren untersuchen. Um neben den schon angesprochenen Richtungen wie Pragma- und Soziolinguistik nur noch zwei andere dieser interdisziplinär orientierten Richtungen zu nennen: Psycholinguistik, die eine Verbindung zwischen Sprachwissenschaft und Psychologie herstellt, und Neurolinguistik, deren Gegenstand die Verankerung der Sprache im menschlichen Gehirn ist. Zudem besteht natürlich in allen Geistes- und Naturwissenschaften ein Interesse an Aspekten der Sprache, was Teildisziplinen wie Sprachphilosophie, Sprachsoziologie, Sprachpsychologie, Sprachbiologie, etc. hervorbringt.

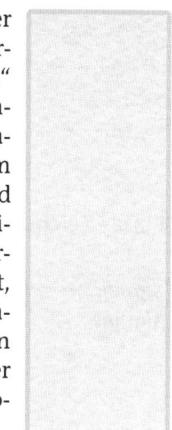

5 Zeichen- und Kommunikationsmodelle

Lebewesen kommunizieren durch verschiedene Arten von Zeichen. Dabei ist es den Menschen vorbehalten, dass ein Teil – der wohl wichtigste Teil – dieser Zeichen sprachlicher Natur sind.

Zeichen

Die allgemeine Lehre vom Zeichen heißt Semiotik. Die Beschäftigung mit dem sprachlichen Zeichen als besonderer Form des Zeichens ist somit sprachwissenschaftliche Semiotik.

Ein Zeichen ist stets ein Stellvertreter für irgendetwas anderes; *aliquid stat pro aliquo* lautete die Definition in der mittelalterlichen Scholastik. So ist das dick rot umrandete, auf der Spitze stehende weiße Dreieck ein Zeichen dafür, dass man an einer Straßenkreuzung bzw. -einmündung den vorbeifahrenden Fahrzeugen Vorfahrt gewähren muss. Nach demselben Prinzip ist etwa das spanische Wort *naranja* ein sprachliches Zeichen, das in der Kommunikation für ein Stück außersprachliche Wirklichkeit steht, dieses repräsentiert, eben die Frucht Orange.

Meistens werden unter dem Begriff des Zeichens zwei verschiedene Dinge zusammengefasst, nämlich einerseits Symbole und andererseits Zeichen im engeren Sinne, die stets abstrakt sind und genauso gut auch ganz anders sein könnten. Wenn wir als Beispiel das Symbol einer stilisierten Benzinzapfsäule auf einem Verkehrsschild nehmen, so wird deutlich, dass Symbole nicht vollkommen willkürlich sind, denn es besteht ein Similaritäts- oder Kontiguitätsbezug zwischen dem Symbol und dem, was es symbolisiert (hier: ,Tankstelle'), obwohl dennoch eine gewisse Willkür mit hineinspielt, denn auch ein stilisiertes Auto, das gerade betankt wird, könnte auf dem Verkehrsschild für ,Tankstelle' ste-

Zeichen und Symbol

hen. Symbole sind also *teilweise* willkürlich, Zeichen im engeren Sinne dagegen *vollkommen* willkürlich – dass es nicht ein violettes Fünfeck ist, das ‚Vorfahrt gewähren' bedeutet, sondern eben das dick rot umrandete, auf der Spitze stehende weiße Dreieck, ist pure Konvention.

1 Das Zeichenmodell von SAUSSURE

signifiant, signifié

Das grundlegende und bis heute maßgebliche Modell des sprachlichen Zeichens stammt wiederum von FERDINAND DE SAUSSURE, der davon ausging, dass das sprachliche Zeichen aus zwei Seiten besteht, die so untrennbar miteinander verbunden sind, wie die beiden Seiten eines Blattes Papier, und die sich im Kopf der Sprecher, wo sie gespeichert sind, gegenseitig hervorrufen. Die eine Seite ist die Ausdrucksseite, die Saussure *signifiant* (dt. *Signifikant*, span. *significante*) oder *image acoustique*, also *Lautbild* nannte (unten), die andere ist die Inhalts- oder Bedeutungsseite, die er *signifié* (dt. *Signifikat*, span. *significado*) oder *concept* nannte (oben). So ergibt sich folgendes Schaubild:

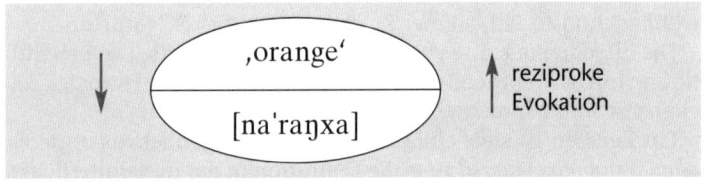

Abb. 2: Das Zeichenmodell von SAUSSURE

Kommentar

Es muss betont werden, dass es sich bei Saussures Modell – wie gesagt, 1916 im *Cours de Linguistique Générale* postum veröffentlicht – um ein rein psychisches und zugleich statisches Modell handelt: der *signifiant* ist in der Tat das Bild (die Vorstellung: *image acoustique*) der Lautung, das im Kopf des Sprechers gespeichert ist, der *signifié* (auch: *concept*) demgegenüber die Vorstellung des dem Zeichen entsprechenden Lebewesens, Gegenstands oder Sachverhalts der realen Welt. Was folglich in Saussures Zeichenmodell noch gar nicht berücksichtigt wird, ist der konkrete Gebrauch des Zeichens und der Bezug zur außersprachlichen Wirklichkeit. (Allerdings hat auch Saussure bereits ein einfaches Kommunikationsmodell vorgelegt, in dem die außersprachliche Wirklichkeit als Instanz der Kommunikation einbezogen ist).

reziproke Evokation

Wichtig ist insbesondere die von den Pfeilen repräsentierte reziproke Evokation, das gegenseitige Sich-Hervorrufen: Denkt ein Sprecher an den Inhalt ‚Orange', assoziiert er damit sofort das

Lautbild [naˈraŋxa], und denkt ein Sprecher an das Lautbild [naˈraŋxa], assoziiert er damit sofort den Inhalt ‚Orange'.

Weitere grundlegende Eigenschaften des sprachlichen Zeichens sind nach Saussure dessen Arbitrarität und Konventionalität: Das sprachliche Zeichen ist, wie alle Zeichen im engeren Sinne, arbiträr (willkürlich), weil nichts, wirklich gar nichts, von vornherein die Lautkette [naˈraŋxa] dazu prädestiniert, dass man ihr gerade die Bedeutung ‚Orange' zuordnet oder die Lautkette geeigneter für diese Bedeutung macht, als es andere Lautketten wären, etwa die (im Spanischen nicht existierende) Lautkette *[maˈdiʎa]. Es besteht kein irgendwie gearteter Zusammenhang zwischen den beiden Seiten des Zeichens. Signifikant und Signifikat stehen in arbiträrer, nicht-motivierter Relation, und die Orange könnte im Spanischen, rein hypothetisch, auch *madilla heißen. Die Relation zwischen Signifikant und Signifikat ist jedoch konventionell, da sie es, wenn sie historisch fixiert ist, ermöglicht, das sprachliche Zeichen immer wieder neu zu verwenden. In dieser Hinsicht ist Saussures Modell ein statisches.

Arbitrarität

Hier tritt einmal mehr das Universale der Historizität deutlich zutage: das sprachliche Zeichen ist streng einzelsprachlich; die Relation zwischen den beiden Seiten des Zeichens ist in jeder Sprache durch andere Konventionen geregelt.

Nun gilt es aber, was die Arbitrarität betrifft, zwei Einschränkungen vorzunehmen, da sprachliche Zeichen in zwei – sehr unterschiedlichen – Hinsichten doch teilmotiviert sein können, aber in der Tat nur teilmotiviert. Die erste Einschränkung betrifft die lautmalerischen Wörter (Onomatopoetika), wie dt. *schnarchen* oder span. *roncar*. Da sie gerade den natürlichen Laut nachahmen – eben „malen" – wollen, besteht doch ein gewisses Verhältnis zwischen den beiden Seiten, das über die Konventionalisierung hinausgeht. Dies rückt die Onomatopoetika in die Nähe der Symbole in der oben besprochenen Hinsicht. Dennoch sind auch sie einzelsprachlich arbiträr. Denken wir nur daran, wie in verschiedenen Sprachen die Hähne krähen: dt. und span. *kikeriki* bzw. *quiquiriquí* (also fast gleich), frz. dagegen *cocorico*, engl. gar *cock-a-doodle-doo*.

Lautmalerei

Die zweite Einschränkung bezieht sich auf die Möglichkeit, dass ein sprachliches Zeichen von einem anderen abgeleitet ist. So sind zwar span. *sacar* ‚herausziehen' und span. *corchos* ‚Korken (Pl.)' jeweils arbiträr, aber das zusammengesetzte Wort span. *sacacorchos* ‚Korkenzieher' ist teilmotiviert, weil seine Bildung aus der Bedeutung der beiden einfachen Zeichen logisch hervorgeht und somit herleitbar ist.

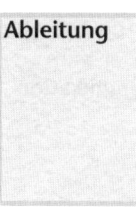

Ableitung

2 Das semiotische Dreieck von OGDEN und RICHARDS

Triadisches Modell

Ein anderes Zeichenmodell ist das als semiotisches Dreieck bekannt gewordene Modell von CHARLES K. OGDEN und IVOR A. RICHARDS:

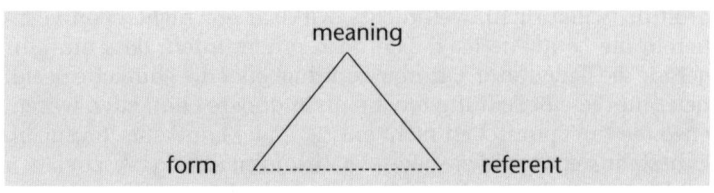

Abb. 3: Das semiotische Dreieck nach OGDEN und RICHARDS

Kommentar

Dieses Modell ist, wie man sieht, nicht zweiseitig (dyadisch), sondern dreiseitig (triadisch), da hier die mit dem Zeichen bezeichnete außersprachliche Wirklichkeit, der Umweltreferent (referierter Gegenstand oder Sachverhalt in der Umgebung des Sprechers) mit einbezogen ist. Zudem ist es nicht statisch, sondern dynamisch – es bildet einen Prozess ab. Der Inhalt eines Wortes lässt sich nur dadurch erfassen, dass es von Menschen benutzt wird, um sich damit auf eine Person, einen Gegenstand oder einen Sachverhalt in der außersprachlichen Wirklichkeit zu beziehen.

Arbitrarität

Die gestrichelte Grundlinie des Dreiecks verdeutlicht in dem Modell die Tatsache, dass es keine logische oder durch irgendwelche Similaritäts- oder Kontiguitätsbeziehungen vorgegebene Relation zwischen der Lautkette und dem bezeichneten Referenten gibt. Die gegenseitige Zuordnung von Lautkette und Referent findet erst im Prozess statt, und zwar dadurch, dass ein Sprecher ein bezeichnetes Individuum (die Orange, die vor ihm liegt) und den abstrakten Begriff für die Gesamtheit aller ähnlichen Individuen (also aller existierenden Orangen als Klasse) miteinander in Verbindung bringt.

3 Das Organon-Modell von BÜHLER

Funktionen der Kommunikation

Ein Zeichenmodell, das zugleich bereits ein Kommunikationsmodell ist, hat KARL BÜHLER, der dem Funktionalismus, d. h. dem Strukturalismus der Prager Schule nahestand, im Jahre 1934 vorgeschlagen. Bühler sah Sprache als Werkzeug zur Kommunikation, als *organon didaskaleion* (unter Rückgriff auf das, was Plato im Kratylos über Sprache sagte), sodass sein Modell Organon-Modell genannt wird.

Bühler ging von drei Grundfunktionen der menschlichen Kommunikation aus, die den drei in die Kommunikation involvierten Instanzen – Sender, Empfänger, (außersprachliche) Welt – entsprechen. Ein geäußertes „Schallphänomen" (so sagte Bühler anstelle von *Lautkette*) ist als Zeichen durch drei Funktionen charakterisiert:

Das Zeichen ist in Bezug auf den Sender **Symptom**, da es seinen momentanen Zustand ausdrücken kann. Bühler nannte dies die Ausdrucksfunktion der Sprache.

Das Zeichen ist in Bezug auf den Empfänger **Signal**, da es diesen zur Handlung oder Reaktion veranlassen soll. Bühler sprach in diesem Zusammenhang von der Appellfunktion der Sprache.

Das Zeichen ist in Bezug auf die Gegenstände und Sachverhalte **Symbol**, denn es stellt sie dar, repräsentiert sie. Dies wurde von Bühler die Darstellungsfunktion der Sprache genannt.

Im Modell stellt der Kreis das Schallphänomen dar, allgemeiner gesagt, den materiellen Träger des Zeichens (also bei geschriebener Sprache sozusagen auch das „Schriftphänomen"), während das Dreieck gerade für die dreifache Funktion des Zeichens steht. Die Inkongruenz der beiden geometrischen Figuren wiederum repräsentiert zwei Prinzipien der Kommunikation aus der Empfängerperspektive, die Bühler mit den Begriffen *abstraktive Relevanz* und *apperzeptive Ergänzung* auf den Punkt brachte.

Schall-phänomen

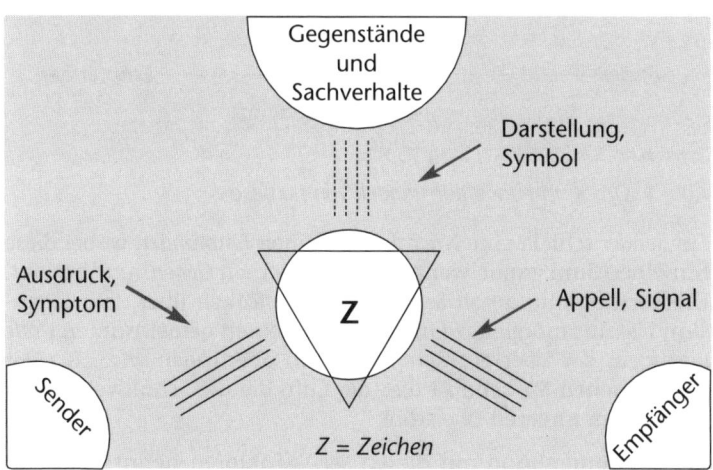

Abb. 4: Das Organon-Modell frei nach BÜHLER

Nicht alles am materiellen Träger des Zeichens ist für seine Zeichenfunktion relevant. So ist es in den bekannten europäischen Sprachen zum Beispiel egal, mit welcher Geschwindigkeit oder auf welcher Tonhöhe eine Lautkette artikuliert wird. Ein Hörer wird

abstraktive Relevanz

davon abstrahieren und nur das semiotisch Relevante kognitiv verwerten (was nicht heißt, dass nicht auch die Tonhöhe und bisweilen sogar die Geschwindigkeit semiotisch relevant sein können). Auch ist es egal, ob ein Wort in einer geraden oder rechtsschrägen Handschrift geschrieben ist. Ein Leser wird davon abstrahieren und nur das für das Verständnis Notwendige am Zeichen verwerten. Bühler nannte dieses Prinzip abstraktive Relevanz.

apperzeptive Ergänzung

Andererseits kann der materielle Träger des Zeichens, die Lautkette oder die Buchstabenkette, auch defizient sein, etwa bei einer schlechten Telefonverbindung oder bei einer fast unleserlichen Handschrift. Hier ist man als Empfänger (Hörer oder Leser) oft in der Lage, sich das Fehlende hinzuzuergänzen. Für dieses Prinzip führte Bühler den Begriff der apperzeptiven Ergänzung ein.

4 Das funktionsorientierte Modell von JAKOBSON

Faktoren der Kommunikation

Ein sehr einfach anmutendes und doch differenziertes Kommunikationsmodell hat ROMAN JAKOBSON vorgelegt. Die wichtigste Rolle spielen darin die Funktionen der Sprache. Folgende Faktoren sind für Jakobson an der Kommunikation beteiligt:

	Gegenstand Nachricht	
Sender ———————————————		Empfänger
	Kontakt(-medium) Code	

Abb. 5: Das Kommunikationsmodell von JAKOBSON

Kommentar

Ein *Sender* schickt eine *Nachricht* an einen *Empfänger*, wobei diese nur einen Sinn ergibt, wenn sie sich auf einen *Gegenstand* bezieht. Die Verständigung von Sender und Empfänger über den Gegenstand ist nur möglich, wenn beide über einen gemeinsamen *Code* verfügen, der über ein *Kontaktmedium* übertragen wird. Bei der gesprochenen Sprache ist dies die Luft, die die Schallwellen von einem zum anderen überträgt.

Funktionen der Sprache

Im Zusammenhang mit diesen sechs Faktoren nennt Jakobson sechs grundlegende Funktionen der Sprache, von denen jede eine besondere Affinität zu einem der Faktoren aufweist (ohne dass dies jedoch hieße, die Funktion sei nur diesem einen Faktor zuzuweisen). Sprache hat nach Jakobson:

– referentielle (denotative) Funktion: Sprache referiert auf den *Gegenstand;*

 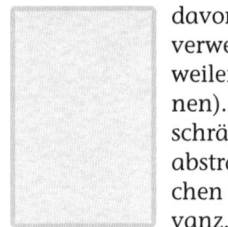

– expressive (emotive) Funktion: der *Sender* drückt sich mittels der Sprache aus und vermittelt seine Einstellung zu der Nachricht;
– appellative Funktion: an den *Empfänger* richtet sich ein Appell;
– phatische Funktion: Sprache dient zur Erhaltung des *Kontakt*es (hierunter fällt das Reden um des Redens willen in Situationen, in denen Schweigen peinlich wäre, Reden zur Kontaktaufnahme, etwa auf einer Party, aber auch die sprachliche Kommunikation einer Mutter mit ihrem Baby, dem sie mit ihren Worten, auch wenn es sie noch nicht versteht, signalisiert, dass sie da ist);
– metasprachliche Funktion: man kann über den *Code* sprechen;
– poetische Funktion: die *Nachricht* selbst kann durch die Sprache poetisiert werden.

5 Bedeutung und Bezeichnung im Sinne von COSERIU

Eine auf den Prinzipien Saussures aufbauende, differenziertere Auffassung von der menschlichen Kommunikation mittels sprachlicher Zeichen geht auf EUGENIO COSERIU zurück. Coseriu trennt klar zwischen der Bedeutung (Saussures *signifié*, oben) und der Bezeichnung, also der Referenz auf die außersprachliche Wirklichkeit, die mittels des Zeichens als Ganzem erfolgt, und bringt so eine objektive Dimension ein. Außerdem wird im Sinne der Alterität das Ich einbezogen, das sich mittels des sprachlichen Zeichens an ein Du richtet, was dem Konzept auch eine subjektive Dimension hinzufügt.

Bedeutung

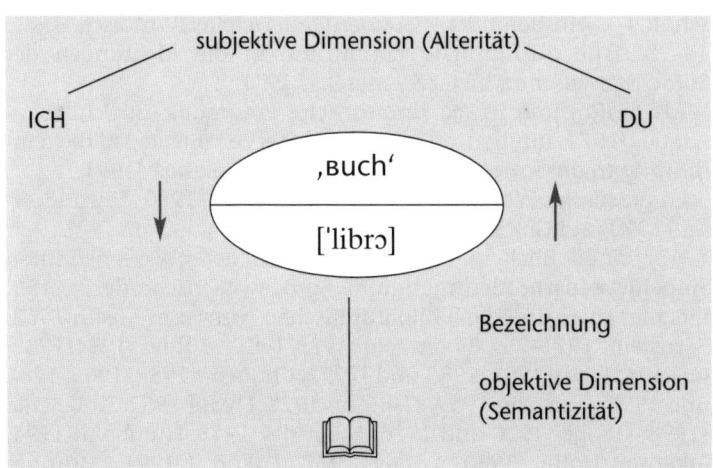

Abb. 6: Ein Zeichen- und Kommunikationsmodell unter Berücksichtigung der Unterscheidung zwischen Bedeutung und Bezeichnung im Sinne von COSERIU

Bezeich-nung	Die Notwendigkeit der Unterscheidung zwischen Bedeutung und Bezeichnung liegt auf der Hand: So bedeutet zum Beispiel span. *yo* immer dasselbe, nämlich ,der, der gerade spricht', aber es bezeichnet immer etwas anderes bzw. jemand anderen, je nachdem, wer das sprachliche Zeichen gerade in der Kommunikation verwendet. Die Wörter dt. *Hund* und dt. *Köter* können dieselbe außersprachliche Wirklichkeit bezeichnen; ich kann dasselbe Tier *Hund* und *Köter* nennen. Aber die beiden Wörter bedeuten nicht dasselbe, denn *Köter* bedeutet zusätzlich zu ,Hund' noch ,Abneigung des Sprechers gegen den Hund'. Diese zweite, pejorative Bedeutungskomponente ist in dem „neutralen" Wort *Hund* nicht enthalten.

Literatur zu Kapitel 2

Allgemeine Einführungen in die Sprachwissenschaft liegen in großer Zahl vor. Für Anfängerinnen und Anfänger ist besonders Pelz 1996 zu empfehlen. Aktuell und eingängig ist auch Linke/Nussbaumer/Portmann [2]1994. Ebenfalls ein guter Einstieg in die allgemeine Sprachwissenschaft ist Crystal [2]1997. Eine ganz neue und sehr originell in Form einer Art „Lesebuch" gestaltete Einführung ist die ebenfalls sehr empfehlenswerte von Adamzik 2000.

Zu Grundfragen der am Sprach- und Sprecherbewusstsein orientierten Sprachwissenschaft s. Gauger 1970 und 1976.

Als spanischsprachige Einführung in die strukturelle Sprachwissenschaft ist Collado 1974 zu empfehlen. Als Einstieg in die Sprachwissenschaft von Coseriu liest man am vorteilhaftesten die Einführung, die er selbst verfasst hat (Coseriu [2]1992).

Zur Geschichte der romanischen Sprachwissenschaft und der romanistikrelevanten Aspekte der allgemeinen Sprachwissenschaft – die oben erwähnten sieben Phasen der Sprachwissenschaft – s. insbesondere Gauger/Oesterreicher/Windisch 1981: 14–98. Eine ausführliche Einführung in die Richtungen der Sprachwissenschaft bietet Szemerényi 1971.

Als Einführung in die linguistische Pragmatik ist Schlieben-Lange [2]1979 unübertroffen. Ebenso hervorragend ist die Einführung in die Soziolinguistik von Schlieben-Lange [3]1991.

Linguistische Wörterbücher sind Bußmann [2]1990, Lewandowski [5]1990 und Glück 1993.

Wer einen Blick in die Originalwerke der oben erwähnten Sprachwissenschaftlerinnen und Sprachwissenschaftler werfen möchte – hier sind die bibliographischen Hinweise: Austin 1962, Bernstein 1971–75, Bloomfield 1933/1984, Bühler 1934/1982, Coseriu 1975b, 1981, 1983 und [2]1992, Chomsky 1957, 1965, 1981 und 1995, Ferguson 1959, Fishman 1972, Flydal 1952, Gabelentz [2]1998, Gauger 1970 und 1976, Hjelmslev 1943, Humboldt 1994, Jakobson/Halle [2]1980, Labov 1972, Lakoff [17]1991, Martinet [2]1980, Paul [10]1995, Saussure [3]1967, Searle 1969, Tesnière [2]1966, Wandruszka 1969, 1971, 1979 und [2]1998, Weinreich [7]1970.

3

KAPITEL Die lautliche Seite der Sprache

Sprache verfügt über Mittel, mit denen das Gemeinte ausgedrückt und übermittelt wird. Primär sind dies die Sprachlaute (sekundär, bei geschriebener Sprache, auch Buchstaben), und von diesen handelt dieses Kapitel. Die Beschäftigung mit den Lauten verteilt sich über zwei Teildisziplinen, die sich in ihrem Erkenntnisinteresse voneinander unterscheiden, nämlich die Phonetik und die Phonologie.

sprachliche Laute

Die Phonetik hat die „materielle" Seite der Laute zum Gegenstand, und zwar die Produktion (artikulatorische Phonetik), Übertragung (akustische Phonetik) und Rezeption (auditive Phonetik) von Lauten.

Phonetik

Wenn im folgenden nur die artikulatorische Phonetik zur Sprache kommt, soll dies nicht bedeuten, dass die akustische oder die auditive Phonetik nicht ebenso interessant sind. Aus Platzgründen kann aber nur eine Richtung dargestellt werden, so dass diejenige ausgewählt wurde, deren begriffliches Instrumentarium auch für die Einführung in die strukturelle Phonologie notwendig ist.

Die Phonologie (auch: Phonematik) interessiert sich demgegenüber für die „funktionale" Seite der Laute, d. h. für die Funktionen, die bestimmte Laute in bestimmten Positionen erfüllen. Dies wird weiter unten (S. 52 f.) noch ausführlich erläutert.

Phonologie

Vor der Einführung in die Phonetik und Phonologie ist eine kurze Einführung in die phonetische Transkription vonnöten.

1 Einführung in die lautliche Transkription

1 Vorbemerkungen zur Transkription

Um sprachliche Äußerungen in ihrer Lautung untersuchen und beschreiben zu können, müssen diese in phonetischer Umschrift dargestellt werden. Dabei gibt es verschiedene Konventionen der Transkription. Hier wird die verbreitetste, am besten etablierte und in sich kohärenteste Transkription nach dem 1888 entwickelten und seitdem ständig perfektionierten Alphabet der *Association Phonétique Internationale* (API) verwendet. Die folgende Tabelle beschränkt sich auf die Laute, die im Spanischen, Katalanischen und Deutschen vorkommen. Der Wortakzent wird in der Transkription durch einen der betonten Silbe vorangehenden Apostroph markiert.

API

2 Die Transkription

Vokale		
	[i]	span. *hija*
	[ɪ]	dt. *ich*
	[e]	span. *noche*
	[ɛ]	dt. *Pech*, span. *bestia*
	[a]	span. *majo*, dt. *Dach*
	[ɑ]	dt. *Wagen* (der Laut ist im Deutschen meistens lang)
	[ɔ]	dt. *Koch*, span. *sordo*
	[o]	span. *como*
	[ʊ]	dt. *Mund*
	[u]	span. *mucho*
	[y]	dt. *spülen* (der Laut kommt im Deutschen nur lang vor)
	[Y]	dt. *Küche* (der Laut kommt im Deutschen nur kurz vor)
	[ø]	dt. *möglich* (der Laut kommt im Deutschen nur lang vor)
	[œ]	dt. *Köche* (der Laut kommt im Deutschen nur kurz vor)
	[ə]	span. *húmedo*, dt. *Schule*

Jeder der Laute kann durch einen nachfolgenden Doppelpunkt auch als lang dargestellt werden. Wenn man Nasallaute darstellen möchte, tut man dies mit einer Tilde über dem Konsonanten, z. B.:

	[ɛ̃]	frz. *simple*
	[ã]	port. *irmã* ‚Schwester'

Konsonanten (und Halbkonsonanten)		
	[b]	dt. *Buch*
	[ß]	span. *haba, cava*
	[d]	span. *dejar*
	[ð]	span. *nada*
	[f]	span. *falso*
	[g]	dt. *genau*
	[ɣ]	span. *amiga*
	[h]	dt. *Haus*
	[j]	span. *apoyo* (Halbkonsonant bzw. Halbvokal)
	[k]	span. *carta*
	[l]	dt. *lesen*
	[m]	span. *tema*

[n]	span. *nariz*
[p]	dt. *Puls*
[r]	span. *caro*
[r̄]	span. *carro*
[ʀ]	dt. *Ruhe*
[ś]	kastilisch-span. *casa* (Zunge an den Zahndämmen)
[ş]	dt. *reißen* (Zunge an den Zähnen
[ż]	span. (16. Jh.) *dezir* ‚sagen' (Zunge an den Zahndämmen)
[ẓ]	dt. *Nase* (Zunge an den Zähnen)
[t]	span. *tener*
[v]	dt. *Wald*
[w]	span. *puedo* (Halbkonsonant bzw. Halbvokal)
[ʃ]	dt. *schön*, kat. *caixa*
[ʒ]	kat. *joc* ‚Spiel', dt. *Garage*, argentinisch-span. *llegar*
[tʃ]	span. *mucho*
[dʒ]	kat. *metge* ‚Arzt'
[ç]	dt. *ich*, mexikanisch-span. *México*
[x]	dt. *ach*, span. *bajo*
[pf]	dt. *Pfund*
[ts]	dt. *zeigen*
[dz]	kat. *dotze* ‚zwölf', altspan. *dezir* ‚sagen'
[θ]	kastilisch-span. *zumo*, engl. *thing*
[ʎ]	span. *lleno, rollo*
[ł]	kat. *mel* ‚Honig', engl. *well*
[ŋ]	dt. *singen, denken*, span. *banco*
[ɲ]	span. *España*, kat. *Espanya* (vgl. frz. *Espagne*)

2 Phonetik

In der artikulatorischen Phonetik geht es darum, wo und auf welche Weise im menschlichen Mund-, Rachen- und Nasenraum die Sprachlaute gebildet, eben artikuliert werden (siehe hierzu den Querschnitt durch den menschlichen Artikulationsapparat auf S. 172). Die Transkription des zu untersuchenden Sprachmaterials erfolgt bei der phonetischen Untersuchung stets in eckigen Klammern.

Artikulation

Luftstrom

Grundlage für die Bildung von Sprachlauten ist das Ausströmen von Atemluft: kann die Atemluft ungehindert ausströmen und schwingen dabei die Stimmbänder, so entsteht ein Vokal (mit einem treffenden, etwas in Vergessenheit geratenen deutschen Wort auch Selbstlaut genannt).[1] Setzen die Sprechwerkzeuge der ausströmenden Luft dagegen ein Hindernis, so entsteht ein Konsonant, ein Mitlaut.

1 Vokale

Merkmale

Zunächst zu den Vokalen. Entscheidend für die artikulatorische Phonetik ist, dass die Laute nach bestimmten Kriterien und Merkmalen oder Zügen (span. *rasgos*) klassifiziert werden, von denen hier die in den größeren europäischen Sprachen wichtigsten vorgestellt werden:

Öffnungs-grad

Der Grad der Öffnung des Mundes: der Mund kann bei der Artikulation eines Vokals verschieden weit geöffnet sein. So ist [a] ein Laut, bei dem der Mund sehr weit geöffnet sein muss, während er bei [e] und [o] nicht ganz so weit geöffnet ist. Bei [i] und [u] ist er noch stärker geschlossen (er ist es aber bei der Artikulation eines Vokals natürlich nie ganz!).

Mit diesem Zug 'Öffnungsgrad' können also bereits grob verschiedene Gruppen von Vokalen unterschieden werden, hier die drei Stufen [a] – [e], [o] – [i], [u]. Dass der Zug allein jedoch noch nicht als Kriterium ausreicht, liegt auf der Hand, denn [e] und [o] bzw. [i] und [u] könnten dann gar nicht unterschieden werden, weil ihr Öffnungsgrad jeweils gleich ist. Wir brauchen also weitere Merkmale.

Artikula-tionsort bzw. Zungen-stellung

Entscheidend ist nicht nur, wie weit der Mund bei der Artikulation eines Vokals geöffnet wird, sondern auch, an welcher Stelle im Mundraum die Artikulation stattfindet, also die Frage, ob die Laute weiter vorne oder weiter hinten im Mundraum entstehen, was von der Zunge gesteuert wird. Das Artikulationsorgan Zunge befindet sich beim [i] und beim [e], aber auch beim [y] und beim

---

1 Eine Einschränkung wäre hier vorzunehmen, und zwar für einige Varietäten des Spanischen (z. B. in Mexiko) sowie insbesondere für die Nachbarsprache Portugiesisch (in ihrer europäischen Ausprägung), aber etwa auch für das Aromunische in Griechenland oder die Varietäten des Kroatischen in Italien: in den genannten Sprachen bzw. Varietäten gibt es in unbetonter, meist nachtoniger, Stellung „Flüstervokale", also – auch wenn das eine *contradictio in adiecto* ist – gewissermaßen „stimmlose Vokale": die Sprechwerkzeuge werden so geformt, wie es zur Aussprache des entsprechenden Vokals erforderlich ist, es strömt auch Luft aus, aber die Stimmbänder schwingen nicht, und der Vokal wird lediglich geflüstert.

[ø], sehr weit vorne im Mund – man könnte auch sagen, die Zunge befindet sich in gesenkter Stellung und daher anstelle von Zungenstellung vom Grad ihrer Hebung sprechen –, bei einem [a] befindet sie sich bereits deutlich weiter hinten (oder ist weniger gesenkt / stärker angehoben) – man kann sagen, im zentralen Mundraum, aber mit deutlicher Tendenz im hinteren Bereich –, und beim [o] und beim [u] wird sie noch weiter in den hinteren Bereich des Mundraums zurückgezogen. Ein Vokal, der im zentralen Mundraum mit einer Tendenz im vorderen Bereich artikuliert wird, ist das Schwa, das „neutrale" [ə], wie im deutschen Wort *Schule* [ˈʃuːlə] oder im spanischen Wort *húmedo* [ˈumədɔ].

Die meisten Vokale, mit denen man es bei der Untersuchung von spanischem und katalanischem Sprachmaterial zu tun hat, sind bereits mit den beiden Merkmalen ‚Öffnungsgrad' und ‚Artikulationsort' zu bestimmen. Will man aber Vokale wie [y] und [ø], die ja beispielsweise im Französischen und in fast allen germanischen Sprachen durchaus häufig sind, von [i] und [e] abgrenzen, braucht man ein weiteres Merkmal.

Lippenstellung

Die Lippen können bei der Artikulation eines Vokals gerundet oder ungerundet („gespreizt") sein. So zeichnen sich die Vokale [i] und [y] durch denselben Öffnungsgrad und denselben Artikulationsort aus, unterscheiden sich aber dadurch, dass die Lippen bei [i] ungerundet, bei [y] dagegen gerundet sind.

Bei dieser Gelegenheit muss darauf hingewiesen werden, dass es aus phonetischer Sicht auch redundante Merkmale geben kann. Bei den hinteren Vokalen wie [o] und [u] etwa ist die runde Lippenstellung ein redundantes Merkmal, weil es keine ungerundeten hinteren Vokale gibt, von denen sie zu unterscheiden wären.

Auch der schon genannte Schwa-Laut kann mit gerundeten Lippen artikuliert werden, was besonders typisch für das Französische ist.

Die Stellung der Lippen spielt also zur Beschreibung der spanischen und katalanischen Vokale keine weitere Rolle. Interessant könnte aber noch der folgende Zug sein.

Luftstromdurchgang: Oralität und Nasalität

Bei den meisten Vokalen strömt die Luft lediglich durch den Mund aus, wobei das Gaumensegel (lat. *velum*) angespannt ist und den Nasenraum verschließt. Ist das Gaumensegel dagegen entspannt, kann ein Teil der Luft durch die Nase entweichen, und es entsteht ein Nasalvokal. Solche Vokale kennen nicht nur das Französische und das Portugiesische – diese allerdings in besonders großer Zahl (und zudem, aus phonologischer Sicht, mit einem anderen Status bzw. einer anderen Funktion, wie in den Ausführungen zur Phonologie ab S. 52 zu sehen sein wird) –, sondern die nasale Realisierung existiert auch im Spanischen, v. a. dann, wenn ein Vokal

zwischen zwei nasalen Konsonanten (s. u.) steht, etwa in einem Wort wie *monte* ['mɔ̃nte].

Das Merkmal ‚Luftstromdurchgang' ermöglicht es also, zwischen oralen und nasalen Lauten zu unterscheiden, genauer, zwischen solchen, die rein oral sind, und solchen, die außerdem auch nasal sind.

Quantität
Schließlich kann ein weiteres Merkmal von Interesse sein, und zwar kein qualitatives, wie die vier anderen, sondern ein quantitatives: die Länge des Vokals. Bei der phonetischen Beschreibung können lange und kurze Artikulationen der Vokale beobachtet werden, ein Phänomen, das aus phonologischer Sicht, wie wir etwas weiter unten sehen werden, von Sprache zu Sprache einen anderen Status bzw. andere Funktionen hat. Die lange Artikulation wird durch einen Doppelpunkt nach dem Vokal notiert, z. B. [aː] oder [oː].

2 Konsonanten

Merkmale
Bei den Konsonanten werden die Laute ebenfalls nach Merkmalen bzw. unterscheidenden Zügen klassifiziert. Die für die europäischen Sprachen wichtigsten Merkmale sind die im folgenden besprochenen, drei qualitative und ein quantitatives.

Artikulationsart
Oben wurde bereits gesagt, dass immer dann ein Konsonant entsteht, wenn der ausströmenden Luft in irgendeiner Weise ein Hindernis gesetzt wird. Diese Hindernisse können nun von verschiedenerlei Art sein. Der Luft kann ein vollständiges Hindernis (in Form von Bildung eines Verschlusses) oder ein Teilhindernis gesetzt werden. Bei den Lauten, die durch einen Verschluss gebildet werden, kann dieser wiederum den Luftstrom ganz unterbrechen, oder aber der Verschluss betrifft nur den Mundraum, während die Luft zugleich durch die Nase ausströmen kann. Bei der teilweisen Hindernisbildung muss demgegenüber unterschieden werden, ob der Laut durch Reibung, durch seitliches Ausströmen oder durch Vibration entsteht. Diese verschiedenen Artikulationsarten werden im folgenden der Reihe nach besprochen.

Okklusive
Wenn der Atemluft ein vollständiges Hindernis gesetzt wird und auch keine Luft durch die Nase ausströmen kann, entsteht ein Verschlusslaut oder Okklusiv. Für einen ganz kurzen Moment wird so der Luftstrom vollkommen unterbrochen, dann wird die Unterbrechung aufgehoben und die Luft strömt wieder aus. Bei einem [b] bilden beispielsweise die Lippen ein komplettes Hindernis, der Mund ist für einen Sekundenbruchteil vollständig geschlossen, und auch durch die Nase kann keine Luft ausströmen.

Wird der Atemluft dagegen nur im Mundraum ein vollständiges Hindernis gesetzt, während sie durch die Nase ausströmen kann, ist das Ergebnis ein Nasalkonsonant. Wenn wir z. B. mit den Lippen einen Verschluss bilden und zugleich Luft durch die Nasenhöhle ausströmen lassen, entsteht ein [m] (das wir mit zugehaltener Nase oder bei Schnupfen gerade nicht artikulieren können).

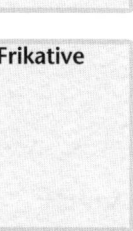

Nasale

Auch Teilhindernisse, also Verengungen, können wir mit unseren Artikulationsorganen erzeugen. Fast immer wird in einem solchen Fall der Laut dadurch erzeugt, dass die Luft sich an der Verengung reibt, sodass wir in der Regel von Reibelauten oder Frikativen sprechen. Als Beispiel kann das [f] dienen, das entsteht, wenn wir mit den oberen Schneidezähnen und der Unterlippe eine Verengung bilden, an der die Luft sich reibt.

Frikative

Weiterhin gibt es eine Artikulationsart, bei der der Verschluss mit der Reibung kombiniert erscheint, und zwar so, dass auf einen kompletten Verschluss eine Reibung folgt. Wir nennen diese Konsonanten Affrikaten. Als spanisches Beispiel kann das [tʃ], graphisch <ch>, wie in *mucho*, angeführt werden, bei dem zuerst mit der vorderen Zunge an den Zahndämmen ein vollständiger Verschluss gebildet wird – Resultat [t] –, auf den unmittelbar eine Reibung folgt, die durch eine mit der vorderen Zunge am Gaumen gebildete Verengung entsteht – Resultat [ʃ].

Affrikaten

Die Fälle, in denen bei der Bildung einer Verengung nicht die Reibung der Luft an derselben den Laut erzeugt, sondern der Laut durch seitliches Ausströmen oder durch Vibration entsteht, sind wenig zahlreich, zumindest in den größeren europäischen Sprachen. Beim [l] etwa strömt die Luft seitlich an der gehobenen Zunge vorbei, während beim [r̄], dem sogenannten „rollenden r", die Vibration der Zungenspitze für die Entstehung des Konsonanten verantwortlich ist. Wir sprechen im ersten Fall von Lateralkonsonanten, im zweiten Fall von Vibranten. Im Spanischen gibt es gerade zwei Laterale, neben [l] noch [ʎ], graphisch <ll>, wie in *silla*, und nur zwei Vibranten, eben das einfache [r] und das mehrfach gerollte [r̄], graphisch <r> im Anlaut (*rojo*) und <rr> zwischen zwei Vokalen (*carro*).

Laterale und Vibranten

Wie in dem vorangehenden Abschnitt zu sehen war, kommt man mit dem Merkmal ‚Artikulationsart' schon relativ weit in der Klassifikation der Konsonanten voran. Zu unterscheiden sind Okklusive, Nasale, Frikative, Affrikaten, Laterale und Vibranten. Dennoch reicht der Zug nicht aus, da beispielsweise sowohl bei einem [b] als auch bei einem [d] ein kompletter Verschluss gebildet wird. Die beiden Okklusivkonsonanten unterscheiden sich aber durch einen anderen Zug, nämlich den Artikulationsort.

Artikula-tionsort	Nicht nur die Vokale sind dadurch charakterisiert, dass sie an verschiedenen Stellen im Mundraum durch verschiedene Artikulationsorgane oder Sprechwerkzeuge gebildet werden, sondern auch die Konsonanten. Dabei können unbewegliche Sprechwerkzeuge wie Zähne (lat. *dentes*), Zahndämme (lat. *alveoli*) und Gaumen (lat. *palatum*) von beweglichen Sprechwerkzeugen wie Zunge (lat. *apex* ‚Zungenspitze' und *dorsum* ‚Rücken', hier ‚Zungenrücken'), Lippen (lat. *labiae*) und Gaumensegel (lat. *velum*) unterschieden werden (s. Abbildung 7 im Anhang auf S. 172; die Angabe der lateinischen Formen soll helfen, die weiter unten gebrauchten phonetischen Fachausdrücke zu verstehen).
Artikula-tionsorgane	Fast immer bilden ein unbewegliches und ein bewegliches Organ oder zwei bewegliche Organe gemeinsam den Verschluss bzw. die Verengung, durch die der Laut entsteht. Deshalb ist die Angabe des Artikulationsortes oft, aber nicht immer, etwas Zweigliedriges. Die wichtigsten Artikulationsorte sind die folgenden: bilabial, d. h. Ober- an Unterlippe: [β], [b], [p], [m]; apiko-alveolar, d. h. Zungenspitze an Zahndämmen: [ð], [d], [t], [n], [l], [r̄]; labio-dental, d. h. Unterlippe an oberen Schneidezähnen: [f], [v]; prädorso-dental, d. h. vorderer Zungenrücken an Zahndämmen: [z], [s], [ts]; prädorso-palatal, d. h. vorderer Zungenrücken am Gaumen: [ʒ], [ʃ]; dorso-palatal, d. h. Zungenrücken am Gaumen: [ç];[2] velar, d. h. Gaumensegel: [ɣ], [g], [k], [ŋ],[3] [x],[4] [ʀ];[5] glottal, d. h. Stimmritze: [ʔ].[6] Mit den Merkmalen ‚Artikulationsart' und ‚Artikulationsort' können bereits viele Konsonanten bestimmt werden, aber nach wie vor nicht alle eindeutig. Es ist ein weiteres Merkmal hinzuzuziehen.
Stimm-beteiligung	Bei den Konsonanten [b] und [p] sind sowohl Artikulationsart als auch Artikulationsort identisch; dennoch unterscheiden sich die Konsonanten voneinander, und zwar durch das Merkmal ‚Stimmbeteiligung', anders ausgedrückt, dadurch, dass bei [b] die Stimmbänder schwingen und bei [p] nicht. Besonders bei den Okklusivlauten, den Frikativlauten und den Affrikaten ist dieses Merkmal entscheidend, und fast immer stehen sich ein stimmhafter und ein

---

2 Dies ist der „ich-Laut", also wie in dt. *ich* [ɪç] oder mexikanisch-span. México [ˈmeçikɔ].

3 Dieses Zeichen repräsentiert den „singen-Laut", wie in dt. *singen* [ˈzɪŋən], *denken* [ˈdɛŋkən] oder span. *banco* [ˈbaŋkɔ]. Generell wird im Spanischen wie im Deutschen jeder Nasalkonsonant vor einem folgenden velaren Konsonanten auf diese Weise realisiert.

4 Dies wiederum ist der „ach-Laut", also wie in dt. *ach* [ax] oder span. *caja* [ˈkaxa].

5 Bei diesem Laut handelt es sich um das Gegenstück zum „gerollten r", also um den Laut, der im Deutschen und Französischen die typische Realisierung des Vibranten ist.

6 Dies ist der „Knacklaut", der in den germanischen Sprachen jedem initialen Vokal vorangeht und ein typisches Merkmal des germanischen Akzents ist, wenn Sprecher germanischer Muttersprachen romanische Sprachen sprechen.

stimmloser Laut gegenüber: [g] und [k], [v] und [f], [dʒ] und [tʃ], etc. Bei Nasalen, Lateralen und Vibranten ist die Stimmbeteiligung dagegen in den größeren europäischen Sprachen redundant; die Glieder dieser drei Artikulationsarten sind immer auch stimmhaft.

Schließlich kann auch bei den Konsonanten die Quantität entscheidend sein, denn es ist möglich, das Hindernis, das dem Luftstrom entgegengesetzt wird, nur ganz kurz oder länger durchzuhalten. Dies gilt sowohl für Verschlüsse, z. B. [tː], als auch für Teilhindernisse, z. B. [fː]. Wie bei den Vokalen kann die Quantität von Sprache zu Sprache aus phonologischer Sicht einen anderen Status haben, doch dazu mehr im nächsten Teilkapitel, dem zur Phonologie.

Quantität

3 Intervokalische Okklusivlaute im Spanischen

Zum Spanischen (für das Katalanische gilt Ähnliches) ist hier noch anzumerken, dass eine Reihe von Konsonanten, die ursprünglich Verschlusslaute waren, in intervokalischer Position, also zwischen zwei Vokalen, fast immer als Reibelaut realisiert werden. Betroffen ist die Reihe der stimmhaften Okklusivlaute [b], [d] und [g], die intervokalisch zu bilabialem [β] wie in *haba* bzw. zu apikodentalem [ð] wie in *nada* bzw. zu velarem [ɣ] wie in *amiga* werden. Der Artikulationsort bleibt also gleich, die Stimmbeteiligung bleibt auch erhalten, aber die Artikulationsart ändert sich: die Artikulationsorgane bilden keinen vollständigen Verschluss.

Frikativierung

4 Halbkonsonanten bzw. -vokale und Diphthonge

Neben den reinen Vokalen und den reinen Konsonanten gibt es noch Halbkonsonanten oder Halbvokale. Dies sind Laute, die eigentlich als Vokale angesehen werden müssen, weil die Artikulationsorgane der ausströmenden Luft nicht, wie im Falle von Konsonanten, ein Hindernis entgegensetzen. Dennoch bilden sie keine Silbe, wodurch sie sich wiederum stark den Konsonanten annähern. Im Spanischen und Katalanischen kommen zwei solcher Laute vor, das [j] (ein palataler Laut; geschrieben meist <i> oder <y>) und das [w] (ein bilabialer Laut; geschrieben meist <u>).

[j] und [w]

Zusammen mit Vokalen bilden sie Doppel- oder Zwielaute, Diphthonge genannt, wobei wir von steigenden Diphthongen sprechen, wenn der Halbkonsonant dem Vokal vorangeht, und von fallen-

Diphthonge

den Diphthongen, wenn er dem Vokal folgt.[7] Steigende Diphthonge wären demnach etwa [je] wie in span. *tierra*, [we] wie in span. *puerta*, [ja] wie in span. *gracias*, [wa] wie in span. *agua*, [jo] wie in span. *yogur* und [wo] wie in span. *oblicuo*. Um fallende Diphthonge handelt es sich bei [iw] wie in kat. *riu* ‚Fluss‘, [ej] wie in span. *Teide*, [ew] wie in span. *Europa*, [aj] wie in span. *bailar*, [aw] wie in kat. *grau* ‚Grad‘, span. *pausa*, [oj] wie in span. *oigo*, [ow] wie in kat. *bou* ‚Bulle‘ und [uj] wie in span. *muy*.

Triph-thonge

Schließlich kennen sowohl das Spanische als auch das Katalanische auch Triphthonge, also Dreifachlaute, bei denen dem silbenbildenden Vokal je ein Halbkonsonant sowohl vorangeht als auch folgt. Nur einige Beispiele: [jaj], [jej] und [jew] wie in span. *confiáis*, *confiéis* und kat. *confieu* ‚ihr vertraut‘, sowie [waj], [wej] und [wew] wie in span. *averiguáis*, *averigüéis* und kat. *jueu* ‚Jude‘, etc.

3 Phonologie (Phonematik)

Vorbe-merkungen

Bei der Einführung in die Phonetik war zu sehen, dass diese Teildisziplin prinzipiell sowohl übereinzelsprachlich als auch einzelsprachbezogen betrieben werden kann. Gemeint ist: die Methoden und Erkenntnisinteressen sind weitgehend die gleichen, und im Mittelpunkt steht immer die mehr oder weniger genaue Beschreibung der Prozesse, durch die die Laute gebildet werden, d. h. die Eigenschaften der Laute in ihrer konkreten Realisierung. Die Phonetik ist also in erster Linie eine *parole*-bezogene wissenschaftliche Disziplin.

Mit der Phonologie, auch Phonematik genannt, verhält es sich anders, denn es gibt zwar ohne Zweifel eine allgemeine phonologische Methodik (und allgemeine Probleme der Phonologie), aber das Erkenntnisinteresse kann bei der Phonologie, ein wenig überspitzt formuliert, im Grunde nur einzelsprachbezogen sein. Der Grund dafür ist, dass die Phonologie sich gar nicht so sehr – zumindest nicht im Detail – für die Eigenschaften der Laute interessiert, sondern für Laut*typen* sowie – und dies vor allem – für deren *Funktion*, und eine bestimmte Funktion haben sie nur im Kontext eines einzelsprachlichen Lautsystems, niemals übereinzelsprachlich oder gar als isoliert betrachteter Laut. Die Phonologie ist somit eine *langue*-bezogene wissenschaftliche Disziplin.

---

7 Oft wird im ersten Fall von Halbkonsonanten und im zweiten Fall von Halbvokalen gesprochen. Genauso oft findet man aber auch die unterschiedslose Verwendung von *Halbkonsonant* und *Halbvokal*.

1 Der Phonembegriff

Der zentrale Begriff der Phonologie ist der des Phonems. In der strukturellen Phonologie ist es das Ziel der Analyse, zu kleinsten (minimalen) Einheiten zu gelangen, also bis zu einem Punkt, an dem die ermittelten Segmente nicht mehr weiter unterteilbar sind.

Phon und Phonem

Der hierzu beschrittene Weg ist also zunächst die Segmentierung und in einem zweiten Schritt die Klassifikation der Laute und die Ermittlung ihrer Funktion: Sprachliche Äußerungen werden in einzelne Laute segmentiert, die Phone (Singular Phon) genannt werden; daraufhin werden die ermittelten Phone klassifiziert und gegebenenfalls als kleinste bedeutungsunterscheidende Einheiten (Phoneme) identifiziert, die selbst noch nicht bedeutungstragend sind.

Die Methode, die dazu angewandt wird, ist die Grundmethode der strukturalistischen Sprachwissenschaft schlechthin, nämlich die Kommutationsprobe bzw. der Substitutionstest.[8] Dabei werden die zu klassifizierenden Laute einander in Kontexten von maximaler Ähnlichkeit gegenübergestellt, und man versucht, durch ihre Substitution, also Ersetzung durch einen anderen Laut, herauszufinden, ob sich etwas an der Bedeutung der Lautkette ändert. Die so ermittelten kleinsten bedeutungsunterscheidenden Einheiten werden Phoneme (Singular Phonem) genannt. So unterscheiden sich die spanischen Wörter *nada* ‚nichts‘ und *nata* ‚Sahne‘ nur durch den d-Laut in der einen und den t-Laut in der anderen Form; die beiden Konsonanten /d/ und /t/ sind daher Phoneme, genauer: Konsonantenphoneme des Spanischen, da sie Bedeutungen zu unterscheiden vermögen (im Beispiel also ‚nichts‘ vs. ‚Sahne‘). Auch Vokale können Phoneme sein: bei *comemos* ‚wir essen‘ und *comimos* ‚wir haben gegessen‘ zeigt die Kommutation, dass /e/ und /i/ Vokalphoneme des Spanischen sind. Zwei sprachliche Formen, die sich, wie *nada* und *nata* oder *comemos* und *comimos*, nur durch ein einziges Phonem voneinander unterscheiden, bilden ein Minimalpaar: die Phoneme /d/ und /t/ haben den Artikulationsort und die Artikulationsart gemeinsam (beide sind okklusiv und apiko-alveolar bzw. apiko-dental), unterscheiden sich aber durch das Merkmal oder den Zug ‚Stimmbeteiligung‘, der seinerseits hier, wie man sagt, phonologisch relevant (span. *relevante, pertinente*)

Kommutationsprobe

---

8 Es handelt sich hier um zwei verschiedene Ausdrücke für ein und dasselbe. *Kommutationsprobe* stammt aus dem euro-päischen, *Substitutionstest* aus dem amerikanischen Strukturalismus.

ist;[9] die Phoneme /e/ und /i/ haben den Artikulationsort gemeinsam (beide sind im vorderen Mundraum artikulierte Vokale), unterscheiden sich aber durch den Zug ,Öffnungsgrad', der hier phonologisch relevant ist.[10]

2 Allophonie

phonematische Relevanz

Nicht jeder Zug muss indes immer phonologisch relevant sein: So ist es z. B. im Spanischen egal, ob ein s-Laut stimmhaft oder stimmlos ausgesprochen wird, es handelt sich hier um einen redundanten, phonologisch nicht relevanten Zug. Die stimmhafte und die stimmlose Realisierung, [z] bzw. [s], stellen lediglich Aussprachevarianten dar; sie sind Realisierungsvarianten ein und desselben Phonems /s/. Solche Phonemvarianten werden auch Allophone[11] genannt. Beispiel: *socialismo* kann als [sɔθjaˈlismɔ] und [sɔθjaˈlizmɔ] realisiert werden; die Phonemvariation ist hier frei, beide Realisierungen gleich „korrekt", aber eben nur in dieser Position. Oft ist die Varianz auch insofern distributionell bedingt, dass eine bestimmte Position die eine, und eine andere Position die andere Variante erfordert. Im Hochdeutschen ist das der Fall des „ich-Lautes" und des „ach-Lautes", d. h. von [ç] und [x], die gemeinsam ein Phonem /ç/ bilden (man könnte natürlich genauso sagen, sie bilden ein Phonem /x/), aber die Distribution der beiden Allophone richtet sich nach dem vorangehenden Vokal: palatale Vokale ziehen ein [ç] nach sich, velare und /a/ ein [x].

Auch die Dichotomie *relevant* (frz. *pertinent*) vs. *redundant* geht auf Saussure zurück.

---

9 Er ist es nicht in allen Sprachen bzw. Dialekten. Meine aus Böhmen stammende Großmutter, durchaus nicht ungebildet, war von ihrem Dialekt her nicht in der Lage [b] und [p], [d] und [t] sowie [g] und [k], in der gesprochenen Sprache voneinander zu unterscheiden, sondern die Realisierung war immer [b], [d] und [g], also stimmhaft, auch im Hochdeutschen. So musste sie für jedes Wort, in dem jeweils einer der Konsonanten vorkommt, die Rechtschreibung gesondert lernen – mit „hartem b" bzw. „hartem d" bzw. „ga" (also <p>, <t>, <k>) oder mit „weichem b" bzw. „weichem d" bzw. „ge" (also <b>, <d>, <g>). Für den fränkischen und den sächsischen Sprachraum gilt Ähnliches.

10 Auch das muss nicht in jeder Sprache so sein. Die in Peru gesprochene Sprache Quechua beispielsweise unterscheidet nicht zwischen diesen beiden Phonemen, was wiederum Auswirkungen auf das von Quechuasprechern gesprochene Spanisch haben kann.

11 Die wörtliche deutsche Übersetzung davon wäre ,Andersklinger', und genau darauf kommt es an: die Laute klingen anders, aber es verändert sich nichts an der Bedeutung der sprachlichen Form, wenn man sie austauscht.

3 Das Phoneminventar des Spanischen

Durch die Gesamtheit der phonologisch relevanten Merkmale einer Sprache ergibt sich ihr Phoneminventar, d. h. in synchroner Sicht die Gesamtheit der Laute, die in bestimmten Positionen Bedeutungen unterscheiden können. So hat notwendigerweise jede Sprache ein anderes Phonemsystem, wobei die Inventare von Sprache zu Sprache nicht nur qualitativ verschieden sind, eben weil immer wieder andere Laute als Phoneme fungieren, sondern auch quantitativ. Es gibt Sprachen mit einem umfangreichen Phoneminventar und solche, die mit sehr viel weniger Phonemen auskommen (sowohl der qualitative als auch der quantitative Aspekt müssen dann jeweils noch einmal gesondert für die Vokale und die Konsonanten betrachtet werden).

Das Phoneminventar einer Sprache ist, synchronisch betrachtet, beschränkt; es bildet eine geschlossene Klasse von Elementen.

Inventar

Das Spanische hat ein sehr einfaches System von Vokalphonemen, da erstens lediglich zwei Merkmale relevant sind, nämlich der Öffnungsgrad und der Artikulationsort, und zweitens bei beiden Merkmalen lediglich drei Grade bzw. drei Orte unterschieden werden. Am anschaulichsten lassen sich die Vokalphoneme des Spanischen in einem Vokaldreieck darstellen:

Vokale

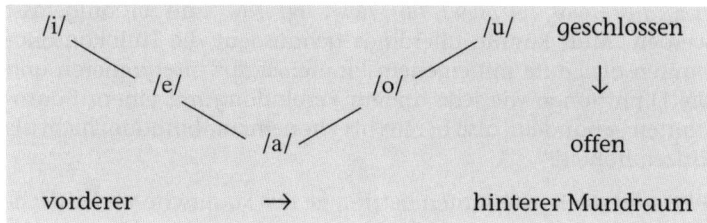

Abb. 8a: Die Vokalphoneme des Spanischen

Ein Vergleich mit dem Katalanischen zeigt, dass sich dieses durch ein komplexeres, umfangreicheres Vokalsystem auszeichnet. Zwar werden auch nur zwei Merkmale zur Unterscheidung herangezogen (dieselben wie im Spanischen), aber beim Öffnungsgrad werden im Katalanischen vier Grade unterschieden, so dass sich ein etwas größeres Vokaldreieck ergibt, das aus sieben Vokalphonemen besteht:

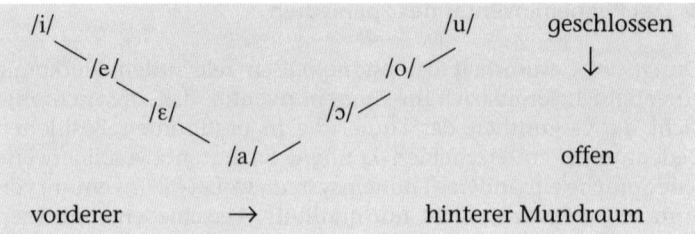

Abb. 8b: Die Vokalphoneme des Katalanischen

Auch das Italienische hat ein solches siebengliedriges Vokalsystem, während andere Sprachen noch weitaus komplexere Verhältnisse zeigen. Im Deutschen kommen beispielsweise noch die gerundeten Palatallaute /y/ und /ø/ hinzu, im Französischen zusätzlich zu diesen auch noch drei bzw. vier Nasalvokale. Das Französische kennt insgesamt 16 Vokalphoneme, also mehr als dreimal so viele wie das Spanische.

Diphthonge

Die Beschränkung auf fünf gilt aber nur für die einfachen Vokale. Das Spanische kennt (wie auch das Katalanische) darüber hinaus auch noch eine Reihe von Diphthongen, die jeweils aus einem der Halbvokale bzw. -konsonanten [j] und [w] und einem „Vollvokal" bestehen. Als diphthongische Phoneme können /je/, /we/, /ja/, /wa/, /jo/, /wo/, /ej/, /ew/, /aj/, /aw/, /oj/, /ow/ und /uj/ aufgefasst werden. Man könnte allerdings genausogut die Halbkonsononanten als Laute mit eigenem Phonemstatus interpretieren und die Diphthonge wie jede andere Verbindung mit einem Konsonanten behandeln, also bereits als Phonemkombination, nicht als Einzelphonem.

Konsonanten

Was nun die Konsonanten betrifft, ist das Spanische weder reichhaltiger noch weniger reichhaltig ausgestattet als andere europäische Standardsprachen. Bei den meisten von ihnen bewegt sich die Anzahl der Konsonantenphoneme um 20, so auch im Spanischen, wo es 18 sind:

Artiku-lationsort	Artikulationsart								
	okklusiv		affriziert		frikativ		nasal	lateral	vibrant
(Stimme)	+	–	+	–	+	–	+	+	+
bilabial	b	p					m		
labiodental						f			
interdental						θ			
apikodental	d	t					n	l	
alveolar						s			r, r̄
palatal				tʃ			ɲ	ʎ	
velar	g	k				x			

Abb. 9: Die Konsonantenphoneme des Spanischen

Wie in der Matrix zu sehen ist, gibt es im Spanischen nur im Bereich der Okklusivlaute stimmhafte Pendants zu den jeweiligen stimmlosen Lauten; das Merkmal ‚Stimmbeteiligung' spielt also nur hier eine Rolle. Bei den Vibranten stehen das /r/ mit einfacher Vibration und das /r̄/ mit mehrfacher Vibration in intervokalischer Stellung zueinander in Opposition, auch wenn die Minimalpaare, die man mit ihnen bilden kann, nicht allzu zahlreich sind: *pero* ‚aber' vs. *perro* ‚Hund', *caro* ‚teuer' vs. *carro* ‚Wagen', *quería* ‚ich wollte (Imperfekt)' vs. *querría* ‚ich wollte (Konditional)'.

4 Konventionen der Darstellung

Zu den Konventionen der Darstellung: während die rein phonetische Umschrift in eckige Klammern gesetzt wird, erscheinen Phoneme stets in Schrägstrichen. Man verwendet diese bei einer Untersuchung aus phonologischer Sicht. Dies erklärt die unterschiedliche Darstellungsweise im vorigen Absatz: Allophone einerseits und Phoneme andererseits. Geht es dagegen um die Graphie, werden spitze Klammern verwendet. Im Überblick:

[a],/a/,<a>

- [a]: der a-Laut aus phonetischer Sicht
- /a/: das Phonem, also der a-Laut aus phonologischer Sicht
- <a>: der Buchstabe a (graphisch)

4 Phonie und Graphie

Sprechen und Schreiben

Die Phonetik und die Phonologie beschäftigen sich notwendigerweise mit der gesprochenen Sprache, genauer, mit der phonischen Realisierung von Sprache. Doch während Sie diese Zeilen lesen, kommunizieren Sie mit mir, dem Verfasser, nicht auf dem phonischen, sondern auf dem graphischen Wege – Schreiben und Lesen sind (zumindest fast) genauso alltägliche Tätigkeiten wie Sprechen und Zuhören (wenngleich die gesprochene [= phonisch realisierte] Sprache natürlich gegenüber der geschriebenen [= graphisch realisierten] primär ist), daher an dieser Stelle einige Anmerkungen zum Verhältnis zwischen den Lauten einer Sprache und ihrer graphischen Repräsentation.

Grundsätzlich ist zwischen phonographischen und ideographischen Schriftsystemen zu unterscheiden. Erstere repräsentieren Laute, wie die lateinische Schrift und andere Alphabetschriften, letztere dagegen Inhalte, wie etwa die chinesische Schrift, die ja ursprünglich eine Bilderschrift war, und in der die Schriftzeichen für ganze Wörter stehen.

Grapheme

Von der spanischen Orthographie,[12] die sich bekanntlich des lateinischen Alphabets bedient, kann man sagen, dass sie eine phonologische Orthographie ist, da sie Phoneme abbildet. Die graphischen Einheiten, mittels derer sie dies tut, werden Grapheme genannt. Dabei geht die Annäherung an den Idealzustand einer 1:1-Beziehung zwischen Phonemsystem und seiner Repräsentation durch Buchstaben im Spanischen sehr weit, deutlich weiter als etwa im Französischen oder Englischen. Tatsächlich herrschen im Spanischen zahlreiche 1:1-Beziehungen zwischen Lautung und Schreibung, und darüberhinaus ist die Schreibung bei fast allen mehrdeutigen Zuordnungen – also ein Graphem für mehrere Phoneme oder ein Phonem, das durch mehrere Grapheme dargestellt wird – eindeutig durch die phonische bzw. graphische Umgebung festgelegt.

Probleme

Lediglich drei Inkonsequenzen sind dafür verantwortlich, dass auch die spanische Orthographie bisweilen Probleme bereitet: Auf den Buchstaben <h>, der keine lautliche Entsprechung hat, wird nach wie vor nicht verzichtet. Dies bringt es mit sich, dass seine Distribution auswendig gelernt werden muss. Weiterhin wird zwar für das Phonem /θ/ konsequent <z> vor <a>, <o> und <u> geschrie-

---

12 Die Orthographie (Rechtschreibung) regelt in jeder Sprache die Zuordnung von Lautung und Schrift und hat insofern präskriptiven Charakter. Geht man rein beschreibend vor, ohne „normative" Interessen, kann man von Graphie (Schreibung) sprechen, mit anderen Worten, Graphie (Schreibung) ist noch nicht zwingend auch Orthographie (Rechtschreibung).

ben und <c> vor <e> und <i>, für das Phonem /x/ dagegen wird <j> vor <a>, <o> und <u> verwendet, aber leider, neben <g>, auch vor <e> und <i>. Schließlich ist die Distribution von <b> und <v> für das Phonem /b/ nicht phonologisch herleitbar, sondern gehorcht zumeist etymologischen Prinzipien und muss daher beim Schrifterwerb ebenfalls gelernt werden.

Hinzu kommt freilich, dass das Orthographiesystem in erster Linie das kastilische Phonemsystem abbildet. Schwieriger wird es mit der korrekten Rechtschreibung für Sprecher des andalusischen, kanarischen und amerikanischen Spanisch, deren System gegenüber dem Kastilischen mindestens ein Phonem weniger aufweist, weil nicht zwischen /s/ und /θ/ unterschieden wird. In diesem Fall muss also darüber hinaus beim Schrifterwerb mitgelernt werden, welche Wörter mit <c> bzw. <z> und welche mit <s> geschrieben werden. Ähnliches gilt für die Nichtunterscheidung von /ʎ/ und /j/, welche die Sprecher dazu zwingt, die Schreibung mit <y> bzw. <ll> für jedes Wort gesondert zu lernen. Auf Differenzen, die durch regionale Variation bedingt sind, kommen wir in Kapitel 10 zurück.

Variation

5 Suprasegmentalia

Bisher ist es stets um Einheiten gegangen, die Segmente einer Äußerung darstellen (können), und zu denen man durch Segmentieren gelangt. Nun gibt es aber auch Aspekte der Lautung, die sich solcher Segmentierung entziehen, die Suprasegmentalia, auf die wir hier nur kurz eingehen können. Zu besprechen sind die Tonstärke und die Tonhöhe, die zusammen das bilden, was man auch Prosodie nennt.

Akzent und Intonation

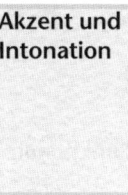

1 Der Akzent

Der Akzent (oder die Betonung bzw. Ton*stärke*) ist im Spanischen ebenfalls phonologisch relevant, zumindest der Wortakzent, denn es besteht ein deutlicher Unterschied zwischen *cálculo* /'kalkulo/ ‚die Rechnung, das Kalkül', *calculo* /kal'kulo/ ‚ich rechne' und *calculó* /kalku'lo/ ‚er/sie/es hat gerechnet': Es ist alles andere als egal, auf welcher Silbe ein Wort betont wird.

Tonstärke und Wortakzent

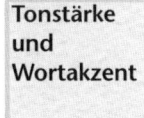

Daneben lässt sich auch ein Satzakzent beobachten, dadurch, dass bestimmte Wörter im Satz in der Regel stärker betont werden als andere. Zu den betonten gehören vor allem die Träger der wichtigsten Information im Satz, d. h.meist das Verb sowie außerdem Substantive und Adjektive, Fragewörter und betonte Prono-

Satzakzent

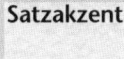

mina. Unbetont sind fast immer Präpositionen, Konjunktionen und Determinanten (Artikel, Possessiva, Demonstrativa). Das Spanische trägt dieser Tatsache auch mit einem graphischen Akzent Rechnung, um Wörter aus der Gruppe der zumeist betonten von ansonsten gleich geschriebenen und gleich klingenden Wörtern aus der Gruppe der unbetonten zu unterscheiden, z. B. die Fragewörter *¿dónde?* und *¿cómo?* von den Konjunktionen *donde* und *como*, die betonten Pronomina *mí* und *él* (z. B. *para mí, para él*) vom Possessivum *mi* bzw. dem Artikel *el* sowie die Adverbien *más* und *sí* von den Konjunktionen *mas* und *si*.

Insistenz-Akzent

Schließlich ist der Akzent potenziell auch Träger des emotionalen Gehaltes einer Äußerung. Wenn man im Spanischen einer Äußerung eine besondere Insistenz verleihen möchte, betont man unter Umständen eine Silbe besonders stark, die rein vom Wortakzent her „eigentlich" eine unbetonte wäre, etwa in *¡es ímpresionante!* – der Wortakzent liegt hier auf der Silbe *-an-*, der die Insistenz markierende Akzent dagegen auf der Silbe *im-* (vgl. dt. **hervorragend!**).

2 Die Intonation

Tonhöhe

Auch die Intonation (oder Ton*höhe*) kann phonologisch relevant sein, da sie z. B. in der Lage ist, einen Aussagesatz von einem Fragesatz zu unterscheiden. Im Spanischen spielt das eine wichtigere Rolle als im Deutschen, wo Fragesätze nicht nur durch Intonation, sondern vor allem auch durch die Wortstellung gekennzeichnet sind.

Funktionen

Selbstverständlich hat die Intonation weitere Funktionen, denn auch sie ist ein wichtiger, vielfach vielleicht sogar der wichtigste Träger des emotionalen Gehaltes einer Äußerung. So vermag die Intonation, ein und demselben Satz eine breite Palette von verschiedenen Aussagegehalten zu geben, je nachdem, ob der Satz Freude, Zweifel, Angst, Überraschung, Verachtung, Beruhigung, Begeisterung, etc. ausdrücken soll. Man kann das an jedem einfachen Satz ausprobieren; nehmen wir einmal das Beispiel *ha llegado papá* – je nach Intonation kann man damit Freude, Überraschung, Ärger, Missmut über die Ankunft des Vaters ausdrücken, eine Beruhigung aussprechen, ein Versprechen geben und vieles andere mehr.

Literatur zu Kapitel 3

Das Standardwerk zur spanischen Phonologie ist Alarcos Llorach [4]1974 (es gibt Neudrucke). Eine fundierte Einführung in die spanische Phonetik und Phonologie bietet weiterhin Quilis [2]1999. Empfehlenswert ist auch das Kapitel zur Phonologie in Berschin/ Fernández-Sevilla/Felixberger [2]1995.

Elemente der Form und Grundzüge der strukturellen Morphologie

KAPITEL 4

1 Die zweifache Gegliedertheit der Sprache

Wir haben bereits gesehen, dass die menschliche Sprache ein System von Zeichen ist. Nun ist sie aber nicht ein Zeichensystem wie jedes andere, sondern sie zeichnet sich durch eine Besonderheit aus, die in den fünfziger Jahren des 20. Jhs. zuerst von ANDRÉ MARTINET, der der Prager Schule des Strukturalismus zuzurechnen ist, formuliert und auf den Punkt gebracht worden ist. Martinet ging davon aus, dass die menschliche Sprache sich durch eine zweifache Gliederung (*double articulation*) auszeichnet, wobei jede Gliederung auf einer eigenen Ebene anzusiedeln ist, die Martinet die erste und die zweite Gliederungsebene nannte.

Da Martinet vom Bewusstsein der nicht linguistisch vorgebildeten Sprecher ausging, handelt es sich auf der ersten Ebene um eine Gliederung, die auch ohne wissenschaftliche Herangehensweise erkennbar ist, auf der zweiten jedoch um eine Gliederung, die im Bewusstsein von linguistisch nicht vorgebildeten Sprechern nicht notwendigerweise verankert ist. Dennoch soll diese zweite Gliederungsebene hier zuerst zur Sprache kommen, und zwar, weil wir sie im vorigen Kapitel bereits kennen gelernt haben.

ANDRÉ MARTINET

1 Die zweite Gliederungsebene (Phoneme)

Wie gesagt, bei dieser zweiten Gliederung befinden wir uns bereits auf einer Ebene, die den linguistisch nicht vorgebildeten Sprechern nicht mehr ohne weiteres bewusst ist. Der Grundgedanke ist, dass sich eine sprachliche Äußerung nicht nur in Wörter, Stämme und grammatische Elemente segmentieren lässt – darum geht es weiter unten, bei der ersten Gliederungsebene –, sondern eben auch in einzelne Laute, und zwar in Laute, die dann ihrerseits nicht mehr weiter segmentierbar sind. Mit anderen Worten: wir befinden uns hier mitten im Arbeitsgebiet der Phonologie. Da diese bereits ausführlich besprochen worden ist, hier nur ein paar Bemerkungen.

Auf dieser Gliederungsebene ist es das vorläufige Ziel der sprachwissenschaftlichen Analyse, zu kleinsten oder minimalen Einheiten zu gelangen, also bis zu einem Punkt, an dem die bis dahin ermittelten Segmente nicht mehr weiter segmentierbar sind. Methodisch heißt dies, dass segmentiert und klassifiziert werden muss: Sprachliche Äußerungen werden in einzelne Laute segmentiert, die *Phone* (Singular *Phon*) genannt werden; daraufhin

Phoneme

werden die Phone – mittels der oben beschriebenen Kommutationsprobe – klassifiziert und gegebenenfalls als kleinste Einheiten identifiziert, aber nicht als kleinste bedeutung**stragende** Einheiten, sondern als kleinste bedeutung**sunterscheidende** Einheiten, die selbst noch nicht bedeutungstragend sind. Diese kleinsten bedeutungsunterscheidenden Einheiten werden, wie wir im Teilkapitel zur Phonologie gesehen haben, *Phoneme* genannt (denken wir an das Beispiel der spanischen Verbformen *comemos* ‚wir essen' und *comimos* ‚wir haben gegessen', die sich nur durch den e-Laut in der einen und den i-Laut in der anderen Form unterscheiden); die beiden Laute sind somit Phoneme im Spanischen, da sie in der Lage sind, Bedeutungen zu unterscheiden, im Beispiel also ‚Präsens' vs. ‚Perfekt'.

2 Die erste Gliederungsebene (Morpheme)

Morpheme

Der neue Aspekt, der hier hinzukommt, zeichnet sich zugleich dadurch aus, dass er auch im Alltag jeder Sprecherin und jedem Sprecher bewusst ist, denn jede/r kann eine sprachliche Äußerung zumindest in Wörter zerlegen und so manche/r eventuell darüber hinaus auch die Wörter in so etwas wie Stamm (dem eine lexikalische, direkt auf die Welt referierende Bedeutung innewohnt) und Endung (die eine grammatische Bedeutung wie ‚Plural', ‚Präsens', etc. trägt), o. ä. Ein untrügliches Indiz für das Sprecherbewusstsein in Bezug auf diese Ebene der Gliederung ist die Existenz des Wortes *Wort* auch in der Alltagssprache.

Das vorläufige Ziel der strukturalistischen sprachwissenschaftlichen Analyse auf dieser Gliederungsebene ist es, zu kleinsten – oder minimalen – bedeutungtragenden Einheiten zu gelangen, also bis zu einem Punkt, an dem die bis dahin ermittelten Segmente nicht mehr weiter segmentierbar sind. Methodisch heißt dies auch hier wieder, auf eine Kurzformel gebracht, segmentieren und klassifizieren. Sprachliche Äußerungen werden zunächst in einzelne Teile segmentiert, die Morphe (Singular Morph) genannt werden. Daraufhin werden die Morphe klassifiziert, und zwar ebenfalls durch die aus dem Bereich der Phonologie schon bekannte Kommutationsprobe: Man tauscht die Elemente gegen andere aus und beobachtet, ob sich etwas an der untersuchten sprachlichen Äußerung ändert, und wenn ja, was sich ändert. Dabei werden Elemente dann gegebenenfalls als kleinste bedeutungtragende Einheiten identifiziert, die Morpheme (Singular Morphem) genannt werden,[1] wobei verschiedene Typen von Mor

---

1 Zumindest in der heute allgemein gängigen Terminologie. Martinet selbst nannte die kleinsten bedeutungtragenden Einheiten *Moneme*. Dieser Terminus hat sich aber kaum durchgesetzt.

phemen zu unterscheiden sind. Damit wären wir im Arbeitsgebiet der Morphologie oder Formenlehre (der Lehre von den Morphemen) angelangt.

3 Das Prinzip der sprachlichen Ökonomie

Neben den typischen zwei Gliederungsebenen zeichnet sich die Sprache als Kommunikationssystem, wie ebenfalls MARTINET es auf den Punkt brachte, noch durch Ökonomie aus: Sprache erlaubt es, mit einem begrenzten Phonem- und Morpheminventar eine unendliche Anzahl von Äußerungen zu produzieren. MARTINET nannte dies das Prinzip der sprachlichen Ökonomie (also des geringstmöglichen Aufwandes).

Ökonomie

2 Syntagmatik und Paradigmatik

Eine weitere Dichotomie, die auf SAUSSURE zurückgeht, ist die Unterscheidung zwischen den syntagmatischen Beziehungen (*rapports syntagmatiques*) und den paradigmatischen Beziehungen (bei Saussure *rapports associatifs*; der heute gängigere Terminus *rapports paradigmatiques* stammt von LOUIS HJELMSLEV, dem Begründer der Glossematik oder Kopenhagener Schule des Strukturalismus) – zwischen den sprachlichen Elementen, und zwar sowohl zwischen den Sprachlauten als auch zwischen den bedeutungtragenden Elementen.

Beziehungen

Zunächst geht es darum, dass eine Äußerung immer eine *chaîne parlée* ist, d. h.eine lineare Anordnung von sprachlichen Elementen, die zueinander in syntagmatischer Beziehung stehen, es sind die „éléments *in praesentia*" (vgl. das Universale der Linearität von Sprache). Man spricht daher bei einer sprachlichen Äußerung, die aus mehr als einem Element besteht, auch von einem Syntagma; siehe etwa das folgende einfache Beispiel:

Syntagma

La profesora me llama.
Darin stehen die Elemente *la* (Artikel Femininum Singular), *profesor-* (Element mit lexikalischer, hier substantivischer Bedeutung), *-a* (Endung Femininum), *me* (Pronomen 1. Person Singular Akkusativ), *llam-* (Element mit lexikalischer, hier in einem Verbstamm steckender Bedeutung) und *-a* (Endung 1. Person Singular Indikativ Präsens) in syntagmatischer Beziehung zueinander, wobei die Reihenfolge weitgehend festgelegt ist.[2]

Beispiel 1

---

2 Zwar ist *me llama la profesora* problemlos möglich, aber nicht **llama profesora me la* und schon gar nicht **-a profesor- me -a llam- la*. Man beachte, dass der Asterisk stets bei solchen ungrammatischen Äußerungen vorangestellt wird. Verwendet wird er außerdem in der historischen Sprachwissenschaft, und zwar bei Formen, die nicht belegt, sondern lediglich rekonstruiert sind.

Zugleich impliziert aber auch jedes Sprechen eine Selektion: Aus den Elementen, die zur Verfügung stehen (vgl. das Universale der Historizität), werden genau diejenigen ausgewählt, die gebraucht werden, um einen bestimmten Inhalt zu vermitteln (vgl. das Universale der Kreativität), wobei gleichzeitig die Elemente, die nicht gebraucht werden, ausgeschieden werden. Das ausgewählte Element und diejenigen Elemente, die auch an seiner Stelle stehen könnten, stehen zueinander in paradigmatischer Beziehung, sie bilden ein Paradigma. Aufgrund der Selektion nannte Saussure die letzteren „éléments *in absentia*". Deutlicher wird die Unterscheidung zweifellos, wenn man das Problem einmal an einem Beispiel durchexerziert, und zwar indem man genau das tut, was schon als wichtigste Methode der strukturalistischen Analyse vorgestellt worden ist – man führt die Kommutationsprobe bzw. verschiedene Kommutationsproben durch:

Beispiel 2

	la	*profesor-*	*-a*	*me*	*llam-*	*-a*
	un- -a	*doctor-*	*-a*	*te*	*peg-*	*-aba*
	est- -a	*funcionari-*	*-a*	*nos*	*habl-*	*-ó*
	su	*maestr-*	*-a*	*los*	*mir-*	*-ará*
aber:	**tenedor*	*profesor-*	*-a*	*me*	*llam-*	*-a*
	*la	*profesor-*	*-miento*	*me*	*llam-*	*-a*
	*la	*profesor-*	*-a*	*me*	*llam-*	*-ura*
	*la	*árbol*	*-a*	*me*	*llam-*	*-a*
	*la	*profesor-*	*-a*	*ti*	*llam-*	*-a*

Für *la* könnte in dem Syntagma auch *una, esta, esa, aquella, su* u. a. eingesetzt werden;[3] die Nominaldeterminanten bilden hier also ein Paradigma, und zwar ein geschlossenes, zu dem z. B. *tenedor* ‚Gabel' nicht gehört. Anstelle von *profesor-* hätte auch *doctor-, maestr-, funcionari-, ministr-,* etc. stehen können, d. h. wir haben es hier mit einem weiteren Paradigma zu tun, diesmal mit einem offenen, denn es ist ja im Prinzip nicht begrenzt, was man anstelle von *profesor-* einsetzen könnte. Die Femininendung *-a* kann – hier! – durch nichts anderes ausgetauscht werden, sie bildet also – hier! – sozusagen ein Paradigma mit einem einzigen Element.[4] Schließ-

---

3 Der unbestimmte Artikel *una* sowie die Demonstrativa *esta* und *esa* sind allerdings weiter in *un-* bzw. *est-* bzw. *es-* und *-a* zerlegbar; an *est-* und *es-* könnte in anderen Kontexten ebenso die entsprechende Maskulinendung *-e* angefügt werden, und *un* könnte ohne zusätzliche Endung (oder, wenn man so möchte, mit „Nullendung") als maskuline Determinante stehen.

4 Natürlich nur in Bezug auf den konkreten Beispielsatz; wenn man sowohl die Determinante als auch die Endung austauscht, bilden die feminine Endung *-a* und die maskulinen Endungen *-o*, wie in *maestro* oder *funcionario*, bzw. *-<null>*, wie in *profesor* oder *doctor*, ein Paradigma.

lich wäre für *me* auch *te, nos, os, los*, etc., einsetzbar gewesen, für *llam-* auch *mir-, peg-, habl-*, etc., und für *-a* auch *-aba, -ó, -ará, -aría*, etc., nicht dagegen *-ura* oder *-izaje*.

Auch auf der zweiten Gliederungsebene bestehen syntagmatische und paradigmatische Beziehungen zwischen den Elementen. Hierzu ein Beispiel:

Die vier Phoneme /ʎ/ – /a/ – /m/ – /a/ – *llama* ‚Flamme‘, ‚er/sie ruft‘, ‚Lama‘ stehen in syntagmatischer Beziehung zueinander und bilden zusammen das Wort *llama* ‚er/sie ruft‘, ‚Flamme‘ oder ‚Lama‘. Wenn wir nun wieder Substitutionen vornehmen und beispielsweise das erste Phonem durch andere ersetzen, erhalten wir ein phonologisches Paradigma, das etwa aus /ʎ/, /k/, /f/, /r̄/, /m/, /l/ und /d/ bestehen würde, zu dem aber z. B. /p/ und /θ/ nicht gehören, weil es die Wörter **pama* und **zama* im Spanischen nicht gibt:

Beispiel 3

/ʎ/ – /a/ – /m/ – /a/ – *llama* ‚Flamme‘	Beispiel 4
/k/ – /a/ – /m/ – /a/ – *cama* ‚Bett‘	
/f/ – /a/ – /m/ – /a/ – *fama* ‚Ruf‘	
/l/ – /a/ – /m/ – /a/ – *lama* Konj. Präs. v. *lamer*	
/r̄/ – /a/ – /m/ – /a/ – *rama* ‚Zweig‘	
/d/ – /a/ – /m/ – /a/ – *dama* ‚Dame‘,	
/m/ – /a/ – /m/ – /a/ – *mama* ‚weibliche Brust‘	
aber: /p/ – /a/ – /m/ – /a/ – **pama*	
/θ/ – /a/ – /m/ – /a/ – **zama*	

Im Teilkapitel zur Phonologie war schon von unbegrenzten und begrenzten Inventaren sprachlicher Elemente die Rede. Dies entspricht gerade offenen und geschlossenen Paradigmen: Paradigmen, in denen Elemente mit lexikalischer Bedeutung enthalten sind (*profesor-, llam-*), haben keine Begrenzung, sondern bestehen im Prinzip aus unendlich vielen Elementen, sind offene Paradigmen. Das Paradigma der Pronomina ist demgegenüber ein geschlossenes. Grundsätzlich geschlossene Paradigmen sind auch diejenigen der zweiten Gliederungsebene: synchron besitzt eine Sprache eine bestimmte, nicht beliebig erweiterbare Anzahl von Phonemen.

Paradigmen

Die syntagmatische Achse ist enger mit der Hörerperspektive verbunden: es geht darum, der *chaîne parlée* zu folgen und sie zu verstehen. Die paradigmatische Achse dagegen repräsentiert die Sprecherperspektive: es geht um eine Selektion aus dem Inventar der möglichen Elemente.

3 Grundzüge der strukturellen Morphologie

1 Typen von Morphemen

Morphem-klassen

Bei den bedeutungstragenden Einheiten, den Morphemen, sind nun in paradigmatischer wie in syntagmatischer Perspektive verschiedene Typen oder Klassen zu unterscheiden.

Lexeme

Da gibt es zum einen die lexikalischen Morpheme (oder Lexeme), also Elemente mit einer lexikalischen Bedeutung; sprachliche Zeichen, mit denen man direkt auf die außersprachliche Wirklichkeit referieren, sie bezeichnen kann. Hierunter fallen alle Substantiv-, Adjektiv-, Adverb- und Verbstämme (oder -wurzeln), und eine Sprache besitzt potenziell unendlich viele von ihnen, da der Wortschatz immer wieder erweitert werden kann. Auf die paradigmatischen Beziehungen, die zwischen den Lexemen des Spanischen bestehen, kommen wir in den Kapiteln zum Wortschatz (6 und 7) noch ausführlich zurück.

Morpheme und Affixe

Die zweite Gruppe von Morphemen hat keine lexikalische, sondern eine instrumentelle Bedeutung (vgl. S. 69), und zwar entweder eine flexionell-grammatische Bedeutung (Singular/Plural, Präsens/Präteritum, Konditionalität, Kausalität, etc.) oder eine derivationelle Bedeutung (Nominalisierung, Diminutiv, Negativ, Adverbialisierung, etc.). Es dreht sich also einerseits um grammatische Endungen und solche Wortarten wie Konjunktionen, Präpositionen u. a., andererseits um Elemente, die zur Ableitung neuer Wortschatzeinheiten notwendig sind. Erstere nennen wir Morpheme im engeren Sinne, Grammeme oder grammatische Morpheme, Letztere, also die Wortbildungsmorpheme, nennen wir Affixe, und zwar, je nach ihrer Position zum Lexem, Präfixe (*des-, super-, en-*) oder Suffixe (*-miento, -izaje, -ción*).

Morphem-inventar

Das Inventar der Elemente mit instrumenteller Bedeutung, über die eine Sprache verfügt, ist in der Regel begrenzt, zumindest synchron betrachtet. Diachron ist es hingegen nicht auszuschließen, dass grammatische oder derivationelle Morpheme hinzukommen, wie im Deutschen die englischen Suffixe *-ness* und *-ing* (etwa in *business, fitness; camping, training, mobbing*, etc.), Ersteres vor der Rechtschreibreform sogar oft *-neß* geschrieben, mit denen Pseudoanglizismen wie dt. *Wellness* gebildet werden. Genausogut können natürlich diachron Morpheme wegfallen.

Informa-tionsdichte

Morpheme besitzen eine unterschiedliche Informationsdichte. So ist zum Beispiel das Morphem *-o* wie in *canto* ein Träger von besonders vielen Informationen: ‚erste Person', ‚Singular', ‚Indikativ', ‚Präsens', d. h. die Kategorien Person, Numerus, Modus und Tempus/Aspekt stecken hier in einem einzigen Morphem, das darüber hinaus nur einen sehr reduzierten Lautkörper aufweist. Andere Morpheme sind weniger „vollgepackt", etwa -*mos* wie in *cantamos*, das nur Person und Numerus ausdrückt.

In syntagmatischer Sicht können wir sowohl bei den lexikalischen als auch bei den instrumentellen Morphemen zwischen „freien" und „gebundenen" Morphemen unterscheiden, also solchen, die für sich alleine und autonom ein Wort – in der Definition der nordamerikanischen Schule des Strukturalismus (Leonard Bloomfield) ist das Wort eine „minimal free form" – darstellen können (*ciudad, árbol, nos, para, y*) und solchen, die sich stets mit mindestens einem weiteren Morphem verbinden müssen, damit ein Wort entsteht (*amig-, -a, -o, cant-, -ar, -miento, des-*).

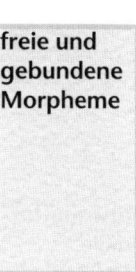
freie und gebundene Morpheme

Ein besonderer Fall des Morphems ist das Portemanteaumorphem. Darunter ist ein Morphem zu verstehen, das durch Verschmelzung oder Kontraktion von zwei (oder mehr) anderen entsteht, z. B. span. *del, al* (aus *de*+*el* und *a*+*el*), frz. *du* (aus *de*+*le*) oder dt. *im, zum*, umgangssprachlich auch *aufm, nebm* (aus *in*+*dem*, *zu*+*dem*, *auf*+*dem*, *neben*+*dem*).[5]

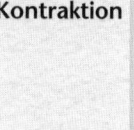
Kontraktion

2 Inkongruenz von Form und Inhalt

Nicht immer besteht ein 1:1-Verhältnis zwischen sprachlichen Formen und Inhalten, sondern es können einerseits mehrere Formen für einen Inhalt stehen und andererseits mehrere Inhalte sich in einer Form verbergen.

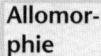
Problemstellung

Im Kapitel zur Phonologie wurde das Phänomen der Allophonie besprochen, d. h. die Tatsache, dass ein und dasselbe Phonem in verschiedenen Realisationen vorkommen kann, anders gesagt, dass zwei Laute sich phonetisch unterscheiden, aber phonologisch gemeinsam einen Lauttyp bilden: ersetzt man den einen durch den anderen, ändert sich die Bedeutung nicht. Analog gibt es nun auf der ersten Gliederungsebene der Sprache die Möglichkeit, dass ein Morphem sich in der Ausprägung verschiedener Allomorphe manifestiert, dass also dem gleichen *signifié* (Inhalt) mehrere *signifiants* (Formen) entsprechen, was im übrigen für alle Typen von Morphemen gilt.

Allomorphie

Als sehr deutliches Beispiel für Allomorphie bei Lexemen bieten sich die spanischen Modalverben an. Wenn wir das Verb *poder* durchkonjugieren, stellen wir fest, dass der Inhalt des Lexems,

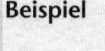
Beispiel

---

5 Der Unterschied zwischen den spanischen und den deutschen Beispielen liegt natürlich darin, dass die Verschmelzung im Spanischen obligatorisch ist, im Deutschen nicht.

eben ‚können', sich in eine Vielzahl von Formen kleiden kann, als da wären *pod-* (wie in *pod-er, pod-emos, pod-ido*), *pued-* (wie in *pued-o, pued-es, pued-as*), *pud-* (wie in *pud-iendo, pud-iste, pud-iera*) und *podr-* (wie in *podr-é, podr-ía*).

Bei den grammatischen Morphemen findet sich Allomorphie zum Beispiel bei den Endungen für das Imperfekt. Die Bedeutung ‚erste Person Singular Indikativ Imperfekt' kann sowohl in der Form *-aba* (wie in *cant-aba*) als auch in der Form *-ía* (wie in *dorm-ía*) stecken.

distributionelle Varianz

Beide Beispiele zeigen, dass die Allomorphie in der Regel nicht einfach eine freie, sondern eine distributionelle Varianz ist. Die Distribution hängt im ersten Fall von Tempus, Modus, Person und Numerus ab, im zweiten Fall von der Konjugationsklasse des jeweiligen Verbs. So sind **pued-ido* oder **pud-éis* genausowenig möglich wie **cant-ía* oder **dorm-aba*.

„freie" Varianz?

Vollkommen freie Varianz ist ausgesprochen selten (denken wir an die sprachliche Ökonomie; kaum eine Sprache wird sich den Luxus leisten, für dieselben Inhalte mehrere Formen zur freien Verfügung und Auswahl zu stellen!). Sie kommt im Italienischen gelegentlich vor, wo es beispielsweise vollkommen egal ist, ob man für den Inhalt ‚gesehen' *visto* oder *veduto* verwendet. So gesehen wären *vis-* und *vedu-* zwei Allomorphe für die Bedeutung ‚sehen', die sich beide unterschiedslos mit der Partizip-Perfekt-Endung *-to* verbinden können. Für das Spanische gibt es hier kaum überzeugende Beispiele. In fast allen Fällen mit Verdacht auf freie Allomorphie spielt entweder die Frage nach dem Stil oder Register mit hinein oder es kommen regionale Aspekte hinzu, oder aber die vermeintlich gleichen Inhalte erweisen sich bei näherer Betrachtung als doch nicht ganz so gleich, sondern eben nur als ähnlich (etwa bei den konkurrierenden Formen des Konjunktivs Imperfekt, also bei *cantara* gegenüber *cantase*).

Nullmorphem

Nicht unumstritten ist die Annahme eines sogenannten Nullmorphems oder auch Nullallomorphs. So bezeichnet man vielfach eine nicht hör- oder sichtbare Form, der aber inhaltlich durchaus etwas entspricht, zumeist eine grammatische Kategorie, für die in anderen Kontexten klar und eindeutig ein Morphem mit Inhalts- und Ausdrucksseite erscheint. Für den Plural steht im Spanischen beispielsweise fast immer ein *-s* oder ein *-es*. Aus Gründen der Parallelität kann man nun sagen, ein Wort wie *corpus* (*el corpus – los corpus*) habe im Plural ein Nullmorphem, das im übrigen meist als *-Ø* dargestellt wird. Das spanische Pluralmorphem hätte damit die drei Allomorphe *-s* (*casa – casas*), *-es* (*árbol – árboles*) und *-Ø* (*atlas – atlas*).

Sozusagen ein der Allomorphie entgegengesetzter Fall liegt vor, wenn derselben Form mehrere Inhalte oder Funktionen entsprechen. Ein Beispiel aus der spanischen Derivationsmorphologie für gleichklingende, aber bedeutungsverschiedene (homonyme) Morpheme wäre span. -azo ,Schlag mit' wie in *martillazo* ,Hammerschlag' (von *martillo* ,Hammer') und span. -azo ,Augmentativ/Pejorativ' wie in *librazo* ,Wälzer, Schinken' (von *libro* ,Buch').

Homonymie

Schließlich kann es auch sein, dass ein grammatischer oder ein derivationeller Inhalt an manchen Stellen im System unmissverständlich ausgedrückt wird, an anderen dagegen nicht, ein Phänomen, das Synkretismus genannt wird und eng mit der Allomorphie und der Homonymie zusammenhängt. So wird etwa die Unterscheidung zwischen erster und dritter Person Singular im Indikativ klar ausgedrückt, wie in *duermo* ,ich schlafe' vs. *duerme* ,er/sie/es schläft'. Im Konjunktiv lauten dagegen beide Formen *duerma* ,ich möge schlafen' oder ,er/sie/es möge schlafen'. Weiterhin ist die Unterscheidung zwischen Indikativ Präsens und *pretérito indefinido* in fast allen grammatischen Personen klar erkennbar, außer in der ersten Person Plural der a-Konjugation, wie in *hablamos*, das ,wir sprechen' und ,wir haben gesprochen' heißen kann.

Synkretismus

3 Flexions- vs. Derivationsmorphologie

Bei der Betrachtung der Typen von Morphemen wurden solche mit lexikalischer Bedeutung von solchen mit instrumenteller Bedeutung unterschieden, wobei sich die Morpheme mit instrumenteller Bedeutung in grammatische und derivationelle untergliedern lassen. Entsprechend ergeben sich Zuordnungen zu verschiedenen Teildisziplinen der Sprachwissenschaft. Die Lexeme (also die Substantiv-, Adjektiv-, Adverb- und Verbstämme) werden uns weiter unten vor allem in ihrer Funktion als Elemente des Wortschatzes interessieren.

Teilbereiche der Morphologie

Die Unterscheidung zwischen grammatischen und derivationellen Elementen bei den nicht-lexikalischen Morphemen bringt es wiederum mit sich, dass wir in den beiden folgenden Kapiteln zwei Teilbereiche der Morphologie unterscheiden, und zwar die Flexionsmorphologie, um die es direkt im Anschluss in Kapitel 5 gehen wird, und die Derivationsmorphologie oder Wortbildungslehre, die unter dem Etikett „Lexikalische Kreativität", zusammen mit einigen direkt angrenzenden Aspekten, in Kapitel 6 besprochen wird.

4 Konventionen der Darstellung

luna, ‚luna'

Wie in der Lautlehre gibt es auch bei der Beschäftigung mit der ersten Gliederungsebene Konventionen der Darstellung. Bedeutungen werden in einfache Anführungszeichen gesetzt, das ganze sprachliche Zeichen wird kursiv dargestellt, wenn es in metasprachlicher Funktion erscheint. Beispiel: *luna* bedeutet ‚Mond'. Im Überblick:

– *luna*: ein sprachliches Zeichen in metasprachlicher Funktion
– ‚luna': die Bedeutung eines sprachlichen Zeichens

Literatur zu Kapitel 4

Zur Vertiefung besonders zu empfehlen ist Schpak-Dolt 1999, auch mit weiterführender Bibliographie. Speziell zum Verb s. auch Zimmer 1992.

5

Kategorien der Flexion, insbesondere beim Verb

Die Sprachen dieser Welt zeichnen sich aufgrund ihrer Strukturen durch die Zugehörigkeit zu unterschiedlichen Sprachtypen aus. Die Sprachtypologie ist eine Richtung der Sprachwissenschaft, welche die Sprachen nicht nach ihrer Verwandtschaft klassifiziert, sondern nach Ähnlichkeiten in den Strukturen, ungeachtet ihrer voneinander unabhängigen Herausbildung. Sehr vereinfachend gesagt, kann man insbesondere agglutinierende, isolierende und flektierende Sprachen unterscheiden.

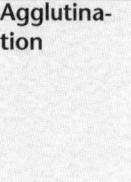

Sprachtypen

In agglutinierenden Sprachen wie dem Türkischen oder dem Suaheli wird jede grammatische Kategorie (z. B. Tempus, Modus, Person, Numerus beim Verb, Kasus, Numerus, Genus bei den nominalen Einheiten) durch ein eigenes Morphem ausgedrückt. Das erklärt die oft sehr langen Wörter des Türkischen, wo je nach Ausdrucksabsicht die entsprechende Zahl von Morphemen an den Wortstamm angehängt wird.

Agglutination

In isolierenden Sprachen wie dem Chinesischen oder dem Vietnamesischen gibt es nur unveränderliche Lexeme ohne Endungen, so dass grammatische Relationen, wenn überhaupt, durch andere Mittel ausgedrückt werden müssen (etwa durch Intonation, Anordnung der Elemente, etc.).

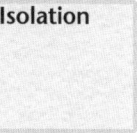

Isolation

Flektierende Sprachen schließlich wie die indogermanischen Sprachen (zu denen u. a. die romanischen und die germanischen gehören) zeichnen sich dadurch aus, dass ein Morphem mehrere grammatische Kategorien ausdrücken kann. Dabei muss weiter unterschieden werden zwischen (eher) synthetischen Sprachen, wie dem Lateinischen, in denen sich die Morpheme in der Regel mit dem Wort verbinden (meist als Endungen), und (eher) analytischen Sprachen, wie den romanischen Sprachen, in denen die Flexionen meistens vom Wort getrennt ausgedrückt werden (s. dazu S. 73 ff.). Mit der Tendenz zum synthetischen Sprachbau geht gleichzeitig die Tendenz zur Postdetermination einher: Das Morphem determiniert das Lexem, und wenn es als Endung an das Lexem angehängt wird, handelt es sich um eine Postdetermination. Die Tendenz zum analytischen Sprachbau impliziert dagegen auch eine Tendenz zur Prädetermination durch die Abfolge Morphem-Lexem.

Flexion

❶ Flexionsmorphologie

Kategorien

In den Bereich der Flexion gehören die Deklination von Substantiven (Numerus, Genus, Kasus), die Deklination und Komparation von Adjektiven (ebenfalls Numerus, Genus und Kasus bzw. Positiv, Komparativ und Superlativ) und die Konjugation von Verben (Tempus [„Zeit"], Aspekt,[1] Modus, Person, Numerus, Vox[2]), also diejenigen grammatischen Kategorien, die durch Formveränderung der drei genannten Wortklassen ausgedrückt werden.

Synthetische und analytische Konstruktionen

Beim synthetischen Typ werden die einzelnen Formen dadurch gebildet, dass an den Stamm ein entsprechendes Flexionsmorphem angehängt wird, beim analytischen Typ dadurch, dass dem Stamm andere Elemente vorangehen oder folgen, die aber nicht einfach als Morpheme angehängt werden können, sondern die grammatischen Kategorien periphrastisch ausdrücken, d. h. außerhalb des Wortes.

Bei der oben getroffen Unterscheidung zwischen synthetischen und analytischen Sprachen ist nun im Auge zu behalten, dass es sich jeweils nur um Tendenzen handelt, wenn auch oft um sehr deutliche Tendenzen: kaum eine flektierende Sprache ist ausschließlich synthetisch oder ausschließlich analytisch (s. auch Kapitel 9); sowohl das Lateinische als auch die romanischen Sprachen kennen sowohl synthetische als auch analytische Bildungsmuster, nur dass eben im Lateinischen die synthetischen und in den romanischen Sprachen die analytischen Bildungen überwiegen.

Deklination

Die spanischen Substantive und Adjektive flektieren im Genus (Maskulinum und Femininum) und im Numerus (Singular und Plural), wobei diese Kategorien sowohl synthetisch (in der Endung) als auch analytisch (im Artikel) ausgedrückt werden: in *el viejo amigo* markieren sowohl der Artikel *el* als auch die beiden Endungen *-o* das Maskulinum und den Singular, in *las viejas amigas* signalisieren *las* und die beiden *-as* das Femininum und den Plural.

Komparation

Eine weitere nominale Flexionskategorie ist die Komparation der Adjektive, die im Spanischen analytisch ausgedrückt wird (*viejo – más viejo*), während sie im Lateinischen synthetisch war (*senex – senior*).

Konjugation

Bei den Verben besteht die Flexion in der Konjugation. Die spanischen Verben flektieren in Tempus, Aspekt, Modus, Person, Numerus und Vox, wobei wir es erneut sowohl mit synthetischen als

---

1 Betrifft die Frage nach Abgeschlossenheit oder Unabgeschlossenheit der Handlung, Wiederholung und Dauer der Handlung und Ähnliches.
2 Auch Genus verbi oder Diathese: Aktiv, Passiv, Kausativ, etc. s. dazu Kapitel 8.

auch mit analytischen Formen zu tun haben. Person und Numerus werden immer synthetisch ausgedrückt (*-mos* in *cantamos* für die erste Person Plural), bisweilen zusätzlich noch analytisch durch das Pronomen (*nosotros cantamos*), der Modus ebenfalls synthetisch (*-e-* in *cantemos* für den Konjunktiv), die Vox dagegen immer analytisch (z. B. das Passiv mit *ser*, das im Spanischen allerdings nicht so häufig, aber auch nicht inexistent ist: *soy amado* ‚ich werde geliebt'; ein synthetisches Passiv gab es im Lateinischen: *amor* ‚ich werde geliebt'). Zum Ausdruck von Tempus und Aspekt schließlich stehen im Spanischen synthetische und analytische Bildungsmuster zur Verfügung, die im nächsten Teilkapitel genauer besprochen werden.

2 Tempus und Aspekt im Spanischen

Kategorien des Verbs

Um die Kategorien Tempus und Aspekt im romanischen Verbalsystem adäquat beschreiben zu können, schlug EUGENIO COSERIU in den sechziger Jahren des 20. Jhs. ein Modell vor, in dem diese beiden Kategorien durch ein differenzierteres Bündel von Kategorien abgelöst werden. Dadurch sollte vor allem dem Problem der typisch romanischen Opposition Imperfekt vs. Perfekt und dem Problem der Systematik der ebenfalls typisch romanischen, speziell typisch iberoromanischen Verbalperiphrasen (*estoy cantando*, *voy a beber*, *tengo hecho*) Rechnung getragen werden. Es erscheint sinnvoll, den spanischen Verbalperiphrasen hier ein Teilkapitel zu widmen, weil ihre Kenntnis für ein idiomatisches Spanisch unerlässlich ist. Im gesprochenen wie im geschriebenen Spanisch sind die Periphrasen von einer sehr hohen Frequenz.

Die Betrachtung von Tempus und Aspekt muss, wie Coseriu es auf den Punkt brachte, immer zusammen erfolgen, weil diese Kategorien immer gleichzeitig ausgedrückt werden. In der Folge haben insbesondere Brigitte Schlieben-Lange, Wolf Dietrich und Nelson Cartagena (vgl. die Literaturangaben zu diesem Kapitel) Coserius gemeinromanisches, übrigens weitgehend am Portugiesischen orientiertes Modell auf die verschiedenen romanischen Einzelsprachen angewandt; Schlieben-Lange auf das Okzitanische und das Katalanische, Dietrich auf alle anderen romanischen Sprachen und Cartagena ganz besonders detailliert auf das Spanische.

Bevor wir zu Coserius Modell kommen, eine kurze Vorbemerkung: Roman Jakobson wird der Satz zugeschrieben, Sprachen unterschieden sich nicht durch das, was sie ausdrücken *können* – jede Sprache *kann* im Prinzip alles ausdrücken –, sondern durch das, was sie ausdrücken *müssen*, eine Erkenntnis, die besonders für die

obligatorische und fakultative Kategorien

Methoden und Herangehensweisen des Sprachvergleichs einen entscheidenden Angelpunkt darstellt. Bestimmte Kategorien müssen nämlich in manchen Sprachen ausgedrückt werden, in anderen dagegen nicht. Wenn wir uns den englischen Satz *I wrote to my friend* anschauen, stellen wir fest, dass daraus nicht hervorgeht, welchem Geschlecht *friend* angehört. Die Kategorie Genus muss das Englische nicht ausdrücken, das Spanische dagegen durchaus, denn wir können nur entweder *escribí a mi amiga* sagen oder *escribí a mi amigo*. Das heißt aber nicht, dass das Englische die Kategorie nicht auch ausdrücken *könnte* – z. B., in bestimmten Kontexten, *I wrote to my girl friend* –, aber es *muss* sie nicht ausdrücken (vgl. engl. *she is a good friend of mine*, aber span. **ella es muy amigo mío* bzw. dt. – nicht so inakzeptabel wie im Spanischen, aber doch seltsam – *??sie ist ein guter Freund von mir*). Es ist daher wichtig, zwischen obligatorischen und fakultativen Kategorien zu unterscheiden: manches muss, anderes kann ausgedrückt werden.

1 Obligatorische Kategorien

Zeitebenen

Die erste Kategorie, von der Coseriu ausgeht, ist die Zeitebene, wobei er eine aktuelle und eine inaktuelle Zeitebene unterscheidet. Mit den Formen der aktuellen Zeitebene wird eine Handlung als aktuell und unmittelbar relevant dargestellt, die Formen der inaktuellen Zeitebene dienen dazu, eine Handlung als Hintergrund und nur mittelbar relevant darzustellen. Zentrales Tempus der aktuellen Ebene ist das Präsens, zentrales Tempus der inaktuellen das Imperfekt:

| (aktuell =) | – inaktuell | *escribo* |
| | + inaktuell | *escribía* |

Das Präsens ist das unmarkierte Glied der Opposition (s. dazu S. 25), sodass eine Neutralisierung in dem Sinne möglich ist, dass das Präsens für das Imperfekt eintreten kann (Beispiele für Inaktualität s. S. 75). In einem zweiten Schritt werden eine primäre und eine sekundäre Perspektive unterschieden.

primäre Perspektive

Zunächst zur primären Perspektive. Von den zentralen Tempora Präsens und Imperfekt ausgehend kann man dreierlei Perspektiven einnehmen, und zwar die parallele, die retrospektive und die prospektive. Auf der Achse der parallelen Perspektive erscheinen wieder die beiden zentralen Tempora selbst; durch retro- oder prospektive Perspektive gelangt man zu den Vergangenheits- und Zukunftstempora. Die Kategorie der Perspektive bestimmt also auf jeder Zeitebene drei Zeiträume:

	retrospektiv	parallel	prospektiv
– inaktuell	*escribí*	*escribo*	*escribiré*
+ inaktuell	–	*escribía*	*escribiría*

Auch hier sind wieder auf jeder Ebene die zentralen Tempora die jeweils unmarkierten Glieder der Opposition. Eine Neutralisierung in beide Richtungen ist möglich (anstelle des Futurs steht ohnehin sehr oft das Präsens, und zur Not kann auch das Perfekt durch ein Präsens ersetzt werden, solange die Bedeutung ‚Vergangenheit' durch andere Elemente, wie Adverbien, ausgedrückt wird). Zur sekundären Perspektive kommen wir weiter unten, wo es um die fakultativen Kategorien geht.

2 Das spanische Imperfekt

Vorbemer-kungen

Bei der obigen Einordnung der einfachen Tempusformen fällt auf, dass

a) das Imperfekt und das einfache Perfekt nicht in direkter Opposition zueinander stehen, das Imperfekt also nicht in erster Linie als „Vergangenheitstempus" interpretiert wird und
b) auf der inaktuellen Zeitebene der retrospektiven Perspektive im Spanischen keine Form entspricht, also ein leeres Feld (span. *casilla vacía*) vorliegt.

Inaktualität

Indem man das Imperfekt nicht als Vergangenheitstempus, sondern als „Gegenwartstempus" mit inaktueller Bedeutung interpretiert, kann man seine Bedeutungsvielfalt besser erfassen. In Äußerungen wie *venía por el anuncio* ‚ich komme auf ihre Anzeige (hin)', *¿cómo te llamabas?* ‚wie heißt du nochmal', *yo que tú me lo pensaba* ‚das würde ich mir an deiner Stelle überlegen' oder *yo era la madre y tú eras el padre* ‚ich wäre die Mutter und du wärst der Vater' (wenn Kinder spielen) hat das Imperfekt eindeutig keine Vergangenheitsbedeutung, sondern nur eine wie auch immer „inaktualisierte" Gegenwartsbedeutung (im ersten Beispiel höfliche Zurückhaltung, im zweiten Referenz auf etwas eigentlich Bekanntes, im dritten gar Konditional, im vierten lediglich die Vorstellung einer Realität in der kindlichen Phantasie).

Dass das Imperfekt dennoch sehr oft als Vergangenheitstempus funktioniert, kann an dem leeren Feld liegen. Durch diese „Lücke" ist die Neutralisation in Richtung retrospektive Perspektive erheblich erleichtert, da das Imperfekt für keine andere Form eintritt, sondern sozusagen die Funktion der hier nicht existierenden Form „miterfüllen" muss.

3 Fakultative Kategorien

sekundäre Perspektive

Neben der primären gibt es auch eine sekundäre Perspektive. Durch sie werden auch die traditionell als zusammengesetzt bezeichneten Formen in das obige Schema eingeordnet, also Periphrasen mit *haber* + Partizip Perfekt und mit *ir a* + Infinitiv. Die sekundäre Perspektive entsteht, indem man von jedem Zeitraum aus die parallele, die retrospektive und die prospektive Perspektive einnimmt und zwar aktuell:

von *escribí* aus *hube escrito, escribí, fui a escribir*
von *escribo* aus *he escrito, escribo, voy a escribir*
von *escribiré* aus *habré escrito, escribiré, iré a escribir*

und inaktuell:

von *escribía* aus *había escrito, escribía, iba a escribir*
von *escribiría* aus *habría escrito, escribiría, iría a escribir*

Die zusammengesetzten Formen, die hier hinzukommen, sind für die retrospektive Perspektive die Periphrasen, die aus der entsprechenden Form von *haber* mit Partizip Perfekt des Vollverbs gebildet werden. Für die prospektive Perspektive sind es diejenigen Periphrasen, die mit der entsprechenden Form von *ir*, der Präposition *a* und dem Infinitiv des Vollverbs gebildet werden. Von diesen sind allerdings lediglich *he escrito, voy a escribir, había escrito* und *iba a escribir* auch wirklich gebräuchlich.

4 Verbalperiphrasen

Periphrasen

Eine Periphrase ist ein Gefüge von Wörtern, ein materiell mehrgliedriger Ausdruck, dem auf der Inhaltsseite etwas Eingliedriges entspricht, wobei man lexikalische und grammatische Periphrasen unterscheiden kann. Dabei gibt sehr oft ein Element seine ursprüngliche Bedeutung zum Teil auf, wie z. B. in der lexikalischen Periphrase dt. *Glühbirne*. Hier bedeutet das Element *-birne* nicht mehr eigentlich ‚Birne'. Die lexikalische Bedeutung ist zum Teil verloren gegangen, nur noch die Bedeutungskomponente ‚Form einer Birne' bleibt letztlich erhalten.

Auxiliare

Bei einer Verbalperiphrase ist es ähnlich. Ein Verb wird zum Hilfsverb (mit dem Fachterminus: zum Auxiliar) und hat in der Periphrase nur noch die Funktion eines Tempus- und Aspektmorphems des Vollverbs: *voy a hacer*. Hier bedeutet *voy* nicht eigentlich ‚ich gehe', sondern es hat in dieser Periphrase die Funktion, die Kategorie der sekundären prospektiven Perspektive, also eine kurz bevorstehende Handlung, auszudrücken. Es wurde hier auxiliarisiert. Von der lexikalischen Bedeutung ‚gehen' bleibt nur noch die Bedeutungskomponente ‚nach vorne gerichtet' erhalten (Gehen ist eine nach vorne gerichtete Bewegung, das unmittelbare Futur ist ein zeitlich nach vorne blickendes Tempus).

Die Verbalperiphrasen sind typisch für die romanischen Sprachen, besonders für die iberoromanischen Sprachen. Neben den mit *haber* und dem Partizip Perfekt sowie mit *ir a* und dem Infinitiv gebildeten, die die sekundäre Perspektive ausdrücken, können die folgenden weiteren Kategorien die Periphrasen u. a. ausdrücken:

sekundäre Perspektive

Sie können das Resultat der Handlung betonen, wie in *tengo escrito* und *llevo escrito* (beide resultativ), und sie können die Wiederholung einer Handlung ausdrücken: *vuelvo a escribir* (iterativ).

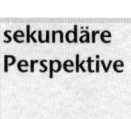

Resultat und Wiederholung

Des Weiteren kann der Handlungsablauf subjektiv partialisiert werden, eine Kategorie, die COSERIU Schau genannt hat. Er unterscheidet die globale Schau auf den Handlungsverlauf, wie in *estoy escribiendo*, die retrospektive Schau auf den Handlungsverlauf, wie in *vengo escribiendo*, die prospektive Schau auf den Handlungsverlauf, wie in *voy escribiendo* und die kontinuative Schau auf den Handlungsverlauf, wie in *sigo haciendo*.

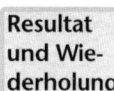

Schau

Schließlich kann auch der objektive Grad des Handlungsablaufes ausgedrückt werden, was bei COSERIU Phase genannt wird. Er unterscheidet die ingressive Phase der Handlung (kurz vor ihrem Beginn), wie in *estoy por escribir, estoy a punto de escribir*, die inzeptive Phase der Handlung (ihr eigentlicher Beginn), wie in *me pongo a escribir* und die egressive Phase der Handlung (kurz nach ihrem Ende), wie in *acabo de escribir*.

Phase

Der Unterschied zwischen Schau und Phase liegt auf der Hand: Wenn ich *acabo de escribir* sage, schreibe ich eindeutig nicht mehr, sondern drücke „objektiv" aus, dass ich gerade mit dem Schreiben aufgehört habe. Sage ich dagegen *vengo escribiendo*, drückt dies aus, dass ich in der Tat schreibe und dass ich dies auch schon eine Weile tue; dieser letztere ist ein Aspekt, der gerade durch die Periphrase „subjektiv" betont wird.

Coserius Modell hat das besondere Verdienst, klarzustellen, dass die Kategorien Tempus und Aspekt voneinander untrennbar sind, dass es die oft nicht klar definierte, auf jeden Fall aber schwer zu fassende Kategorie des Aspekts deutlich differenzierter behandelt als andere Modelle und dass es eine überzeugende Neuinterpretation des romanischen Imperfekts bietet, die vielleicht nicht die einzige, aber doch eine wichtige Erklärung dafür sein kann, warum sich das Imperfekt gerade in den iberoromanischen Sprachen so häufig in Kontexten findet, in denen es eindeutig kein Vergangenheitstempus ist.

Resümee

3 Modus

Indikativ vs. Konjunktiv
Natürlich gibt es noch andere Kategorien des spanischen Verbs. An ihm werden stets auch Person (erste, zweite und dritte grammatische Person) und Numerus (Singular und Plural) ausgedrückt, insbesondere aber auch der Modus (Indikativ oder Konjunktiv). Bei der Behandlung von Tempus und Aspekt haben wir nur indikativische Formen berücksichtigt, was den Grund hat, dass diese beiden Kategorien tatsächlich nur im Indikativ so außerordentlich differenziert ausgedrückt werden müssen. Der Konjunktiv kennt demgegenüber nur eine Präsensform – *escriba* – und zwei Imperfektformen – *escribiera* und *escribiese* – sowie eine nur noch in legislativen und judikativen Texten (und in einigen Sprichwörtern und Redensarten) erhaltene Form des Futurs – *escribiere*.[3]

obligatorischer und fakultativer Konjunktiv
Was den Gebrauch des Konjunktivs im Spanischen betrifft, muss zunächst unterschieden werden zwischen Fällen, in denen er obligatorischerweise gesetzt werden muss, und solchen, in denen eine Opposition zwischen Indikativ und Konjunktiv besteht. Der Konjunktiv kann nicht nur im Nebensatz, sondern auch im Hauptsatz erscheinen. Besonders anschaulich ist die Überblicksdarstellung von HELMUT BERSCHIN, JULIO FERNÁNDEZ-SEVILLA und JOSEF FLEXIBERGER (s. die bibliographischen Angaben auf S. 80):

Modus	1. Hauptsatz	2. Nebensatz		
		2.1 Nominalsatz	2.2 Adverbialsatz	2.3 Relativsatz
Konjunktiv	Zum Ausdruck a) des Wunsches (Optativ)	Nach Ausdrücken a) des Wollens der Notwendigkeit, der Möglichkeit b) der Gefühlsbewegung	Nach konjunktionalen Ausdrücken im a) nachzeitigen Temporalsatz b) Finalsatz c) Konditionalsatz (außer si-Satz)	Im restriktiven Relativsatz
Konjunktiv oder Indikativ	b) der Hypothese (Potentialis)	c) des Zweifels, der Verneinung, des Nichtwissens	d) si-Satz e) Lokal, Modal-Kosekutiv, Konzessivsatz	

Abb. 10: Der Gebrauch des Konjunktivs im Spanischen

1a) Optativ (Wunsch): *¡Viva el rey!* ‚Es lebe der König!', *¡Ojalá llueva!* ‚Wenn es doch regnen würde', *¡Que descanses!* ‚Erhol dich!'

Beispiele

1b) Potentialis (Hypothese); meistens mit *quizá(s), tal vez, acaso* ‚vielleicht': *quizá lo sepas* ‚vielleicht weißt du es' (drückt weniger Wahrscheinlichkeit aus als *quizá lo sabes*)

2.1a) Ausdrücke des Wollens, der Notwendigkeit oder der Möglichkeit: *es necesario / quiero / le ruego / le prohibo / es posible que venga* ‚es ist nötig / ich will / ich bitte sie (ihn) / ich verbiete ihm (ihr) / es ist möglich, dass sie / er kommt'

2.1b) Ausdrücke der Gefühlsbewegung: *me alegro de / me temo que venga* ‚ich freue mich / ich fürchte, dass sie / er kommt'

2.1c) Ausdrücke des Zweifels, der Verneinung und des Nichtwissens: *es dudoso / no creo / no es cierto que venga* ‚es ist zweifelhaft / ich glaube nicht / es ist nicht sicher, dass sie / er kommt' (hier ist die Opposition zum Indikativ interessant: in *María no cree que Pablo tiene dinero* wird ausgesagt, dass Paul Geld hat und dass Maria dies nicht glaubt, in *María no cree que Pablo tenga dinero* bleibt vollkommen offen, ob Paul Geld hat oder nicht; lediglich die Vermutung von Maria, nämlich ‚Paul hat wohl kein Geld', wird wiedergegeben)

2.2a) Nachzeitiger Temporalsatz: *me iré antes de que llegue María* ‚ich gehe, bevor Maria kommt', *me fui antes de que llegara / llegase María* ‚ich bin gegangen, bevor Maria gekommen ist'

2.2b) Finalsatz: *te lo digo para que lo sepas* ‚ich sage es dir, damit du es weißt'

2.2c) Konditionalsatz: *lo haré a condición de que se me pague bien* ‚ich mache es, vorausgesetzt, man bezahlt es mir gut'

2.2d) Si-Satz: *si llueve no voy* ‚wenn es regnet, gehe ich nicht hin' (realer Aussagegehalt), *si lloviera no iría* ‚wenn es regnen würde, würde ich nicht hingehen' (irrealer Aussagegehalt)

2.2e) Konzessivsatz: *iré aunque llueve* ‚ich gehe hin, obwohl es regnet' (realer Aussagegehalt), *iré aunque llueva* ‚ich gehe hin, auch wenn es regnet' (irrealer Aussagegehalt)

2.3) Restriktiver Relativsatz: *María quiere comprar una casa que tenga vistas al mar* ‚Maria will ein Haus kaufen, das

---

3 Es ist typisch, dass eine sprachliche Form gerade im Schutz bestimmter Texttraditionen überlebt, auch wenn sie sonst so gut wie ausgestorben ist. Wenn ich in einem normalen Gespräch *escribiere* sage, mache ich mich lächerlich, habe ich dagegen den Auftrag, einen Gesetzestext zu formulieren, muss ich die Form auf *-re* verwenden, weil sie in solchen Texten von der Tradition her die übliche ist. In der Wendung *sea como fuere* ‚wie dem auch sei' hat sich die Form auf *-re* ebenfalls nur auf Grund der erstarrten Redensart gehalten. Auch im Deutschen gibt es solche Fälle, etwa die Redensart *mit Fug und Recht* (*Fug* erscheint sonst nirgends im Deutschen, außer natürlich gebunden in *Unfug, Befugnis*, etc.).

Meerblick haben soll', d. h. Maria sucht noch nach dem besagten Haus, sie hat es noch nicht gefunden, im Gegensatz zu *María quiere comprar una casa que tiene vistas al mar* ‚Maria will ein Haus mit Meerblick kaufen', was bedeutet, es ist bereits klar, dass Maria ein bestimmtes Haus kaufen will, und dieses hat bekanntermaßen Meerblick.

Literatur zu Kapitel 5

Das Modell des romanischen Verbalsystems nach Coseriu wird ausführlich dargelegt in Coseriu 1976. Eine Anwendung auf das Spanische liegt mit Cartagena 1978 vor. Für das Katalanische und das Okzitanische, s. Schlieben-Lange 1971, für alle anderen romanischen Sprachen (also auch für das Spanische) s. Dietrich 1973. Zu Tempus und Aspekt im Spanischen s. auch Bosque 1990b.
Die obigen Ausführungen zum Modus folgen Berschin/Fernández-Sevilla/Felixberger 1987: 241-248. S. zum Modus ausführlich Bosque 1990a.

Grammatiken des Spanischen mit guten Kapiteln zur Flexion sind De Bruyne 1993 und Vera-Morales 1995.

KAPITEL **Lexikalische Kreativität**

Drei Typen von lexikalischen Einheiten oder Wortschatzeinheiten kann man in einer Sprache unterscheiden. Da ist zunächst der Primärwortschatz, also die Wörter, die nur aus einem Lexem und eventuell zusätzlich noch aus einer Endung (für Genus und Numerus beim Substantiv und Adjektiv, für Person, Numerus, Tempus, Aspekt und Modus beim Verb) bestehen; dabei können sich die Lexeme durch ein vollkommen arbiträres Verhältnis zwischen Ausdruck und Inhalt auszeichnen oder, im Falle von Onomatopoetika, durch ein teilmotiviertes Verhältnis (s. dazu S. 37). Mit diesem Primärwortschatz kommt aber keine Sprache auf die Dauer aus, sondern es ist notwendig, nach verschiedenen Verfahren neue lexikalische Einheiten zu bilden, die gemeinsam den Sekundärwortschatz konstituieren. Hier gilt es aber, zwei verschiedene Gruppen zu unterscheiden, einerseits die Wortschatzeinheiten, die durch verschiedene Verfahren der Wortbildung entstehen, also durch Ableitung oder Zusammensetzung (s. S. 82 f.), andererseits diejenigen, die durch verschiedene Regeln der Syntax entstehen (s. S. 90 f.).

Abgrenzung

Anstelle des sehr langen und umständlichen Begriffs der lexikalischen Einheit oder Wortschatzeinheit verwenden wir ab jetzt den Begriff der Lexie: eine Lexie ist eine Wortschatzeinheit, die einfach oder komplex (= durch Wortbildung oder ein syntaktisches Verfahren entstanden) sein kann.

Lexie

So werden im Rahmen der Wortbildungslehre (oder Derivationsmorphologie) Lexien untersucht, die nach bestimmten Verfahren der Ableitung oder Zusammensetzung entstanden sind:

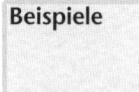

Wortbildungslehre

Span.	Kat.	Dt.	
re–hacer	des–fer	zer–mahlen	Präfigierung
trabaja–dor	casa–ment	Ärger–nis	Suffigierung
saca–corchos	torna–truites	Flaschen–öffner	Zus.-Setzung

Beispiele

Keine Wortbildungsprodukte im engeren Sinn sind dagegen span. *máquina de escribir* ‚Schreibmaschine‘, *rueda dentada* ‚Zahnrad‘ oder *vino tinto* ‚Rotwein‘, denn diese Verfahren entsprechen normalen syntaktischen Regeln. Allerdings gibt es hier auch andere Meinungen: in der „traditionellen" Wortbildungslehre werden oft auch die genannten Bildungen und ähnliche Verfahren mitbehandelt. Eine andere Auffassung vertrat auch ANDRÉ MARTINET, der alle Verfahren in die Synthematik einordnete. Syntheme waren bei Martinet alle Wortschatzeinheiten, leicht vereinfacht gesagt, das, was wir hier Lexien nennen.

Gegenbeispiele

1 Aspekte der Wortbildungslehre und Wortbildung im Spanischen

Definition

Wortbildung ist ein Gefüge von sprachlichen Verfahren, die dazu dienen, neue Wortschatzeinheiten zu schaffen. Diese Verfahren müssen immer formal und inhaltlich untersucht werden. Die traditionell überbetonte rein formale Betrachtung reicht nicht aus.

Oppositionen

Auch in der Wortbildung sprechen wir wieder von Oppositionen. In einem Paar wie span. *viejo – requeteviejo* ist die Opposition durch den unterscheidenden Zug ‚Superlativität‘ oder ‚besonders hohes Maß von ...‘ bei der letzteren der beiden Lexien gegeben. Bei dt. *schön – Schönheit* ist der unterscheidende Zug ‚Substantivität‘ in der Ableitung *Schönheit*, etc.

Paraphrase

Jedes Wortbildungsprodukt kann somit paraphrasiert werden, d. h. sein Inhalt kann zum Zweck der linguistischen Untersuchung in Form einer Umschreibung, einer Paraphrase, dargestellt werden. Das deutsche Wort *Schönheit* ließe sich in diesem Sinne paraphrasieren als ‚die Eigenschaft, schön zu sein‘.

Zur Wortbildung gehören alle Zeichenkombinationen, die über eine Wortbildungsopposition in Beziehung zu einem Grundwort stehen. Viele dieser Oppositionen sind Inhalte, die auch in der Grammatik vorkommen, z. B. die Substantivität. Wir können also sagen, dass die Wortbildung zwischen Wortschatz und Grammatik angesiedelt ist; Wortbildungslehre muss immer Grammatik und Wortschatz berücksichtigen.

1 Form

Basis

Beteiligt an einer Wortbildung sind immer Elemente des Wortschatzes, also Lexeme. Ist die Grundlage ein Substantiv, sprechen wir von einer desubstantivischen Bildung, und analog bei Adjektiven, Verben und Adverbien von deadjektivischen, deverbalen und deadverbialen Bildungen.

Bildung

Bilden zwei (oder mehrere) Lexeme ein neues Wort, liegt eine Zusammensetzung vor. Das Produkt nennen wir Kompositum. Bildet ein Lexem mit einem Wortbildungsmorphem ein neues Wort, handelt es sich um Affigierung (auch Ableitung oder Derivation). Bei den Wortbildungsmorphemen (Affixen) werden je nach Stellung zum Stamm des Lexems v. a. Präfixe und Suffixe unterschieden.

Themavokal

Weitere Elemente der Form sind die Themavokale, die in den romanischen Sprachen eine weniger wichtige Rolle als im Lateinischen spielen, die aber erhalten geblieben sind: span. *contar* →

contable, aber *discutir* → *discutible*. Mit einer bestimmten Bedeutung sind die Themavokale nicht zu verbinden. Auch andere „Fugenelemente" ohne bestimmte Bedeutung sind zu verzeichnen; sie werden oft Interfixe genannt, z. B. span. *fe-o* → *fe–al–dad; anch–o* → *en–s–anch–ar*.[1]

Die anderen Aspekte der formalen Betrachtung sind nur eine Frage der Distribution. In den germanischen Sprachen überwiegt die Zusammensetzung, in den romanischen die Affigierung. Die Grundverfahren sind:

Verfahren

Lexem + Lexem (Zusammensetzung)
Präfix + Lexem (Präfigierung)
Lexem + Suffix (Suffigierung)

Bei Bildungen, die zugleich eine Präfigierung und eine Suffigierung enthalten, sowie bei Bildungen mit Präfix bei gleichzeitiger Änderung der Wortart, spricht man von Parasynthese. Ein Beispiel wäre die Bildung *barc–o* → *em–barc–ar*, wo eine Präfigierung stattfindet und sich zugleich die Wortart ändert (*embarcar* ‚an Bord gehen, sich einschiffen' ist ein desubstantivisches Verb).

Eine wichtige Frage ist bei den Zusammensetzungen (Komposita) diejenige nach der Abfolge der Elemente. Die romanischen Sprachen neigen dazu, das Determinierte (Determinatum) voran- und das Determinierende (Determinans) nachzustellen, wie in span. *limpiabotas*, frz. *wagon-lits* – solche Bildungen nennen wir asyndetische Zusammensetzungen –, die germanischen Sprachen bevorzugen die umgekehrte Abfolge, wie in dt. *Schuhputzer, Schlafwagen*.[2]

Abfolge

Als Affix kann auch das Infix gelten, das aber in den germanischen und romanischen Sprachen vollkommen marginal ist. Bei den Bildungen span. *azúcar* → *azuqu–ít–ar, Carlos* → *Carl–it–os* könnte man *-it-* als „Diminutivinfix" interpretieren, da es in die Stämme *azúcar, Carlos* (beide streng genommen nicht mehr weiter segmentierbar!) eingeschoben wird.

Infixe

Kombinatorische Varianten (Allomorphe) beim Lexem sind in den iberoromanischen Sprachen nicht allzu verbreitet, im Französischen dagegen sehr, ja sogar fast die Regel. Das Problem sind dort die gelehrten Ableitungen, d. h., dass die Ableitung nicht auf der formalen Basis des Grundwortes erfolgt, sondern unter Rückgriff

Allomorphie

---

1 Man könnte natürlich genauso sagen, dass *feo* und *feal-* bzw. *anch-* und *-sanch-* jeweils Allomorphe sind, also Varianten desselben Morphems, nur müsste man dann anders segmentieren: *feal-dad* und *en-sanch-ar*.

2 Man beachte auch, dass sich eine komplexe Lexie grammatisch immer so verhält wie das Determinatum, also dessen Wortklasse, Genus und andere Flexionsklassen übernimmt.

auf die gelehrte, also meist die lateinische Form. So wird von frz. *eau* ‚Wasser' das Adjektiv *aquatique* abgeleitet, also auf der formalen Grundlage von lat. *aqua*, nicht von frz. *eau* selbst, was ja so etwas wie **eauteux* o. ä. ergeben hätte. Eine solche Allomorphie durch Rückgriff auf die lateinische Form existiert zwar auch im Spanischen – auch hier haben wir *agua → acuático* –, aber erstens ist die Diskrepanz deutlich geringer, zweitens das Phänomen erheblich seltener.

Konversion

Noch einige zusätzliche Anmerkungen: Konversion liegt vor, wenn sich nur der Inhalt und vor allem die Wortklasse ändern, aber nicht die Form. So etwas wie engl. *man → to man* (‚[ein Schiff] bemannen') existiert allerdings im Romanischen nicht, was aber auch ein wenig an der rudimentären Morphologie des Englischen liegt. Der häufigste Konversionstyp im Spanischen ist die Verbsubstantivierung (*parecer → el parecer*).

Flexion

Weiterhin muss man als typisch romanisches Verfahren den Wechsel der Flexionsklasse ohne Wechsel der Wortkategorie ansehen, also die Feminina- und Maskulinabildung und die Bildung der Obstbaumnamen (span. *doctor → doctora*, kat. *dida* ‚Amme' *→ didot* ‚Mann der Amme', span. *manzana → manzano*).

Null-morphem

Schließlich gibt es die nicht unumstrittene Nullableitung. Hier geht man von einem Nullmorphem aus, wie in span. *march–ar → march–a* (das auslautende *-a* ist nur Themavokal, s.o.), wo sich inhaltlich dasselbe abspielt wie bei span. *mov–er → mov–i–miento*. Im zweiten Fall ist das Suffix *-miento*, im ersten wäre es *-∅*. Ob man ein Nullmorphem annimmt, muss für jede Einzelsprache geklärt werden. In den romanischen Sprachen kann die Annahme eines Nullmorphems sinnvoll sein.

2 Inhalt

Beispiele

So weit zur Form. Nun wird aber eine rein formale Betrachtung der Wortbildung nicht gerecht.

Vergleichen wir einmal die deutschen Lexien *Schweineschnitzel*, *Jägerschnitzel* und *Seniorenschnitzel*. Hier bestehen eindeutig verschiedene inhaltliche Beziehungen zwischen den Elementen der drei Wortbildungsprodukte (‚vom Schwein', ‚nach Jägerart', ‚für Senioren'), die aber formal alle nur als Zusammensetzungen beschrieben werden könnten.

Vergleichen wir weiterhin span. *sacacorchos* und *descorchador*, beides ‚Korkenzieher'. Hier haben wiederum zwei formal verschiedene Verfahren dieselben Funktionen, in einem Fall die Zusammensetzung, im anderen die parasynthetische Ableitung.

Betrachten wir schließlich noch die Lexie span. *azucarero*, die mehreres bedeuten kann, nämlich ‚Zucker-‘, wie in *producto azucarero* ‚Zuckerprodukt‘, zudem ‚zuckerhaltig‘, wie in *nabo azucarero* ‚Zuckerrübe‘, dann ‚Zuckerfabrikant‘ und schließlich auch ‚Zuckerdose‘. Hier hat also ein formales Verfahren sehr verschiedene Funktionen: Bildung des Relationsadjektivs, Bildung der Gefäßbezeichnung, etc.

3 Der bewusstseinseigene Ansatz von GAUGER

Wir sehen somit, dass Form und Inhalt bei der Wortbildung nicht parallel gestaltet sind. Was wir brauchen, ist eine inhaltliche Wortbildungslehre, in der der Inhalt im Mittelpunkt steht, ohne dass die Form vernachlässigt würde.

Inhaltliche Wortbildungslehre

HANS-MARTIN GAUGER geht in seinem Ansatz zur Wortbildungslehre, in der das Sprecherbewusstsein die entscheidende Größe darstellt, davon aus, dass man sich als Sprecher einer Sprache immer schon mit gebildeten Wörtern konfrontiert sieht (Wortgebildetheit); mit durchsichtigen Wörtern, also mit Lexien, die als solche auf andere, weniger komplexe Lexien hin durchsichtig sind. So ist span. *cenicero* ‚Aschenbecher‘ durchsichtig, weil das Wort im Bewusstsein der Sprecher den Blick auf span. *ceniza* ‚Asche‘ zulässt. Das Konzept der Wortgebildetheit ist insofern sehr wichtig, als es uns hilft, das Phänomen der Lexikalisierung zu erfassen (s. S. 91 f.).

Wortgebildetheit

GAUGER geht von drei Grundverfahren aus, die er Leistungstypen des durchsichtigen Wortes nennt, und zwar Variation, Verschiebung und Ausgriff.

Variation

Das variierend durchsichtige Wort lässt, ohne Veränderung der Wortart, die Bedeutung seines Grundwortes in einer spezifischen Variation erscheinen. Dieser Leistungstyp ist besonders charakteristisch für die iberoromanischen Sprachen und im Spanischen außerordentlich stark vertreten. Das Affix determiniert das Grundwort im Sinne des Adjektivs bzw. Adverbs, und dadurch bleibt das variierende Wort, obwohl von seinem Grundwort klar unterschieden, inhaltlich in dessen Nähe (vgl. Coserius Begriff der Modifizierung, s. u.). So ist in verschiedenen inhaltlichen Verfahren ein gebildetes Wort durchsichtig auf sein Grundwort hin:

- bei den Diminutiven: *mesita, minimesa* → *mesa*
- bei den Augmentativen: *fresón, supermacho* → *fresa, macho*
- bei den Pejorativen: *medicucho* → *médico*
- bei den Iterativen: *releer* → *leer*
- bei den abgeleiteten Maskulina: *abejorro* → *abeja*

Beispiele

– bei den abgeleiteten Feminina: *doctora → doctor*
– bei den Elativen: *requeteviejo, viejísimo → viejo*
– bei den abgeleiteten Negativen: *desorden → orden*

Verschiebung

Das verschiebend durchsichtige Wort ergreift kein „neues" Ding. Es ist „innersprachlicher" Natur, denn es verschiebt sein Grundwort von einer Wortart in die andere und ist gerade um dieser Verschiebung willen da (vgl. Coserius Begriff der Entwicklung, s. u.). Beispiel: *limpieza → limpio.* Das verschiebende Wort *limpieza* ist auf *limpio* hin durchsichtig.

Beispiele

Hierher gehören vor allem:
– prädikative Nominalisierungen von Verben, d. h. deverbale Handlungsbezeichnungen (*nomina actionis*):
  felicitación → felicitar, esperanza → esperar
– prädikative Nominalisierungen von Adjektiven, d. h. deadjektivische Eigenschaftsbezeichnungen (*nomina qualitatis*):
  limpieza → limpio, exactitud → exacto
– aktivische deverbale Adjektive:
  trabajador/-a ‚fleißig, arbeitsam' *→ trabajar, picante → picar*
– passivische deverbale Adjektive:
  discutible → discutir, aceptable → aceptar
– desubstantivische Relationsadjektive:
  azucarero → azúcar, papal → papa
– deadjektivische Adverbien (traditionell oft nicht als Teil der Wortbildungslehre aufgefasst, sondern in der Grammatik behandelt):
  felizmente → feliz, perfectamente → perfecto

Ausgriff

Das ausgreifend durchsichtige Wort ergreift – von seinem Grundwort her – ein „neues" Ding und bringt zum Ausdruck, dass seine Bedeutung mit der seines Grundwortes zusammenhängt. Dieser Leistungstyp stellt eine besonders flexible Klassifikation innerhalb der Wortbildungslehre dar und erlaubt die Analyse und Beschreibung aller komplexen Lexien, die nicht unter die sehr viel eingeschränkteren Klassen der Variation und der Verschiebung fallen. Die Wortart des ausgreifenden Wortes ist entweder die des Grundwortes oder eine andere (vgl. Coserius Begriff der Komposition, s. u.). Beispiel: *peral* ergreift ein anderes Ding als *pera*, ist aber auf *pera* hin durchsichtig.

4 Inhaltliche Wortbildungslehre nach COSERIU

COSERIU geht davon aus, dass sich bei der Bildung eines neuen Wortes „grammatikähnliche" (paragrammatische) Prozesse abspielen, durch die aus einer Basis und einem anderen Element eine neue Wortschatzeinheit entsteht. Er unterscheidet drei Typen von inhaltlichen Verfahren, die Modifikation (oder Modifizierung), die Entwicklung und die Komposition.

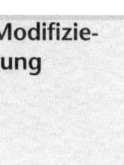
Paragrammatik

Bei diesem inhaltlichen Verfahren (das man analog im Spanischen *modificación* nennen kann) ändert sich die Wortkategorie nicht. Als formale Verfahren erscheinen die Präfigierung und – im Romanischen sehr viel häufiger – die Suffigierung (vgl. Gaugers Begriff der Variation). Der Inhalt eines Ausgangselements wird modifiziert:

Modifizierung

– verkleinert in der Diminutivbildung: *mesa → mesita, minimesa*
– vergrößert in der Augmentativbildung: *fresa → fresón, macho → supermacho*
– verschlechtert in der Pejorativbildung: *médico → medicucho*
– wiederholt in der Iterativbildung: *leer → releer*
– maskulinisiert in der Maskulinbildung: *abeja → abejorro*
– feminisiert in der Femininbildung: *doctor → doctora*
– intensiviert in der Elativbildung: *viejo → requeteviejo, viejísimo*
– negiert in der Negierung: *orden → desorden*

Beispiele

Bei diesem inhaltlichen Verfahren (span. *desarrollo*) ändert sich die Wortkategorie. Der Inhalt eines Ausgangselementes wird – etwas vereinfacht gesagt – in eine andere Wortkategorie transponiert (vgl. Gaugers Begriff der Verschiebung). Es spielt sich ein grammatikähnlicher, ein paragrammatischer Prozess ab, der in der Paraphrasierung des gebildeten Wortes deutlich wird (etwa *felicitación* ‚acción de felicitar', hier eine deverbale Nominalisierung). Formal liegt im Romanischen so gut wie immer Suffigierung vor.

Entwicklung

Modifizierung und Entwicklung betreffen nur ein primäres Element, während die Komposition[3] stets mehr als ein Ausgangselement betrifft (vgl. Gaugers Begriff des Ausgriffs).

Komposition

---

3 COSERIU nennt den dritten Typ Komposition. Im Deutschen kann man so diesen inhaltlichen Typ vom formalen Verfahren der Zusammensetzung abgrenzen, was aber in den romanischen Sprachen nicht geht, wo sowohl *Zusammensetzung* als auch *Komposition* eigentlich mit *composición*, etc. zu übersetzen wären. Ich schlage daher vor, im Span. *aligación* (und im Frz. *alliage*) für die formale Zusammensetzung und *composición, composition* für die inhaltliche Komposition zu verwenden, damit keine Konfusion entsteht.

Wichtig ist nun Folgendes: das zweite (dritte, vierte ...) im Wortbildungsprodukt enthaltene Element kann „explizit" erscheinen, muss es aber nicht. Vergleichen wir – innersprachlich – die deutschen Lexien *Zimmermann* und *Lehrer*. Wenn wir sie paraphrasieren, stellen wir fest, dass die Paraphrasen analog sind: Ein Zimmermann ist ein ‚Mann, der zimmert' und ein Lehrer ist ein ‚Mann, der lehrt'.[4] Inhaltlich sind also das Lexem *Mann* und das Suffix *-er* genau gleich, überspitzt formuliert, *-er* bedeutet „eigentlich" ‚Mann'.

Vergleichen wir weiterhin – diesmal übereinzelsprachlich – span. *azucarero* und dt. *Zuckerdose*, stellen wir fest, dass sie trotz der unterschiedlichen formalen Verfahren, die das Spanische und das Deutsche hier jeweils bevorzugen, genau das gleiche bedeuten. Dem Unterschied im formalen Verfahren entspricht kein inhaltlicher Unterschied, wieder überspitzt formuliert, *-ero* hat die Bedeutung ‚Dose'.

Weniger überspitzt formuliert: bei *Zimmermann* erscheint das inhaltliche Element ‚Mann, der ...' im Lexem *Mann*, bei *Lehrer* erscheint dasselbe inhaltliche Element im Suffix *-er*. Bei *Zuckerdose* erscheint das inhaltliche Element ‚Gefäß für ...' im Lexem *Dose*, bei *azucarero* erscheint dasselbe inhaltliche Element im Suffix *-ero*.

Demselben inhaltlichen Wortbildungsverfahren entsprechen vor allem zwei formale Verfahren, nämlich die Suffigierung und die Zusammensetzung. Erstere überwiegt im Romanischen, Letztere im Germanischen, was aber nur eine Tendenz darstellt. Komposita (inhaltlich gesehen), die durch Zusammensetzung von Lexemen entstehen (*Zimmermann, Gießkanne, limpiabotas, sacacorchos*), nennen wir lexematische Komposita, solche, die durch Suffigierung entstehen (*trabajador, bañador, Lehrer*), generische (oder prolexematische) Komposita.

Affixoide

Zu erwähnen sind an dieser Stelle noch die Bildungen, die in der Anglistik neoklassische Komposita (*neoclassical compounds*) genannt werden. Dies sind Bildungen mit Affixen, die eigentlich inhaltlich Lexeme sind und keine Wortbildungsbedeutung haben, weshalb man sie auch Affixoide nennt. Ihr Inhalt kann nur durch andere Lexeme wiedergegeben werden, etwa *tele-* ‚fern', *euro-* ‚europäisch', *aero-* ‚Luft-', *auto-* ‚selbst' (Präfixoide) oder *-fobia* ‚starke Abneigung', *-filia* ‚starke Zuneigung' (Suffixoide).

---

4 Alle Zimmermänner und Lehrer mögen mir die extreme, aber hier notwendige Vereinfachung der Paraphrasen ihrer Berufe verzeihen. Natürlich bin ich mir bewusst, dass ein Zimmermann mehr tut, als nur zimmern, und dass ein Lehrer mehr tut, als nur lehren.

Zur Komposition gehören außerdem:
- deverbale und desubstantivische Bezeichnungen für handelnde Personen (Agensbezeichnungen, *nomina agentis*):
comunicar + ‚Mann, der ...‘ / ‚Frau, die ...‘ *comunicante*
jardín + ‚Mann, der sich um ... kümmert‘ → *jardinero*
- Instrumentenbezeichnungen (*nomina instrumenti*):
lavar + ‚Maschine, die ...‘ → *lavadora*
sacar + *corchos* + ‚Werkzeug, das ...‘ → *sacacorchos*
- deverbale und desubstantivische Orts-, Gefäß-, Obstbaumbezeichnungen (*nomina loci* im weitesten Sinne):
ceniza + ‚Gefäß für ...‘ → *cenicero*
libro + ‚Geschäft für ...‘ → *librería*
pera + ‚Baum, an dem ... wächst‘ → *peral*
- Kollektivbildung (meist desubstantivisch):
manzano + ‚Pflanzung von ...‘ → *manzanal*

Beispiele

5 Durchsichtigkeit und Produktivität

Es kommt häufig vor, dass ein Wortbildungsprodukt zwar durchsichtig ist (auf eine Basislexie hin), aber dass das Verfahren, nach dem die komplexe Lexie gebildet ist, keine anderen Lexien desselben Musters mehr hervorzubringen vermag, nicht mehr produktiv ist. Die Lexie ist also als Wortbildungsprodukt zu erkennen, aber neue Lexien werden nach demselben Muster nicht mehr gebildet. Das wäre z. B. der Fall bei span. *mujeriego* ‚hinter Frauen her (von einem Mann gesagt)‘, einer adjektivischen Lexie, die klar auf *mujer* ‚Frau‘ hin durchsichtig ist, die aber als erstarrte Bildung gelten kann, da mit dem Suffix *-iego* keine neuen desubstantivischen Adjektive dieses Typs gebildet werden (können). Das Verfahren ist sozusagen ausgestorben.

Verlust von Produktivität

Freilich kann, diachron, sogar die Durchsichtigkeit einer Lexie verloren gehen, und zwar dadurch, dass ihr die Basislexie verloren geht oder zusätzlich noch durch einen so gravierenden morpho-phonischen Wandel, dass das historisch zugrunde liegende Derivationsverfahren nicht mehr erkennbar ist (oft im Französischen der Fall). Ein spanisches Beispiel wäre das Wort *cuchillo* ‚Messer‘, das ursprünglich ein Diminutiv war, denn es stammt vom lateinischen *cultellum* ‚Messerchen‘ ab. Es wird aber nicht mehr als Diminutiv empfunden und ist nicht durchsichtig auf **cucho*, schlicht und einfach deshalb, weil es **cucho* nicht gibt. Die französischen Wörter *oiseau* ‚Vogel‘ und *soleil* ‚Sonne‘ waren ebenfalls lateinische Diminutive (**avicellu* und **soliculu*), werden aber heutzutage weder als solche empfunden, weil ihnen das Basiswort verloren gegangen ist, noch sind sie als solche erkennbar, weil durch

Verlust von Durchsichtigkeit

Lautwandel die Einheit von *oiseau* und *soleil* nicht mehr weiter aufgliederbar ist.

2 Was ist ein *métomentodo*, was ein *hazmerreir*? – andere Formen lexikalischer Kreativität

Syntax

Nicht nur durch Wortbildung, sondern auch durch syntaktische Verfahren können neue Lexien entstehen. Obwohl wir zur Syntax erst im Kapitel 8 kommen, sei hier kurz auf einige Verfahrenstypen in diesem Zusammenhang hingewiesen.

Zunächst kennen die romanischen Sprachen einen syntaktischen Typ, der sehr häufig verwendet wird, um Substantive (oft *nomina instrumenti* und *nomina loci*, aber nicht nur) zu kreieren, und zwar nach dem Muster Substantiv + Präposition (im Spanischen meistens *de*) + Substantiv oder Infinitiv: *máquina de escribir* ‚Schreibmaschine‘, *tren de alta velocidad* ‚Hochgeschwindigkeitszug‘, *salón de belleza* ‚Schönheitssalon‘, *zumo de naranja* ‚Orangensaft‘, *estadio de fútbol* ‚Fußballstadion‘, *café con leche* ‚Milchkaffee‘. In den germanischen Sprachen ist dieses Verfahren seltener, da sie die Zusammensetzung vorziehen. Dennoch kennt das Deutsche auch Lexien dieses Typs, z. B. *Platz der Republik* (oder gibt es in irgendeiner deutschen Stadt einen **Republikplatz*?).

Weiterhin ist in den romanischen Sprachen die simple Determination eines Substantivs durch ein (fast immer) nachgestelltes Adjektiv oder Partizip ein sehr häufiges Verfahren zur Kreation von Lexien: *rueda dentada* ‚Zahnrad‘, *vino tinto* ‚Rotwein‘, *pavo real* ‚Pfau‘.

Schließlich wäre ein Phänomen zu nennen, das lediglich vereinzelt neue Lexien hervorbringt, und zwar die Lexikalisierung ganzer Syntagmen, oft sogar kurzer Sätze. Alle romanischen und germanischen Sprachen kennen solche Lexien: span. *métomentodo* (wörtl. „ich mische mich in alles ein") ‚jemand, der sich in alles einmischt‘, *sábelotodo* (wörtl. „sie/er weiß es alles") ‚Besserwisser‘, ‚Siebengescheiter‘, ‚Neunmalkluger‘, *hazmerreir* (wörtl. „bring mich zum Lachen") ‚lächerliche Person‘, im kanarischen Spanisch *bienmesabe* (wörtl. „gut schmeckt's mir"; bezeichnet eine besondere süße Nachspeise), *alto el fuego* (wörtl. „Schluss mit dem Feuer!") ‚Waffenstillstand‘; frz. *cessez-le-feu* (wörtl. „stellt das Feuer ein!") ‚Waffenstillstand‘, *rendez-vous* ‚Verabredung‘ (davon dt. *Stelldichein!*), dt. *Schauinsland, Hans-Guck-in-die-Luft, Springinsfeld, Vergissmeinnicht*.

Kürzungen und Akronyme

Nichts mit syntaktischen Verfahren haben dagegen die Siglen, die sich teilweise aus komplexen Lexien entwickeln können, und die Wortkürzungen zu tun; dennoch entstehen auch durch solche

Abkürzungen zum Teil neue Lexien. Spanische Beispiele für Wortkürzungen sind *bici* (← *bicicleta*), *mili* (← *servicio militar*), *facu*
(← *facultad*; vgl. dt. *Uni*), *profe* ← *profesor*), etc. Interessant sind auch
die Akronyme, d. h. Siglen aus den Anfangsbuchstaben der einzelnen Komponenten oder aus deren Anfangssilben, die nicht Buchstabe für Buchstabe gelesen werden, sondern als Lautfolge: *OTAN*,
ONU (wie die englisch-deutschen Formen *NATO* und *UNO* beide als
Lautfolge ausgesprochen, nicht jeder Buchstabe einzeln); *PSOE*
(*Partido Socialista Obrero Español*), ausgesprochen [pe'soe], also das
erste <P> einzeln, die anderen Buchstaben als Lautsequenz; aber
auch *Puleva* (von *pura leche de vaca*), eine spanische Milchmarke,
u. v. a. m. Die Siglenbildung kann so stark lexikalisiert sein, dass
sie ihrerseits als Basis für Derivationen fungieren kann. So ist in
der Presse zuweilen von *la política peenuvista* (von *PNV*, ausgesprochen wie ein „Wort" *peeneúve* [*Partido Nacionalista Vasco*]) die Rede,
wenn es um die Politik der baskischen Nationalistenpartei geht.

3 Lexikalisierung

Bei der Untersuchung des Sekundärwortschatzes, sei er durch
Wortbildungsverfahren oder durch syntaktische Verfahren gebildet – das spielt für das Folgende keine Rolle –, taucht ein wichtiges Problem auf, das sich schon in den zuvor verwendeten Paraphrasen für *Zimmermann* und *Lehrer* angedeutet hat: Eigentlich
bilden wir gar nicht allzuoft neue Lexien, sondern wir sehen uns
mit bereits gebildeten sekundären Lexien konfrontiert, die wir versuchen müssen zu verstehen und gegebenenfalls zu analysieren
und zu erklären. Was wir also ständig „in den Griff bekommen"
müssen, ist nicht die Wortbildung, sondern umgekehrt die Wortgebildetheit. Nun kann man aber leider nicht immer mittels Paraphrasierung der Oppositionen zwischen Ausgangslexie(n) und
sekundärer Lexie deren ganze Bedeutung herausarbeiten. Beispiel: die Bedeutung von span. *supermercado* (analog dt. *Supermarkt*; beide nach dem Vorbild von engl. *supermarket*) ist nicht einfach ‚Markt' + ‚Augmentativität', ein Supermarkt ist nicht einfach
ein besonders großer Markt, sondern es kommt noch etwas hinzu,
eine Bedeutungskomponente, welche die Lexie bei ihrem Eintritt
in den Wortschatz, also bei ihrer Lexikalisierung erhalten hat. Wir
sprechen von der idiosynkratischen Bedeutung des Wortbildungs-
produktes bzw. der durch ein syntaktisches Verfahren entstande-
nen Lexie oder auch von der Wortschatzbedeutung (hier ‚großer
Selbstbedienungsladen, hauptsächlich für Lebensmittel und
Haushaltsartikel'), von der man bei der Paraphrasierung stets
abstrahieren muss, wenn man die reine Wortbildungsbedeutung
(hier lediglich ‚sehr großer Markt') herauskristallisieren möchte.

**Wortge-
bildetheit**

Wichtig ist abschließend der Hinweis darauf, dass längst nicht jedes Wortbildungsprodukt lexikalisiert wird, sondern dass viele Stegreifbildungen oder *ad-hoc*-Bildungen (v. a. bei den Zusammensetzungen) einmal gebildet werden und dann sofort wieder der Vergessenheit anheim fallen.

Literatur zu Kapitel 6

Zum Gaugerschen Ansatz zur Wortbildung s. Gauger 1971a und eine Anwendung davon auf einige spanische Wortbildungsmuster in Gauger 1971b.

Der Coseriusche Ansatz wird in Coseriu 1977 dargelegt, außerdem in der Einleitung zu Laca 1986, letzteres eine Anwendung des Coseriuschen Ansatzes auf die spanischen *nomina agentis* (angelehnt indes auch an die Untersuchung von Lüdtke 1978, die ihrerseits auf der Grundlage des Coseriuschen Ansatzes durchgeführt wurde).

Umfassende Darstellungen der spanischen Wortbildung sind Thiele 1992, Lang 1992, Rainer 1993 und Miranda 1994.

KAPITEL 7 Semantik und Lexikologie

Einen Teilbereich der Wortschatzlehre oder Lexikologie haben wir unter dem Gesichtspunkt der lexikalischen Kreativität bereits in Kapitel 6 behandelt, nämlich die Verfahren zur Bildung neuer Wortschatzeinheiten oder Lexien. Dabei sind die lexikalische Bedeutung und ihre Untersuchung nur am Rande besprochen worden, während sie nun in diesem Kapitel unter dem Stichwort Semantik im Mittelpunkt stehen werden. Von einer solchen lexikalischen Semantik sind die grammatisch-morphologische Semantik und die Textsemantik zu unterscheiden; einige Anmerkungen betreffen unten auch die grammatische Semantik. Das Kapitel schließt mit einigen Anmerkungen zur Erfassung des Wortschatzes in Wörterbüchern.

Wortschatz

Bei der lexikalischen Bedeutung im Allgemeinen und somit für den Inhalt einer jeden Lexie im Besonderen müssen wir zwischen dem Denotat und dem Konnotat unterscheiden. Das Denotat ist sozusagen die Grundbedeutung, während das Konnotat eine Reihe von mitschwingenden Nebenbedeutungen darstellt, die mehr oder weniger kollektiv – individuelle Assoziationen sind hiermit nicht gemeint – von der Sprachgemeinschaft mit der Lexie in Verbindung gebracht werden. So bedeutet etwa span. *luna* vom Denotat her lediglich ‚Erdtrabant (von einer bestimmten Größe, der in einer bestimmten Entfernung um die Erde kreist, etc.)‘. Für die Mitglieder der spanischen Sprachgemeinschaft konnotiert *luna* jedoch noch einiges mehr – Positiv-Romantisches wie Negatives, etwa ‚silbernes Licht, in das der Mondschein die Welt nachts taucht‘, ‚Mond als Verantwortlicher für Schlafstörungen‘, etc. Denotat und Konnotat bilden zusammen die Bedeutung einer Lexie. Hinzu können individuelle Komponenten durch Assoziationen treten, die nicht von der Allgemeinheit der Sprachgemeinschaft mitgetragen werden.

Denotation und Konnotation

❶ Semasiologie und Onomasiologie

Perspektive Die Unterscheidung von Semasiologie[1] und Onomasiologie betrifft die Perspektive der semantischen Fragestellung und bestimmt damit die Methoden der Untersuchung. Semasiologisch geht man vor, wenn man von der Form, dem *signifiant*, ausgeht, und die damit verbundenen Bedeutungen in ihrer synchronen Vielfalt und in ihren eventuellen Veränderungen untersucht. Bei einer onomasiologisch ausgerichteten Untersuchung geht man sozusagen umgekehrt vor und legt einen *signifié* oder einen Begriff bzw. ein abstraktes Konzept zugrunde, oft sogar auch einen Gegenstand oder Sachverhalt der außersprachlichen Wirklichkeit, und fragt nach den Formen, die diese Bedeutungen und Konzepte tragen (können). Kurz, die Blickrichtung der Semasiologie geht vom *signifiant* zum *signifié*, die Blickrichtung der Onomasiologie geht vom *signifié* zum *signifiant*.

Beispiele Sehen wir je ein Beispiel (was nicht heißen soll, dass sich die beiden Perspektiven hierin erschöpfen): typisch semasiologisch orientierte Untersuchungen sind natürlich solche zum Bedeutungswandel, wo es gerade um Wandel in ein und demselben Zeichen geht. Onomasiologisch orientiert sind beispielsweise sprachgeographische Untersuchungen, wenn also etwa an verschiedenen geographischen Untersuchungspunkten die Informanten gefragt werden, wie sie zu einer bestimmten Sache sagen, die ihnen vorgelegt wird.

„onomasiologische Grammatik": *ser*, *estar* und andere Kopulae Nicht nur in der lexikalischen Semantik ist ein onomasiologischer Ansatz möglich, sondern auch in der morphologischen Semantik bzw. Grammatik. Einen solchen Ansatz verfolgt etwa Gauger in *Vergleichende Grammatik Spanisch-Deutsch* (Cartagena/Gauger 1989). Unter der Fragestellung „wie wird Zustandshaftigkeit ausgedrückt" wird kontrastiv dargelegt, wie sich die iberoromanischen Sprachen durch ihre Doppelung der Notion ‚sein', die sich in der Unterscheidung von *ser* (port. *ser*, kat. *ésser*, *ser*) und *estar* (port. und kat. *estar*) manifestiert, von den anderen romanischen und den germanischen Sprachen abheben. So muss etwa unterschieden werden, ob es sich um ein dauerhaftes oder ein vorübergehendes Sein handelt. Im Übrigen wiederholt sich die Ausdifferenzierung bei *ser* und *estar*, den Kopulae des Seins, auch bei anderen Kopulae, vor allem bei denen des Werdens. So entsprechen dem deutschen Verb *werden* sehr viele unterschiedliche Kopu-

---

1 Nicht gemeint ist hier die Bezeichnung *Semasiologie* (im weiteren Sinne) anstelle von *Semantik*, die vor der allgemeinen Verbreitung des Terminus *Semantik* gebräuchlich war und teilweise bis heute verwendet wird.

lae, zum Beispiel *ponerse, hacerse, volverse, convertirse* oder *llegar a,* je nachdem, ob es sich um ein schnelles oder ein allmähliches Werden handelt, je nachdem, ob das Resultat ein vorübergehender Zustand oder eine dauerhafte Eigenschaft ist, je nachdem, wie das Ereignis bewertet wird, etc.

2 Semantische Relationen und Wortfelder

Strukturen

Der Wortschatz einer Sprache ist strukturiert in dem Sinne, dass die Lexien nicht einfach „nebeneinander her" existieren, sondern in bestimmten inhaltlichen Relationen zueinander stehen. Eine Untersuchung und nähere Betrachtung der inhaltlichen Relationen ergibt für eine ausgewählte Gruppe von Lexien natürlich nur dann einen Sinn, wenn gewisse Gemeinsamkeiten vorliegen, anders gesagt, wenn diese Lexien inhaltlich nicht vollkommen inkongruent sind. So dürfte es wenig erquicklich sein, über die inhaltliche Relation zwischen den Lexien *berenjena* ‚Aubergine' und *máquina de coser* ‚Nähmaschine' nachzudenken, die man nur als totale Abwesenheit irgendeiner Deckungsgleichheit beschreiben kann. Wenn es aber zwischen den Bedeutungsbereichen zweier oder mehrerer Lexien Überschneidungen gibt, besteht auch ein Interesse, diese Überschneidungen unter die Lupe zu nehmen und zu klassifizieren.

1 Synonymie

Bedeutungsähnlichkeit

Der Begriff der Synonymie hat die Grenzen der wissenschaftlichen Beschäftigung mit der Sprache längst überschritten und ist mittlerweile Allgemeingut. Es handelt sich in einem engeren Sinne um Bedeutungsgleichheit, die jedoch so selten sein dürfte, dass es sich nicht lohnt, dafür einen speziellen Begriff zu bemühen. Nicht einmal zwei so nah beieinander liegende Lexien wie *seguro* und *cierto* ‚sicher' sind vollkommen identisch, denn es ist zwar egal, ob man *estoy seguro* oder *estoy cierto* ‚ich bin sicher' sagt, und es spielt auch keine Rolle, ob man von *un asunto seguro* und *un asunto cierto* ‚eine sichere Angelegenheit' spricht, aber *un cierto asunto* ‚eine gewisse Angelegenheit' ist erstens etwas ganz anderes als *un asunto cierto* (beinahe das Gegenteil!), zweitens steht ihm nicht **un seguro asunto* zur Seite. Die angebliche Bedeutungsgleichheit gilt also zumindest schon einmal nicht in allen Stellungen und Kontexten.

Kaum eine Sprache wird sich den Luxus leisten, für ein und dieselbe Bedeutung zwei oder mehr Lexien bereitzuhalten – so etwas kann in jeder Sprache immer nur die Ausnahme sein. In einem weiteren Sinne sollte man daher bei Synonymie von Bedeutungsähnlichkeit sprechen, wobei die Ähnlichkeit von zwei Synonymen durchaus sehr weit gehen kann, wie eben bei *seguro* und *cierto*.

2 Antonymie

Typen

Wenn Lexien nicht dasselbe oder etwas sehr Ähnliches bedeuten, können sie u. a. „das Gegenteil" bedeuten. Wir sprechen bei der Gegensätzlichkeit der Bedeutungen von Antonymie, wobei es drei Untertypen zu unterscheiden gilt.

komplementäre Antonymie

Eine Art von Bedeutungsgegensätzlichkeit ist die komplementäre oder kontradiktorische Antonymie, bei der zwei Lexien einander so gegenüberstehen, dass ein mittlerer Grad zwischen ihnen nicht möglich ist (*tertium non datur*) und die Negation der einen automatisch dieselbe Bedeutung hat wie die Affirmation der anderen, etwa *presente* ‚anwesend' – *ausente* ‚abwesend' (*no presente* ist genau dasselbe wie *ausente*), *casado* ‚verheiratet' – *soltero* ‚ledig', *vida* ‚Leben' – *muerte* ‚Tod' oder *embarazada* ‚schwanger' – (hier steht keine eigene Lexie zur Verfügung) *no embarazada* ‚nicht schwanger'. So wie es keinen mittleren Grad gibt, gibt es (streng genommen) auch keine Steigerung oder sonstwie geartete Quantifizierung der einzelnen Glieder der Opposition, beispielsweise: *muy casado* ‚sehr verheiratet', *muy presente* ‚sehr anwesend', *un poco embarazada* ‚ein bisschen schwanger', und wenn solche Quantifizierungen doch auftauchen – deshalb stehen die Ausdrücke auch ohne den die Inkorrektheit markierenden Asterisk –, dann leben ihre Expressivität oder ihre Komik gerade davon, dass sie „eigentlich" nicht möglich sind.

konträre Antonymie

Von der Komplementarität zu unterscheiden ist die konträre Antonymie, die durch Skalierung und Polarität charakterisiert ist. Zwei Lexien stehen sich als Gegensätze gegenüber, aber ein mittlerer Grad ist möglich, und die Negation der einen Lexie ist nicht unbedingt bedeutungsidentisch mit der anderen Lexie, so bei *caliente* ‚warm' – *frío* ‚kalt', wo ein mittleres *tibio* ‚lauwarm' denkbar ist, oder bei *bueno* ‚gut' – *malo* ‚schlecht', zwischen die auf der Skala der Grad *mediocre* ‚mittelmäßig' treten kann – was ‚nicht schlecht' ist, muss noch lange nicht ‚gut' sein! Auch die Quantifizierung eines der Glieder der Opposition ist möglich, und eventuell kann die Polarität noch weiter gehen, etwa durch *hirviente* ‚kochend (heiß)' und *helado* ‚gefroren, eiskalt'.

konverse Antonymie

Ein ganz anderer Typ von Antonymie, und zwar die Konversion oder konverse Antonymie, liegt zwischen Lexempaaren vor, bei denen „derselbe Sachverhalt" oder „dieselbe Relation" aus zwei unterschiedlichen Perspektiven heraus bezeichnet wird, wie in *comprar* ‚kaufen' – *vender* ‚verkaufen' (das Deutsche hat hier zwei konverse Antonyme, die sich auch vom Wortbildungsmuster her zu erkennen geben), *abrir* ‚öffnen' – *cerrar* ‚schließen', *caer* ‚fallen' – *levantarse* ‚aufstehen', *botonar* ‚zuknöpfen' – *desbotonar* ‚aufknöpfen' oder *médico* ‚Arzt' – *paciente* ‚Patient'.

3 Hyperonymie/Hyponymie/Kohyponymie

Die beiden Termini Hyperonymie und Hyponymie bezeichnen das hierarchische Verhältnis von einem oder mehreren untergeordneten Inhalten zu einem übergeordneten Inhalt, und zwar aus zwei verschiedenen Blickrichtungen. Beim Beispiel *fruto* ‚Frucht' – *pera* ‚Birne' ist *pera* ein Hyponym von *fruto*, *fruto* ist dagegen Hyperonym von *pera* (und *manzana* ‚Apfel', *naranja* ‚Orange', *mango* ‚Mango', etc.). Man kann in diesem Zusammenhang auch von Oberbegriff und Unterbegriff sprechen, die in einer inklusiven Opposition zueinander stehen (A beinhaltet B, B ist eine Teilmenge von A).

> Inklusion, Ober- und Unterbegriff

Stehen mehrere Inhalte in hyponymischem Verhältnis zu einem gemeinsamen Hyperonym, sprechen wir von Kohyponymen, wobei auch hier wieder eine Reihe von verschiedenen Typen unterschieden werden muss. Zunächst können natürlich Synonymie und Antonymie zugleich auch spezielle Fälle von Kohyponymie sein, sofern man die Synonyme bzw. Antonyme in Bezug auf ein Hyperonym betrachtet.

> Kohyponymie

Die Kohyponymie kann weiterhin eine nicht-serielle sein (wir sprechen auch von einfacher Inkompatibilität), z. B. bei *rosa* ‚Rose' – *clavel* ‚Nelke' – *margarita* ‚Margerite' (zu *flor* ‚Blume') oder *azul* ‚Blau' – *rojo* ‚Rot' – *amarillo* ‚Gelb' – *verde* ‚Grün' (zu *color* ‚Farbe').

> einfache Inkompatibilität

Schließlich kann eine Kohyponymie aber auch auf (mindestens) dreierlei Art und Weise seriell sein, nämlich als chronologische Kohyponymie wie bei *lunes* ‚Montag' – *martes* ‚Dienstag' – *miércoles* ‚Mittwoch' (zu *día* ‚Tag'), als hierarchische Kohyponymie wie bei *general* ‚General' – *coronel* ‚Oberst' – *recluta* ‚Rekrut' (zu *soldado* ‚Soldat') oder als funktionale Kohyponymie wie bei *delantero* ‚Stürmer' – *defensa* ‚Verteidiger' – *guardameta* ‚Torwart' (zu *jugador de fútbol* ‚Fußballspieler').

> serielle Kohyponymie

4 Wortfelder

campos semánticos

Bei Wortfeldern, im Spanischen *campos semánticos*, handelt es sich um lexikalische Strukturen, die gewissermaßen Subsysteme innerhalb des immensen Gesamtwortschatzes einer Sprache bilden. Es wird in ihnen ein kleiner Teil des Wortschatzes abgedeckt und semantisch strukturiert, und zwar im Sinne der bis hierher besprochenen semantischen Relationen. Meist ist den Gliedern des Wortfeldes mindestens eine inhaltliche Komponente gemeinsam, die dann zumeist identisch ist mit dem Inhalt eines – gedachten oder real existierenden – Hyperonyms, z. B. *jugador de fútbol* ‚Fußballspieler' als gemeinsame inhaltliche Komponente der Glieder *delantero* ‚Stürmer', *defensa* ‚Verteidiger', *guardameta* ‚Torwart', etc.

Sem

Einfache inhaltliche Komponenten, durch die sich zwei Lexien voneinander unterscheiden (oder die sie eben auch gemeinsam haben), also deren kleinste unterscheidende Züge, nennen wir Seme (Singular: Sem). So haben *delantero* und *defensa* das Sem ‚Fußballspieler' gemeinsam und unterscheiden sich durch die Seme ‚offensiv' bzw. ‚defensiv'.

Archisem

Das gemeinsame Sem, durch das ein Wortfeld bestimmt wird, nennen wir auch Archisem. Es kann auf der Ausdrucksseite durch eine eigene Form repräsentiert sein oder auch nicht (in diesem letzteren Falle muss der entsprechende Inhalt umschrieben, paraphrasiert werden).[2]

5 Inkongruenz von Form und Inhalt

Polysemie und Homonymie

Wenn einem Ausdruck mehrere Inhalte entsprechen, sprechen wir in der Regel von Polysemie oder Homonymie. Dies sind zwei Phänomene, die streng genommen synchron nicht voneinander zu unterscheiden sind. In der Regel wird aber doch eine Unterscheidung getroffen, und zwar spricht man von Polysemie dann, wenn eine Lexie mehrere Bedeutungen hat, die nicht vollkommen voneinander divergieren, sondern bei denen in mindestens einem Sem eine Übereinstimmung vorliegt. Meistens ist dabei eine der Bedeutungen die Grundbedeutung, während die andere oft durch

---

2 Natürlich gibt es nicht nur in der lexikalischen Semantik Seme, sondern auch in der morphologischen Semantik. Wenn wir uns die Bedeutung von Tempus-Aspekt-Morphemen genauer anschauen, sehen wir, dass sie sich ebenfalls durch Seme voneinander unterscheiden: in den Verbformen *canto* ‚ich singe' und *canté* ‚ich habe gesungen' haben die Morpheme *-o* und *-é* das Sem ‚aktuelles Tempus' gemeinsam, während sie sich durch die Seme ‚Gegenwart' bzw. ‚Vergangenheit' unterscheiden.

metaphorische Übertragung zustande kommt, wie etwa in span. *pata* ‚Fuß/Pfote (eines Tieres)' und ‚Bein (eines Möbelstücks)'; das gemeinsame Sem wäre hier, grob gesagt, bezogen auf die Funktion ‚stehen' und die räumliche Position ‚unten'. Bei Polysemie geht es also um eine Lexie, die mehrere miteinander zusammenhängende Bedeutungen hat. Von Homonymie spricht man dagegen, wenn zwei Lexien sozusagen zufällig dieselbe Form haben (obwohl hier auch schon wieder ein diachronisches Kriterium zum Tragen kommt, denn woher will man wissen, dass die formale Identität zufällig ist?), aber etwas ganz anderes bedeuten, etwa span. *real* (a) ‚wirklich', (b) ‚königlich'.[3]

3 Richtungen der lexikalischen Semantik

Im Folgenden sollen kurz zwei der wichtigsten Ansätze für semantische Studien vorgestellt werden, die Komponentialsemantik und die kognitive Semantik, wobei die Prinzipien der Ersteren bei der Letzteren nicht ausgeschlossen sind, sondern ebenfalls eine gewisse Rolle spielen.

Vorbemerkungen

1 Komponentialsemantik

Zur Komponentialsemantik oder Merkmalsemantik braucht an dieser Stelle nicht mehr viel gesagt zu werden, da ihre Prinzipien oben implizit schon weitgehend dargelegt worden sind. Wie schon der Name sagt, wird bei diesem Ansatz davon ausgegangen, dass der Inhalt einer Lexie prinzipiell in verschiedene Komponenten, nämlich die Seme als kleinste inhaltliche Züge, zerlegbar ist – etwa *Boden* ‚Fläche', ‚Begrenzung des Raumes', ‚unten' gegenüber *Decke* ‚Fläche', ‚Begrenzung des Raumes', ‚oben' –, und dass auf diese Weise jede Lexie zu einer anderen in Opposition steht, von der sie sich durch mindestens ein Sem unterscheidet. Dieses Oppositionskonzept zeigt zugleich, dass es sich hier um einen strukturalistischen Ansatz handelt, der in der Romanistik insbesondere von ARTHUR GREIMAS, BERNARD POTTIER und EUGENIO COSERIU (weiter-) entwickelt worden ist, und der durch GREGORIO SALVADOR, RAMÓN TRUJILLO und MAXIMIANO TRAPERO in Spanien Verbreitung gefunden hat. Wortfelder mit Inhalten, die sich auf sehr konkrete außersprachliche Realitäten beziehen, können so recht

Merkmale

---

3 Wenn man ganz genau sein möchte, kann man noch totale Homonymie (gleiche Lautung und gleiche Schreibung) von lediglich Homophonie (gleiche Lautung, unterschiedliche Schreibung) oder Homographie (gleiche Schreibung, unterschiedliche Lautung) unterscheiden.

gut in einer Matrix dargestellt und beschrieben werden, sehr abstrakte und komplexe Inhalte sind demgegenüber sicher nicht so leicht – wenn überhaupt – mit diesem Verfahren zu erfassen.

Nutzen für die Lexikographie

So schematisch und eventuell simplifizierend einem die Komponentialsemantik auch bisweilen vorkommen mag, sie ist eine unerlässliche (Hilfs-) Methode in der Lexikographie, und zwar, weil eine durchschnittliche Wörterbuchdefinition nach genau dem Schema funktioniert, dass ein allgemeinerer Begriff oder Oberbegriff angegeben wird, den man dann durch Aufzählung der entsprechenden Merkmale weiter spezifiziert (*genus proximum et differentia specifica*, das Prinzip der aristotelischen Definition). Wir kommen später noch kurz darauf zurück.

2 Kognitive Semantik

Semantik und Psychologie

Ein anderer Ansatz zur semantischen Analyse hat in den letzten Jahren einen außerordentlichen Aufschwung erfahren, nämlich der kognitive Ansatz, bei dem psychologische Aspekte mit einbezogen werden. Im Mittelpunkt steht hier die Frage nach der Art des Wahrnehmens sowohl von außersprachlichen Realitäten als auch von sprachlichen Inhalten und sprachlichen Formen, und zwar nach den beiden wichtigsten menschlichen Assoziationsprinzipien, nämlich der Ähnlichkeit (Similarität) und der „nachbarschaftlichen Nähe" (Kontiguität),[4] und dies innerhalb gewisser Rahmen, die Teilbereiche unserer Umgebung repräsentieren. Bei der Besprechung des Bedeutungswandels (S. 102 f.) werden diese Prinzipien im Mittelpunkt stehen.

Prototypensemantik nach ELEANOR ROSCH

Doch zunächst zu einem Ansatz, der letztlich darin besteht, die Prinzipien und Methoden der Merkmalsemantik einfach etwas weniger streng zu handhaben und sich dabei zusätzlich auf kognitive Kategorien zu stützen. In den sechziger und siebziger Jahren des 20. Jahrhunderts wurde in den USA von ELEANOR ROSCH und ihren Mitarbeitern die Prototypensemantik entwickelt. Grundannahme ist, dass die Glieder eines Wortfeldes nicht „gleichberechtigt" nebeneinander stehen, sondern dass es „bessere", weil typischere, zentrale Vertreter einer Klasse gibt und weniger typische, eher marginale Vertreter. Dadurch sind die Grenzen sowohl zwischen mehreren Wortfeldern als auch innerhalb eines Wortfeldes

---

4 Wenn zwei Elemente in einer Kontiguitätsrelation stehen, heißt das, vereinfacht formuliert, ‚A hat – in irgendeiner Form – zu tun mit B'. Kontiguitätsrelationen können Teil-Ganzes-Relationen sein, aber auch Gefäß-Inhalt-Relationen, Produzent-Produkt-Relationen, Handlung-Handelnder-Relationen, u. v. a. m.

nicht scharf, sondern fließend. Die Komponentialität der Bedeutungen wird aber durchaus nicht verworfen. Im Zentrum eines jeden Wortfeldes steht der typische Vertreter, der Prototyp ('Spatz' und nicht 'Strauß' oder 'Pinguin' für 'Vogel'; 'Apfel' und nicht 'Kumquat' oder 'Olive' für 'Frucht'). Der Oberbegriff muss dabei nicht alle Merkmale des Unterbegriffs enthalten, und dementsprechend teilen auch die Unterbegriffe (Kohyponyme) nicht unbedingt alle Merkmale, sondern sind durch das Prinzip der Ähnlichkeit verbunden. Der Prototyp ist dann lediglich das Glied, das die meisten der relevanten Merkmale (Seme) in sich vereint ('Spatz' enthält 'kann fliegen', 'hat Federn', 'hat einen Schnabel', ohne Zweifel die drei typischsten Merkmale von 'Vogel').

Roschs Modell basiert auf dem Konzept von privilegierteren und weniger privilegierten Ebenen der Kognition bei Hyperonymie und Hyponymie:

Ebenen der Kognition

'Tier' – 'Vogel' – 'Spatz'

Im Inhalt von 'Vogel' hat man gegenüber 'Tier' einen maximalen Informationszuwachs und einen entsprechend deutlich höheren Grad an Spezifizität. Im Inhalt 'Spatz' ist dagegen der Zuwachs an zusätzlicher Information gegenüber 'Vogel' sehr gering. Mit anderen Worten: 'Vogel' ist viel spezifischer als 'Tier', aber 'Spatz' ist nicht viel spezifischer als 'Vogel'. Die privilegierte Ebene der Kognition ist daher die mittlere, und je mehr ein Vogel typische Vogel-Eigenschaften besitzt, oder solche, die als typisch für einen Vogel angesehen werden, desto mehr wird er als zentraler Vertreter eines Wortfeldes 'Vogel' wahrgenommen und akzeptiert. Ein Vogel, der nicht fliegen kann, entspricht unseren Vorstellungen von „Vogelhaftigkeit" weniger, weil es gerade eine kognitive Kategorie ist, dass Vögel normalerweise fliegen.

4 Lexikalischer Bedeutungswandel

semantische Veränderungen

Werfen wir nun noch einen kurzen Blick auf die diachrone Semantik, genauer, auf die Prinzipen des Bedeutungswandels.[5] Mit Andreas Blank, der die beiden schon genannten Hauptprinzipien der Assoziation, also die Similarität und die Kontiguität, zur Grundlage macht, unterscheiden wir hier insgesamt sechs Mechanismen.[6]

1 Bedeutungswandel durch außersprachliche Assoziationen

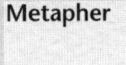

Metonymie

Zwei der sechs Mechanismen basieren auf außersprachlichen Similaritäts- bzw. Kontiguitätsrelationen. Es handelt sich zum einen um den Bedeutungswandel durch Metonymie, die ihrerseits auf dem Assoziationsprinzip der Kontiguität (,A hat zu tun mit B' oder ,A befindet sich in nachbarschaftlicher Nähe zu B') beruht, d. h. auf Relationen wie Produzent-Produkt, Eigentümer-Eigentum, Gefäß-Inhalt, etc., beispielsweise bei lat. *caballarius* ,Pferdeknecht, Knappe' > span. *caballero* ,Ritter' oder bei span. *pan „Bimbo"* (eine spezielle Marke weißen Kastenbrots in Scheiben) > *pan bimbo* (umgangssprachlich) ,jede Art von abgepacktem Kastenbrot in Scheiben' (vgl. dt. *Tesafilm, Tempotaschentuch*).

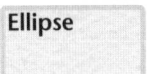

Metapher

Zum anderen ist hier die Metapher zu nennen, bei der die Similarität das Assoziationsprinzip ist, so bei span. *pata* ,Fuß/ Bein/Pfote (eines Tieres)' > *pata* ,Bein (eines Möbelstückes)' oder bei span. *ratón* ,Maus (Tier)' > *ratón* ,Maus (am Computer)'.

2 Bedeutungswandel durch formale Assoziationen

Ellipse

Weitere zwei der sechs Mechanismen sind verschiedenen Relationen auf der Ausdrucksseite zu verdanken. Der Mechanismus der Ellipse beruht dabei auf der Kontiguität der Formen (*signifiants*)

---

5 Ich widme dieses Teilkapitel dem Gedenken an meinen lieben Freund Andreas Blank, der tragischerweise am 20. Januar 2001, im Alter von gerade einmal 39 Jahren, seiner schweren, furchtbaren Krankheit erlegen und ebenso jäh wie grausam aus einem glücklichen Leben als Ehemann und Familienvater sowie als engagierter Hochschullehrer und herausragender Forscher gerissen worden ist. *Andreas, caro amico mio, sempre ti riterrò nel mio cuore e non ti dimenticherò mai!*

6 Natürlich würde dieses Teilkapitel genauso in Kapitel 9 zur historischen Perspektive passen, da es ja um Wandel im Bereich des Wortschatzes geht. Es steht dennoch an dieser Stelle, weil es zuvor auch im Rahmen der synchronen Semantik um kognitive Ansätze gegangen ist, die hier ebenso zentral sind.

wie in span. *zapatos de tenis* > *tenis* ‚Tennisschuhe, allg. Sportschuhe', span. *chaqueta americana* > *americana* ‚Sakko', span. *ciudad capital* > *capital* ‚Hauptstadt', lat. *consobrinus primus* ‚Vetter (ersten Grades)' > span. *primo* ‚Vetter', lat. *soror germana* ‚(leibliche) Schwester' > span. *hermana* ‚Schwester' und lat. *frater germanus* ‚(leiblicher) Bruder' > span. *hermano* ‚Bruder'.

Die Volksetymologie wiederum ist ein Mechanismus, der auf der Similarität der Ausdrücke basiert. Auf Grund der Ähnlichkeit zweier Formen wandelt sich bei einer die dazugehörige Bedeutung, etwa bei span. *antuzano* ‚Atrium oder kleiner Platz vor einem Haus' (von lat. *ante* ‚vor', und *ostium* ‚Tür') > *altozano* ‚Erhebung in einem ansonsten flachen Land' oder (in Amerika) ‚erhöhtes Atrium einer Kirche' (Assoziation mit *alto* ‚hoch'), arab. *al,lud* 'Holzinstrument' > dt. *Laute* (Assoziation mit *Laut* oder *laut*).⁷

Volksetymologie

3 Bedeutungswandel durch lexikalische Assoziationen

Die letzten beiden Mechanismen beruhen schließlich auf der rein innersprachlichen lexikalisch-semantischen Similarität. Zum einen ist oft eine Bedeutungserweiterung zu beobachten, d. h. der Wandel geht von einem spezifischeren Konzept zu einem allgemeineren Konzept, wie bei lat. *planta* ‚Stiel' > span. *planta* ‚Pflanze', lat. *pellis* ‚Tierhaut, Fell' > span. *piel* ‚Haut' oder lat. *causa* ‚Ursache' > span. *cosa* ‚Sache'.

Bedeutungserweiterung

---

7 Das Phänomen der Volksetymologie ist auch über die Lehre vom Bedeutungswandel hinaus ein sehr interessantes Objekt der Untersuchung. Zu verstehen ist darunter die „volkstümliche", nicht etymologisch zu rechtfertigende Motivierung einer Lexie, die undurchsichtig und arbiträr für die Sprecher ist, und zwar auf Grund von formaler Ähnlichkeit zu anderen Lexien, mit denen sie sozusagen „unberechtigterweise" in Verbindung gebracht werden. Sehr schön ist das Beispiel des arawakischen Wortes für das hängende Bett (die Arawaken waren die Ureinwohner der Antillen), nämlich *hamaca*. Die Spanier übernahmen es und bezeichneten damit die hängenden Schlafstätten der Matrosen auf den Schiffen. Die Franzosen übernahmen das Wort von den Spaniern und machten *hamac* daraus; die Engländer übernahmen das Wort von den Franzosen und machten *hammock* daraus. Schließlich übernahmen die Holländer und die Deutschen das Wort von den Engländern, und im Niederländischen und im Deutschen wird nun die Volksetymologie wirksam, denn in diesen Sprachen hat man sich das Wort durch klangliche Anlehnung an *hangen* bzw. *hängen* und *mat* bzw. *Matte* motiviert, was zu *hangmat* und *Hängematte* geführt hat. Anschaulich ist auch das Beispiel des französischen Wortes für das Sauerkraut: elsässisch *Surkrut* > fr. *choucroute* ‚Sauerkraut' (Assoziation mit *chou* ‚Kohl') oder das Beispiel des spanischen Wortes für den Landstreicher: lat. *vagabundus* > span. *vagamundo* ‚Landstreicher' (Assoziation mit *mundo* ‚Welt').

Bedeutungsverengung	Zum anderen kann die Bedeutung auch verengt werden. Bedeutungsverengung, also Wandel von einem allgemeineren zu einem spezifischeren Konzept, liegt vor bei lat. *collocare* ,setzen, stellen, legen' bzw. ,(etwas) platzieren', und zwar auf jede Art und Weise > span. *colgar* ,aufhängen', lat. *necare* ,töten' > frz. *noyer* ,ertränken', frz. *parler* ,sprechen' > span. *parlar* ,dumm daherreden, tratschen', span. *hablar* ,sprechen' > fr. *hâbler* ,angeben', span. *carne* ,Fleisch' > frz. *carne* ,schlechtes Fleisch'.

4 Der axiologische Aspekt

Bewertung	Wie bei den zuletzt gegebenen Beispielen schon zu sehen war, kann mit den Mechanismen des Bedeutungswandels ein sekundärer Prozess einhergehen, und zwar so etwas wie eine Aufwertung oder Abwertung bestimmter Lexien, gerade wenn sie von einer Sprache in die andere übergehen. Besonders deutlich wird dies oben im Falle der Beziehung zwischen dem Spanischen und dem Französischen. Denken wir aber auch einmal an frz. *visage* ,Gesicht (neutral)' > dt. *Visage* ,Gesicht (stark abwertend)' oder span./port. *palabra/palavra* ,Wort' > dt. *Palaver* ,Geschwätz, viel Gerede um nichts'.
Euphemismus	Ein wichtiger Aspekt des Bedeutungswandels ist die Tatsache, dass sprachliche Tabus oft durch Euphemismen „umschrieben" werden. Die semantischen Bereiche (*frames*), in denen häufig Tabus vorkommen, sind insbesondere der Tod, die Sexualität und die Religion. Interessant wird es nun dort, wo der ursprünglich euphemistische Charakter einer Lexie verloren geht und diese zur neutralen Bezeichnung für eine außersprachliche Realität werden, wie dt. *entschlafen* als sehr gehobenes Wort für ,sterben'.
Drastik	Umgekehrt lebt die Sprache natürlich auch von der Übertreibung und der Drastik. In Bezug auf den Bedeutungswandel wird es auch hier wieder genau dann interessant, wenn der ursprünglich drastische Ausdruck zum neutralen wird, wie etwa vulgärlat. *trepalium* ,Folter' > span. *trabajo* ,Arbeit' über einen Zwischenschritt der drastischen Bezeichnung der Arbeit als Folter, oder lat. *testa* ,Krug, Scherben' > altspan. *tiesta*, frz. *tête*, ital. *testa* ,Kopf' über einen Zwischenschritt der drastischen Bezeichnung des Kopfes als Gefäß (also als Hohlkörper). Zur drastischen Benennung werden dann wieder neue Ausdrücke notwendig, und so ist Sprachwandel vielleicht nicht nur, aber auch ein ewiger Kreislauf von Drastik und Abschwächung dieser Drastik, neuer Drastik und erneuter Abschwächung, etc.

5 Semantische Besonderheiten des Spanischen und „falsche Freunde"

Ein zwischensprachliches Problem stellen die Wörter dar, die man „falsche Freunde (der Übersetzung)" genannt hat (zuerst wohl französisch „les faux amis [de la traduction]"). Dabei handelt es sich um Lexien aus zwei oder mehr Sprachen, die formal eine maximale Ähnlichkeit aufweisen (die bis zur Identität gehen kann), die aber inhaltlich verschieden sind, so dass die Übersetzung der einen durch die andere ein unbefriedigendes Resultat ergibt. Ein typisches Beispiel sind die beiden Adjektive dt. *antik* und span. *antiguo*. Das deutsche Adjektiv kann sich nur auf die Antike beziehen, während das spanische auch einfach ‚(sehr) alt' bedeuten kann, wie etwa in *español antiguo* ‚Altspanisch', was man also mitnichten mit *antikes Spanisch übersetzen darf (höchstens mit *antiquiertes Spanisch*, aber das ist auch nicht dasselbe wie *Altspanisch!*).

Zwischen dem Spanischen (und dem Katalanischen, meist durch spanischen Einfluss) einerseits und den anderen romanischen Sprachen, dem Englischen und dem Deutschen andererseits ist nun eine Reihe der „falschen Freunde" darauf zurückzuführen, dass das Spanische gerne öfter einmal semantische „Sonderwege" einschlägt (das Englische allerdings auch). Das ist etwa der Fall bei *ilusión* ‚Illusion', aber auch ‚Freude', *gracia* ‚Grazie, Anmut', aber auch ‚Witz', *novedad* ‚Neuheit', aber auch ‚Zwischenfall', *genio* ‚Genie', aber auch ‚Sturheit, Dickkopf', *compromiso* ‚Verabredung', nur selten ‚Kompromiss', etc.

faux amis

6 Wortschatz und Wörterbuch: Grundzüge der Lexikographie

Eng mit der Wortschatzlehre (Lexikologie) verbunden ist die Wörterbuchkunde (Lexikographie), deren Aufgabe die Erfassung des Wortschatzes einer Sprache in Wörterbüchern ist, mit allen Problemen, die dazugehören, aber auch die Untersuchung und Analyse von bereits bestehenden Wörterbüchern.

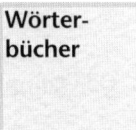

Wörterbücher

Die Grundeinheit eines Wörterbuchs ist der Wörterbucheintrag, der normalerweise *Lemma*, im Plural *Lemmata*, genannt wird. In diesem Zusammenhang ist das erste Problem bereits die Anzahl der Lemmata und die Frage nach der Aufnahme von komplexen Lexien: soll beispielsweise für span. *alto el fuego* ‚Waffenstillstand' ein eigenes Lemma erstellt werden, oder soll die Lexie unter einem der Lemmata für ihre Komponenten aufgeführt werden, und wenn Letzteres, dann unter *alto* oder unter *fuego*?

Lemma

Struktur	Bei einem Wörterbuch unterscheiden wir zwischen der Makro-struktur und der Mikrostruktur. Die Anzahl und das Prinzip der Anordnung (alphabetisch, thematisch, anderes Ordnungsprin-zip) machen die Makrostruktur eines Wörterbuchs aus. Die Mikro-struktur ist demgegenüber die Struktur der einzelnen Lemmata (Definition, Aussprache, evtl. Beispiele für die Anwendung, etc.). Aus Platzgründen kann die Lexikographie nicht im Detail behandelt werden. Dennoch erscheint an dieser Stelle eine kom-primierte kleine „Wörterbuchkunde" sinnvoll.

1 Die materiellen Grundlagen des Wörterbuchs

Korpus	Ein Wörterbuch kann auf einem Textkorpus basieren, das ex-haustiv oder selektiv ausgeschöpft werden kann. Möglich ist dabei eine intuitive Auswahl oder eine „objektive" Auswahl, etwa nach den Kriterien der Frequenz oder der Akzeptanz.
mutter-sprachliche Kompetenz	Ein Wörterbuch kann aber auch rein auf der muttersprachlichen Kompetenz der Lexikographen basieren. Weiterhin gibt es Misch-typen, in denen sowohl ein Korpus als auch die muttersprachli-che Kompetenz als Basis zugrunde gelegt werden. Die Einheiten können funktionell kompatibel (in synchroni-schen Wörterbüchern) oder heterogen sein (in historischen Wör-terbüchern).

2 Die Behandlung der Einheiten

Neutralisa-tion	Die Einheiten können so behandelt werden, wie sie im Korpus vor-kommen, z. B. in Zitatlexika, Konkordanzen und Glossaren, oder sie können in dem Sinne neutralisiert werden, dass die Verben stets im Infinitiv stehen, die Substantive im Singular, etc.

3 Der Komplex der zu behandelnden Einheiten

funktionel-ler Komplex	Die Einheiten können einen funktionellen Komplex bilden, d. h.die Nutzung des Wörterbuchs erlaubt im Grunde unbegrenzt viele Äußerungen. Es ist aber auch möglich, dass Unterkomplexe verschiedenster Art gebildet werden:

- semantisch (z. B. *diccionario de la psicología*)
- soziokulturell (z. B. *diccionario del español vulgar*)
- diatopisch (= geographisch; z. B. *diccionario de americanismos*)
- semantische Relationen (z. B. *diccionario de sinónimos*)
- formale Relationen (z. B. *diccionario del* Scrabble®)

4 Makrostruktur: die Anordnung der Lemmata

Die einzelnen Lemmata eines Wörterbuchs können nach einem formalen Ordnungsprinzip angeordnet sein. Die häufigste Anordnung ist dabei die graphische, meistens alphabetische Anordnung, aber auch die rückwärts alphabetische Anordnung ist natürlich denkbar. Des Weiteren gibt es auch andere formale Ordnungsprinzipien, etwa nach der Buchstabenzahl, nach dem phonetischen Alphabet, etc. Schließlich folgt die Anordnung manchmal auch nicht formalen, sondern semantischen (thematischen) Prinzipien.

formale und inhaltliche Ordnungsprinzipien

5 Mikrostruktur: der Aufbau des Wörterbuchartikels

In Bezug auf den Aufbau eines Wörterbuchartikels ist zunächst die Frage nach der Analyse der Lexie zu stellen. Es kann eine explizite Analyse sein, und zwar entweder nur auf der Inhaltsebene, etwa in (Konversations-) Lexika und Enzyklopädien (ein Wörterbuchtyp, den man im Spanischen *diccionario enciclopédico* nennt), oder auf der formalen und der inhaltlichen Ebene, hier wiederum einsprachig in Definitionswörterbüchern und zwei- oder mehrsprachig in Äquivalenzwörterbüchern. Die Analyse kann aber auch eine implizite sein, indem keine Definition erfolgt, sondern Angaben von Beziehungen, Verweise, etc. (etwa in Aussprache- und Rechtschreibwörterbüchern oder Synonymlexika).

Analyse

Bei den Definitionen selbst müssen ebenfalls verschiedene Typen unterschieden werden. Der wichtigste semantische Typ ist die klassische aristotelische Definition mit Angabe des nächstallgemeineren Oberbegriffs und der Aufzählung der zusätzlichen Merkmale, welche die zu definierende Lexie von diesem Oberbegriff abgrenzen bzw. sie ihm gegenüber spezifizieren (*genus proximum et differentia specifica*), etwa „bicicleta: vehículo (*genus proximum*) con dos ruedas, sin motor, para una persona (*differentiae specificae*)". Ein weiterer wichtiger Definitionstyp ist die morpho-semantische Definition für abgeleitete Lexien, mit Verweis auf die Ausgangslexie, von der sie abgeleitet ist, und Angabe des Verhältnisses, in dem sie zu ihr steht, etwa „felicitación: acción de (Verhältnis zur Ausgangslexie) felicitar (Verweis auf die Ausgangslexie)".

Definitionstypen

Daneben kann ein Artikel aber noch zahlreiche weitere Informationen liefern, und zwar funktionale, d. h. für die Verwendung der Lexie notwendige wie die Aussprache, grammatische Kategorien, graphische Varianten und diasystematische Markierungen (s. dazu Kapitel 10), denn man muss ja wissen, ob eine Lexie eventuell regio-

zusätzliche Informationen zum Lemma

nal begrenzt ist, vulgär oder aber „geschwollen" klingt, nur umgangssprachlich möglich oder auf fachterminologischen Gebrauch beschränkt ist. Außerdem können noch nicht-funktionale Informationen wie die Etymologie oder die Datierung angegeben werden.

Exemplifizierung

Schließlich enthalten die Artikel vieler, aber nicht aller Wörterbücher auch Beispiele, die sowohl beobachtet (aus Corpora, Literaturzitate) als auch konstruiert sein können.

Literatur zu Kapitel 7

Als erster Einstieg in die lexikalische Semantik ist die Einführung von Schwarz/Chur [2]1996 zu empfehlen.

Zur Vertiefung der strukturellen Semantik sind zu empfehlen: Coseriu 1964, 1967, 1973 und 1975a. Für die strukturelle Semantik des Spanischen s. Salvador 1985 und Trujillo 1988. Speziell zum Problem der Synonyme s. Gauger 1972.

Zu *ser* vs. *estar* s. Cartagena/Gauger 1989: 441-450.

Eine sehr gute Einführung in die Prototypensemantik ist die von Kleiber [2]1998. Wer auf die Werke von Rosch und ihren Mitarbeitern einen Blick im Original werfen möchte, lese Rosch 1978 und Varela/Thompson/Rosch [3]1993.

Einen ersten Eindruck von den semantischen Sonderwegen des Spanischen liefert Gauger 1999. Zum Problem der „falschen Freunde" s. Cartagena/Gauger 1998: 581-597, wo Gauger sechs Typen unterscheidet; s. auch die Liste in Cartagena/Gauger 1989: 597–616.

Zum lexikalischen Bedeutungswandel in den romanischen Sprachen s. das schöne Buch von Blank 1996, das allerdings keine Einführung ist, sondern erst nach der Lektüre einer der oben angeratenen Einführungen und nach dem Erwerb von etwas mehr linguistischer Routine gelesen werden sollte. Dasselbe gilt für die Beiträge in den Sammelbänden von Hoinkes (Hg.) 1995, Hoinkes (Hg.) 1997 und Blank/Koch (Hgg.) 1999.

Die beste und systematischste Einführung in die Lexikographie, und zudem noch eine, die eingängig zu lesen und gut zu verstehen ist, stellt F. J. Hausmanns Handbuch von 1977 dar. Das Buch ist zwar auf die französische Lexikographie bezogen und im Hinblick auf die Kapitel zu konkreten französischen Wörterbüchern natürlich mittlerweile auch veraltet. Wenn man aber die Stellen, die nur das Französische betreffen, bzw. die überholt sind, überliest, was problemlos möglich ist, bleibt eine optimal auf den Punkt gebrachte Übersicht über alle wichtigen Probleme der Lexikographie, die auch nach 24 Jahren noch allen Studierenden wärmstens zur Lektüre empfohlen werden kann.

8 Die Verknüpfung und Anordnung der sprachlichen Elemente:
KAPITEL Grundbegriffe der Syntax

Bisher war vorwiegend von den kleinsten Einheiten einer Sprache die Rede, sowie von den Methoden der Segmentierung, durch die man sie ermittelt. Nun impliziert der lineare Charakter der menschlichen Sprache aber auch, dass in der konkreten Äußerung die einzelnen Elemente in einer bestimmten Weise und nach einem Katalog von Regeln miteinander verknüpft und in einer mehr oder weniger festgelegten Abfolge angeordnet werden müssen. Für die Elemente der zweiten Gliederungsebene, die Phoneme, kann dieser Aspekt hier nicht detailliert dargestellt werden – das Problem wäre der Gegenstand der Phonemkombinatorik. Die Ermittlung der Relationen zwischen den bedeutungstragenden Elementen und der Prinzipien, nach denen sie angeordnet und verknüpft sind, ist das Interesse der sprachwissenschaftlichen Teildisziplin Syntax, und auf die Grundbegriffe der Syntax soll im Folgenden kurz eingegangen werden.

Verknüpfung

1 Konstituentenanalyse

Der Ansatz der Konstituentenanalyse stellt die Frage in den Mittelpunkt, aus welchen unmittelbaren Bestandteilen oder Konstituenten (*immediate constituents*) eine größere Einheit, zumeist ein Satz, besteht. Das anzuwendende Verfahren der Segmentierung ist die IC-Analyse (*immediate constituent analysis*), mittels derer ein Satz (S) zunächst etwa in Nominalphrase (NP) und Verbalphrase (VP), in einem zweiten Schritt dann die Nominalphrase in Artikel (D für Determinante) und Nomen (N), die Verbalphrase in Verb (V) und eine weitere Nominalphrase zerlegt werden können, diese dann ihrerseits wieder in Präposition (P) und Nomen, etc.

IC-Analyse

Das Ergebnis sind Baumdiagramme, mit einem Fachausdruck auch als Stemmata (im Singular Stemma) bezeichnet. Der Begriff der Konstituente ist allgemeiner als der Begriff des Syntagmas oder der Phrase. Die Frage ist nun, welche Elemente zu einer Konstituente zusammengefasst werden können. Wenn bei der Analyse eines Satzes ein Gliedern nach den traditionellen Satzteilen (*partes orationis*) wie Subjekt und Prädikat, seinerseits aus Verb und Objekt(en) bestehend, sowie die Sprecherintuition nicht mehr weiterhelfen, werden in der IC-Analyse Tests angewandt, die auf Eigenschaften von Konstituenten beruhen. Nehmen wir als Beispiel den Satz *La niña escribe la carta*, um ihn auf die Eigenschaf-

Stemmata

ten von Konstituenten hin abzufragen, etwa um zu sehen, ob das direkte Objekt *la carta* eine Konstituente darstellt:

- Konstituenten lassen sich durch andere ersetzen:
  La niña la escribe.
- Konstituenten können verschoben werden:
  La carta la escribe la niña.
- Konstituenten können die Antwort auf eine Frage sein:
  ¿Qué escribe la niña? – La carta.
- Konstituenten sind koordinierbar:
  La niña escribe la carta y una tarjeta postal.
- Konstituenten sind in bestimmten Kontexten weglassbar:
  La niña escribe (la carta) y relee la carta.

Man kann nun sagen, dass *la carta* durchaus eine Konstituente darstellt. Wenn wir den Satz analysieren wollen, können wir ihn zunächst in die Nominalphrase *la niña* und die Verbalphrase *escribe la carta* aufgliedern, die Nominalphrase dann in die Determinante *la* und das Nomen *niña*, die Verbalphrase in das Verb *escribe* und die Nominalphrase *la carta*, diese wiederum schließlich in die Determinante *la* und das Nomen *carta*. Im Stemma sieht dies folgendermaßen aus:

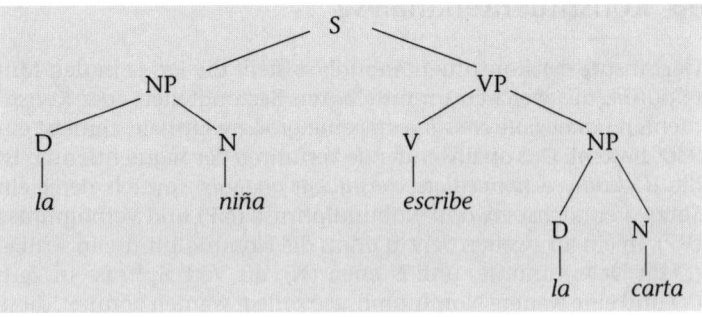

Abb. 11: IC-Analyse des einfachen Satzes „La niña escribe la carta".

2 Dependenzgrammatik

Struktur und Dependenz

Der Terminus Dependenz (wörtl. ‚Abhängigkeit') beschreibt die Eigenschaft von (vorzugsweise verbalen) Lexemen, in ihrer Umgebung das Auftreten bestimmter anderer Elemente zu fordern oder zu ermöglichen, Elemente, mit denen sie sich zu Einheiten höherer Ordnung („Sätzen") verbinden. Die Dependenzgrammatik geht auf LUCIEN TESNIÈRE zurück (*Eléments de syntaxe structurale*, zuerst 1959). Hier kommt zur rein syntaktischen Betrachtung eine semantische hinzu, da die Bedeutung der verbalen Lexeme im Mittelpunkt steht, und dies hilft, einige Probleme der Syntaxbeschreibung erheblich besser zu erfassen, etwa die Aktiv-Passiv-Problematik.

1 Valenzgrammatik: Verb und Valenz

Der wichtigste Teilbereich der Dependenzgrammatik ist die Valenzgrammatik. Mit dem aus der Chemie entlehnten Begriff der Valenz (oder Wertigkeit) wird die Eigenschaft von Verben erfasst, um sich herum Leerstellen zu eröffnen, die von anderen Elementen besetzt werden können oder müssen. Das Verb bestimmt somit weitgehend die Struktur des Satzes. Es wird davon ausgegangen, dass das Verb, das einen Vorgang (bei Tesnière: *procès*) ausdrückt, im Zentrum des Satzes steht und dass alle anderen Teile des Satzes unmittelbar oder mittelbar von ihm abhängig sind. Die grundlegende Idee beruht auf der traditionellen Unterscheidung zwischen transitiven und intransitiven Verben.

Wertigkeit

2 Aktanten und Zirkumstanten

Direkt vom Verb abhängig sind die in seiner Umgebung erforderlichen oder möglichen Aktanten oder Ergänzungen (bei Tesnière *actants*), d. h. alle substantivisch oder pronominal bezeichneten Wesen, Gegenstände und Sachverhalte, die in aktiver oder passiver Form am vom Verb ausgedrückten Vorgang (*procès*) beteiligt sind – in der traditionellen Terminologie also das Subjekt sowie direkte und indirekte Objekte, jedenfalls immer nominale oder pronominale Einheiten. Was traditionell als Subjekt bezeichnet wurde, heißt bei Tesnière Erstaktant, das traditionelle direkte Objekt wird Zweitaktant, das präpositionale Objekt Drittaktant genannt.

Die Anzahl von Aktanten, die ein Verb in seiner Umgebung ermöglicht, ist seine Valenz, aber nicht alle Leerstellen eines Verbs müssen dabei auch tatsächlich von Aktanten besetzt sein:

Aktanten

(1) *Nieves le escribe una carta a su amiga.* (3 Aktanten)
(2) *Nieves escribe una carta.* (2 Aktanten)
(3) *Nieves le escribe a su amiga.* (2 Aktanten)
(4) *Nieves escribe.* (1 Aktant)

Beispiele

Auch wenn jeder der Aktanten in der Terminologie von Tesnière gewissermaßen „nur eine Nummer" erhält, sind damit *Typen* von Aktanten gemeint. So liegen in Satz (3) ein Erstaktant (*Nieves*) und ein Drittaktant vor (*a su amiga*; ein präpositionales Objekt!) und

	nicht etwa ein Zweitaktant, wie man auf Grund der lediglich zwei Aktanten fälschlicherweise meinen könnte.
Nullvalenz	Außerdem ist es möglich, dass ein Verb gar keinen Aktanten in seiner Umgebung erfordert. Gerade die Witterungsverben im Spanischen (*llover* ‚regnen‘, *nevar* ‚schneien‘, *hacer frío* ‚kalt sein‘) sind typische nullwertige Verben. Allerdings sind auch die grammatischen Subjekte *es*, *it* und *il* im Deutschen, Englischen und Französischen (*es regnet, es schneit; it's raining, it's snowing; il pleut, il neige*) semantisch vollkommen leer.
unpersönliche Verben	Ähnlich gelagert ist der Fall derjenigen Verben, die unpersönlich konstruiert werden, etwa *se trata* ‚es handelt sich‘, *hace falta* ‚es ist notwendig‘, *hay* ‚es gibt‘. Unpersönliche Konstruktion heißt nämlich nichts anderes als Abwesenheit eines Erstaktanten. Der Unterschied zu den Witterungsverben ist, dass zwar wie bei diesen kein Erstaktant erscheint, aber sehr wohl ein Drittaktant (*se trata de José*) bzw. ein Zweitaktant (*hace falta una buena coordinación, hay zumo de naranja*) erforderlich ist. Allerdings ist ein Zweitaktant auch bei den Witterungsverben möglich, etwa in dt. *es regnet Bindfäden*, engl. *it's raining cats and dogs* und span. *„Ojalá que llueva café“*.[1]
Zirkumstanten	Ebenfalls direkt vom Verb abhängig ist die Anzahl der erforderlichen oder möglichen Zirkumstanten oder Umstandsangaben (bei Tesnière: *circonstants*). Während Aktanten immer den nominalen Wortkategorien (Substantive und Pronomina) angehören, sind Zirkumstanten in der Regel Adverbien oder adverbiale Bestimmungen.
Indices	Indirekt dem Verb untergeordnet, d. h. abhängig ihrerseits von den Aktanten und Zirkumstanten, sind Artikel substantivischer Aktanten und Zirkumstanten sowie Adjektive, Demonstrativa und Possessiva, die sich nur auf einen Aktanten oder Zirkumstanten beziehen, nicht aber auf den ganzen Satz. Wir nennen sie Indices, im Singular Index.
Typen	Folgende Typen von Aktanten (N und präp N) und Zirkumstanten (alle anderen) können unterschieden werden:

Beispiele

Aktanten:		
N	Erstaktant: Zweitaktant:	***Pedro** gesticula.* *Pedro busca **su americana**.*
präp N	Drittaktant:	*Pedro **le** da su bolígrafo **a María**.* *Nieves protesta **contra el juicio**.* *etc.*

---

1 Titel eines Liedes von Juan Luis Guerra („Ojalá que llueva café en el campo, que caiga un aguacero de yuca y té...“).

Zirkumstanten:		
Adv	modal:	*Pedro se comporta **como un loca**.*
	temporal:	*La alumna aplaza el trabajo **hasta mañana**.*
	quantifizierend:	*La fiesta duró **seis horas**.*
	qualifizierend:	*„Tu nombre me sabe **a hierba**"*[2]
qp^3	Ort, Richtung:	María sube **al quinto piso**.
A^4	Prädikatsnomen (u.a.):	María es **ingeniera**.

3 Kernsatzstrukturen

Die zuvor unterschiedenen Typen von Aktanten und Zirkumstanten führen zu folgenden Kernsatzstrukturen:

Beispiele

Valenz	Struktur (V = Verb)	Beispiel
(0)	0–V	*Llueve. Está lloviendo.*
(0+1)	0–V–N	*Hay zumo de naranja.*
(0+1)	0–V–präp N	*Se trata de Isabel.*
(0+2)	0–V–N–präp N	*Le hace falta un lápiz a Eva.*
(1)	N–V	*María gesticula.*
(1+Adv)	N–V–Adv	*El niño se comporta bien.*
(1+A)	N–V–n/adj/adv	*María es ingeniera.*
(1+qp)	N–V–qp	*El camino lleva a la plaza.*
(2)	N–V–N	*Juan mira el mar.*
	N–V–präp N	*Juan piensa en Isabel.*
(2+Adv)	N–V–N–Adv	*Eva posterga el trabajo para mañana.*
	N–V–präp N–Adv	*Este vestido le va muy bien.*
(2+qp)	N–V–N–qp	*Eva envió una carta a México.*
(3)	N–V–N–präp N	*El gremio le dio el premio a Paca.*

Die höchste Valenz bei einfachen spanischen Verben ist, wie im Deutschen auch, die Dreiwertigkeit. Es sind aber – mit komplexen Verben – auch Strukturen mit höherer Valenz denkbar, z. B. beim spanischen *dejar* oder *hacer hacer (una cosa)* oder beim deutschen *(eine Sache) machen lassen*. In dem deutschen Satz *Müllers lassen*

---

2 Titel eines Liedes von Joan Manuel Serrat („Tu nombre me sabe a hierba, de la que nace en el valle, a golpe de sol y de agua...").
3 Von frz. *quelque part* ‚irgendwo', ‚irgendwohin'.
4 (adj., Objektattribute, n, adv)

den Maler ihrem Sohn das Haus streichen wäre *streichen lassen* als komplexes Verb vierwertig. In dem theoretisch möglichen spanischen Satz *Juan le hace/deja cantar a su hija una canción a la abuela* ‚Hans lässt seine Tochter der Oma ein Lied vorsingen' wäre *hacer/dejar cantar* ‚singen lassen' ebenfalls ein vierwertiges komplexes Verb.

Stemma
Auch in der Dependenzgrammatik werden die Satzstrukturen oft als Stemmata dargestellt, nur dass eben das Verb als strukturbestimmendes Element des Satzes die zentrale und übergeordnete Position einnimmt:

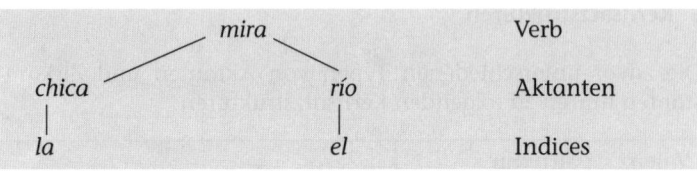

Abb. 12: Der einfache Satz „La chica mira el río" in einem Stemma im Sinne der Valenzgrammatik.

4 Diathese: Aktiv, Passiv, Rezessiv, Kausativ

Vorbemerkungen
Es wurde bereits angemerkt, dass mit der Valenzgrammatik zur rein syntaktischen Betrachtung eine semantische mit hinzukommt, da ja die Bedeutung des Verbs in den Mittelpunkt gestellt wird: Je nachdem, um was für einen Prozess es sich handelt, sind mehr oder weniger „Instanzen" daran beteiligt, und zwar, das ist wichtig, nicht unbedingt nur aktiv (wie der Terminus *Aktant* suggerieren könnte), sondern auch passiv oder noch einmal in anderer Form.

semantische Rollen
Gehen wir nun noch einen Schritt weiter und sehen wir etwas genauer, in welcher Form ein Aktant am Prozess beteiligt sein kann. Zunächst sind da die beiden Arten der Handlungsbeteiligung, die wir schon angesprochen haben, und die zugleich die häufigsten und die „alltäglichsten" sind, nämlich die aktive und die passive Beteiligung; in span. *Pablo come la pera* ‚Paul isst die Birne' ist *Pablo* aktiv, *la pera* dagegen passiv am Prozess beteiligt. Wir sagen, *Pablo* ist Agens des Prozesses, *la pera* ist Patiens des Prozesses. Es gibt aber auch die Möglichkeit, dass ein Aktant nicht Patiens, sondern eher Nutznießer oder in anderer Weise Betroffener, oder dass ein Aktant nicht Agens, sondern eher Auslöser, Anstifter oder Veranlasser des Prozesses ist; in dt. *mein Freund lässt seinem Sohn das Zimmer tapezieren* ist *mein Freund* Veranlasser, Stimulans der Handlung, *seinem Sohn* dagegen ist Nutznießer, (posi-

tiv) Betroffener der Handlung (Patiens: *das Zimmer*, Agens: nicht ausgedrückt, implizit). Diese verschiedenen Formen der Beteiligung am Prozess nennen wir semantische Rollen oder theta-Rollen; die wichtigsten sind Agens, Patiens, Veranlasser und Nutznießer/Betroffener. Damit unterscheiden wir die auf der semantischen Ebene zu beobachtenden Relationen der Aktanten zum Verb von den Relationen, die auf der rein syntaktischen Ebene charakteristisch sind, eben Erstaktant (Subjekt), Zweitaktant (direktes Objekt) und Drittaktant (präpositionales Objekt) als syntaktische Rollen.

In dem einfachen Satz *Pablo come la pera* haben wir schon gesehen, dass die semantische Rolle des Agens mit der syntaktischen Rolle des Erstaktanten zusammenfällt und die semantische Rolle des Patiens mit der syntaktischen Rolle des Zweitaktanten. Wenn dies nun auch in sehr, sehr vielen Sätzen der Fall ist, so sind die Koinzidenzen Agens–Erstaktant und Patiens–Zweitaktant doch nichts anderes als Affinitäten: sie fallen oft zusammen, und zwar in allen Aktiv-Sätzen, aber eben nicht immer (denn es gibt ja auch Passiv-Sätze u. a.). Dies führt uns zum Begriff der Diathese: Semantische Rollen müssen im Satz stets auf syntaktische Rollen projiziert werden, mit anderen Worten, jedem Aktanten kommt eine semantische und eine syntaktische Rolle zu. Die Projektion von semantischen Rollen auf syntaktische Rollen nennen wir *Diathese* (oder *Vox* oder *Genus verbi*). Die wichtigsten Diathesen werden im Folgenden an spanischen und deutschen Beispielen illustriert.

Diathese

Bei der aktiven Diathese wird der Agens als Erstaktant, der Patiens gar nicht oder als Zweitaktant versprachlicht, etwa in span. *María come (una naranja)*.

Aktiv

Die meisten Aktiv-Sätze kann man ins Passiv setzen, was allerdings in diesem Fall zu einem ziemlich unidiomatischen Ausdruck führt: *la naranja es comida (por María)* sagt niemand, dt. *die Orange wird (von Maria) gegessen* ist schon eher akzeptabel. Jedenfalls sind beide Konstruktionen zumindest theoretisch möglich, etwa im technischen Stil und in formellen Registern. Der Patiens wird darin als Erstaktant versprachlicht, der Agens gar nicht oder als Drittaktant, was uns zu einer wichtigen Funktion des Passivs führt. Diese Diathese erlaubt es nämlich, den Agens auszublenden, den Urheber der Handlung zu verschweigen. Und sie erlaubt es auch, den Agens, sofern man ihn nicht ausblendet, besonders hervorzuheben, ihn an eine auffälligere Position zu befördern, die gerade nicht der üblichen Affinität Agens-Erstaktant entspricht.

Passiv

Die rezessive Diathese ist sehr typisch für die iberoromanischen Sprachen und das Italienische. Es handelt sich hierbei ebenfalls um eine Diathese, die ideal geeignet ist, um den Agens auszu-

Rezessiv

blenden, weil die Zahl der Aktanten gegenüber der aktiven Diathese um eins reduziert wird (daher rezessiv). Die Konstruktionen, die hierfür zur Verfügung stehen, sind die pseudoreflexiven Konstruktionen mit *se: se habla español* ‚man spricht Spanisch' (vgl. *si parla italiano, fala-se português, es parla català* ‚man spricht Italienisch/Portugiesisch/Katalanisch'), *la puerta se abre* ‚die Tür geht auf (wird aufgemacht)', *se está bien aquí* ‚hier ist gut sein', ‚hier fühlt man sich wohl', *esto no se dice* ‚das sagt man nicht', etc.

Kausativ

Bei der kausativen Diathese wird dagegen die Anzahl der Aktanten gegenüber der aktiven Diathese um eins erhöht. Der Agens wird dabei gar nicht oder als Drittaktant, der Patiens als Zweitaktant und der Veranlasser (hier zugleich Nutznießer/Betroffener) als Erstaktant versprachlicht, etwa in dt. *Peter hat sich die Haare schneiden lassen.* Das Spanische weist hier eine Besonderheit auf, und zwar im Hinblick auf die Konstruktion mit *hacer* (oder auch zuweilen *dejar*) + Verb ‚etwas machen lassen'. Nicht nur in der gesprochenen Sprache wird diese Konstruktion fast immer durch einen einfachen Aktivsatz ersetzt, der aber nur „an der Oberfläche" ein Aktivsatz ist, und dennoch kausative Bedeutung hat, etwa *Pedro se cortó el pelo*, das zwar ‚Peter hat sich (selbst) die Haare geschnitten' bedeuten *kann*, das aber meistens ‚Peter hat sich die Haare schneiden lassen' bedeutet. Ebenso kann *María y Pablo se hicieron una casa* ‚Maria und Paul haben sich ein Haus gebaut' oder ‚Maria und Paul haben sich ein Haus bauen lassen' heißen. In solchen Fällen muss der Kontext Klarheit schaffen.

3 Funktionale Satzperspektive

Informationsstruktur

Auf zwei Ebenen, einer syntaktischen und einer semantischen, haben wir bis hierher Sätze analysiert. Dabei haben wir festgestellt, dass verschiedenen syntaktischen Rollen verschiedene semantische Rollen entsprechen können, und dass Äußerungen auf der syntaktischen und der semantischen Ebene nicht immer parallel gestaltet sein müssen, sondern dass es sich bei der Zuordnung von syntaktischen zu semantischen Rollen lediglich um Affinitäten handelt. Ein Problem ist damit jedoch noch nicht gelöst, nämlich die Frage danach, wo in einer Äußerung neue Information und wo alte Information erscheint, also die Frage nach der Informationsstruktur der Äußerung.

Thema-Rhema-Gliederung

Normalerweise knüpft eine Äußerung an etwas bereits Bekanntes an, worüber dann etwas Neues ausgesagt wird; wir nennen dies Themenprogression oder thematische Progression. Die bereits bekannte Information wird *Thema* (oder *topic*) genannt, die neue Information *Rhema* (oder *comment*).

Etwas verallgemeinernd lässt sich sagen, dass die „normale", unmarkierte Informationsstruktur die Thema-Rhema-Abfolge ist: man beginnt mit dem Bekannten und kommt dann zum Neuen. Die markierte, expressive Struktur ist dagegen die Rhema-Thema-Abfolge: man fällt sozusagen mit der Tür ins Haus und konfrontiert den Hörer gleich mit der Neuigkeit, bevor man diese dann in bekannten Kategorien situiert.

Beispiel

Angenommen, zwei Kommunikationspartner haben als gemeinsames Wissen, dass die von beiden oft benutzte Autobahnausfahrt sehr gefährlich ist, weil sie in einer extrem scharfen Kurve verläuft, die oft unterschätzt wird (bekannte Information). Weiter angenommen, an dieser Ausfahrt ist schon wieder ein schwerer Unfall passiert (neue Information), den A gesehen hat, was sie B mitteilen will. Je nachdem, wie erregt A ist, wird sie entweder die thematische Progression wählen oder B gleich mit der Neuigkeit überfallen:

[Bekannte Information: Die Ausfahrt ist extrem gefährlich.]

a) *en la salida de la autopista* *hubo otro accidente*
   Thema   Rhema

b) *hubo otro accidente*   *en la salida de la autopista*
   Rhema   Thema

In der Prager Schule des Strukturalismus (auch: Funktionalismus), insbesondere von František Daneš, ist zur Erfassung solcher Phänomene ein syntaktischer Drei-Ebenen-Ansatz (*three-level-approach to syntax*) entwickelt worden. Zu untersuchen sind:

drei Ebenen der syntaktischen Analyse

- die Ebene der grammatischen Struktur einer Äußerung mit den syntaktischen Rollen der am Verbprozess beteiligten Aktanten (Erstaktant oder Subjekt, Zweitaktant oder direktes Objekt, Drittaktant oder präpositionales Objekt);
- die Ebene der semantischen Struktur einer Äußerung mit den semantischen Rollen der am Verbprozess beteiligten Aktanten (Agens, Patiens, Veranlasser, Nutznießer);
- die Ebene der Organisation einer Äußerung mit der Frage nach ihrer Informationsstruktur, also dem jeweiligen Informationsgehalt ihrer Komponenten (Thema oder Rhema). Dies wird funktionale Satzperspektive genannt.

4 Über die Einheit *Satz* hinaus: Texte

Kotext

Bei der Besprechung des Grundprinzips der Informationsstruktur ist vielleicht schon deutlich geworden, dass man eine Äußerung selten befriedigend analysieren kann, wenn sie aus dem Zusammenhang gerissen ist. Wie wollte man beispielsweise entscheiden, was neue und was alte Information ist, wenn man den Kontext und den Kotext – damit ist der rein sprachliche Kontext gemeint, während der nicht-sprachliche Zusammenhang weiter Kontext genannt werden kann – nicht kennt? Und die illokutive Funktion einer Äußerung im Sinne der Sprechakttheorie (s. S. 32) ist ohne Kontext und Kotext auch nicht zu erschließen. Gehen wir daher kurz über die Einheit des Satzes hinaus und werfen wir einen Blick auf die sprachwissenschaftliche Beschäftigung mit Texten.

Kohäsion

Ein unter den schon angerissenen Gesichtspunkten adäquater Textbegriff berücksichtigt strukturelle und kommunikative Anforderungen in gleicher Weise: Ein Text ist somit aufzufassen als eine begrenzte Ansammlung von aufeinander abgestimmten Untereinheiten, die einen semantischen Zusammenhang (eine Kohärenz) aufweist und als unauflösbare Einheit eine bestimmte kommunikative Funktion besitzt. Wir nennen die Zusammenfügung von Textbausteinen Textkohäsion.

Kohärenz

Den aus der Textkohäsion resultierenden Aufbau nennen wir dagegen Textkohärenz. Erreicht wird dieses Ziel durch eine Reihe verschiedener Strategien: Wahl der Tempora, Verknüpfungselemente und Gliederungsmerkmale, Wiederholung von besonders wichtigen Komponenten, Vor- und Rückverweise (Kataphern und Anaphern), etc.

Textsorten

Dabei setzen jedoch die Traditionen, nach denen Texte normalerweise abgefasst werden, gewisse Grenzen, denn jeder Text gehört einer Diskurstradition oder Textsorte an und weist in der Regel die typischen Merkmale eines Vertreters der Textsorte auf. So zeichnen sich erzählende (narrative) Texte durch andere temporale Strukturen aus und sind anders gegliedert und aufgebaut als erläuternde (explikative) Texte, diese wieder anders als beschreibende (deskriptive) Texte und diese wiederum anders als argumentative Texte, etc. Wichtig ist auch die Frage, ob es sich um sehr formelle Textsorten handelt, oder eher um informelle, und ob sie zur graphischen oder zur phonischen Präsentation gedacht sind, bzw. zur visuellen oder zur auditiven Rezeption.

Literatur zu Kapitel 8

Besonders zu empfehlen ist die vergleichende Grammatik Deutsch-Spanisch von Cartagena/Gauger 1989, wo gerade die Fragen, die Deutschen erfahrungsgemäß die größten Probleme bereiten, im Mittelpunkt stehen. Originell ist vor allem der onomasiologische Teil.

Einen guten, wenngleich sehr traditionellen Einstieg in die spanische Syntax bietet nach wie vor Gili y Gaya ⁹1964. Sehr viel innovativer, ebenfalls mit einem onomasiologischen Ansatz, ist Hernández Alonso 1995.

Ein umfassendes, multiauktorielles Nachschlagwerk zu allen Problemen und Fragestellungen der spanischen Grammatik liegt mit Bosque/Demonte (Hgg.) 1999 vor. Einige der Beiträge sind wirklich hervorragend.

Noch sehr viel umfassender ist das von Josse de Kock geleitete Löwener Projekt zur spanischen Grammatik *Gramática Española. Enseñanza e Investigación*, dessen Teilbände – von verschiedenen Autoren verfasst, aber durch die Grundlage eines gemeinsamen, für alle Autoren obligatorischen Textkorpus verbunden – seit 1990 im Verlag der Universität Salamanca erscheinen. Die mehr als 20 Teilbände einzeln in der Bibliographie aufzuführen, war aus Platzgründen nicht möglich. Eine detaillierte Aufstellung davon kann bei den Ediciones de la Universidad de Salamanca unter der Adresse Apartado 325, E-37080 Salamanca oder unter der elektronischen Adresse jasp@gugu.usal.es angefordert werden.

Als Einführung in die allgemeine Syntax sind Thomas 1994 und, sehr aktuell, Ramers 2000 zu empfehlen. Eine gute Einführung in die Dependenzgrammatik bietet das ebenfalls gerade erschienene Arbeitsbuch von Ágel 2000. Im übrigen ist auch Tesnière selbst für Anfängerinnen und Anfänger relativ gut zu verstehen (Tesnière ²1966).

Der Grundlagenartikel zum Drei-Ebenen-Ansatz, also zur funktionalen Satzperspektive, ist Daneš 1964 (hierin besonders die Seiten 225-229).

Als Einführung in die Textlinguistik ist Kalverkämper 1981 zu empfehlen, weiterhin Coseriu 1980 sowie außerdem Gülich/Raible 1977 (insbesondere die Seiten 21-59, 60-89, 319).

Sehr gute spanische Handbücher zur philologischen Textanalyse sind Blecua 1983 und Cano Aguilar 1991.

KAPITEL Die historische Perspektive

Vorbemerkungen

Bis hierher stand die synchronische Sprachbeschreibung im Mittelpunkt und auch in Kapitel 10 werden wir uns wieder der Synchronie zuwenden. In diesem Kapitel soll dagegen in sehr kurz gefasster Form ein Überblick über die wichtigsten Aspekte der historischen Sprachwissenschaft sowie über die externe und interne Sprachgeschichte der Iberischen Halbinsel bzw. des Spanischen gegeben werden. Im Mittelpunkt der Untersuchung steht bei der historischen Sprachwissenschaft der Sprachwandel, und zwar sowohl der Prozess als auch die Resultate des Wandels. Die historische Sprachwissenschaft interessiert sich aber auch für die externe Sprachgeschichte. Die Unterscheidung zwischen externer und interner Geschichte einer Sprache kommt in der Sprachwissenschaft ab der zweiten Hälfte des 19. Jahrhunderts auf, wobei die Dichotomie wohl zum ersten Mal von Ferdinand Brunot, einem der wichtigsten Forscher zur französischen Sprachgeschichte, explizit formuliert wurde.

1 Sprachgeschichte der Iberischen Halbinsel und externe Sprachgeschichte des Spanischen

Faktoren

Bei der Beschäftigung mit der externen Geschichte einer Sprache bzw. mit der Sprachgeschichte eines Gebietes berücksichtigen wir insbesondere zwei Sorten von Faktoren: a) kulturelle, aber nicht im engeren Sinne sprachliche Faktoren, vor allem die politischen und die demographischen bzw. sozio-ökonomischen Gegebenheiten, die einen mehr oder weniger direkten Einfluss auf die Entwicklung der Sprache ausüben; b) sprachliche Faktoren im engeren Sinne, d. h. alles, was direkt auf die Sprache einwirkt, wie ihr Übergang in die Schriftlichkeit, der normative Diskurs, die Alphabetisierung, die Sprachpolitik, der Sprachgebrauch in den Medien, etc.

1 Politische und demographische Faktoren

Substrate

Die Geschichte der iberoromanischen Sprachen beginnt mit der Romanisierung der Iberischen Halbinsel, da das gesprochene Latein oder Vulgärlatein jener Zeit ihre Grundlage darstellt. Nun darf aber nicht vergessen werden, dass die Römer nicht etwa in unbesiedelte Gebiete vordrangen. Im Gegenteil: die vorrömische

Bevölkerung der Iberia war zum einen zahlreich, zum anderen heterogen. Die Sprachen der eroberten Völker oder Volksstämme fungierten für die iberoromanischen Sprachen als Substrate – ein Substrat ist die Sprache eines eroberten Volkes, die zugunsten der Sprache der Eroberer aufgegeben wird, aber dennoch Spuren darin hinterlässt.

Ethnien

Durch den Mangel an Daten und durch die Komplexität der Lage wissen wir nur approximativ, welchen Ethnien die vorrömische Bevölkerung angehörte und welche Sprachen verwendet wurden. Die meisten Theorien und Hypothesen basieren auf Daten wie archäologischen Funden, Mythen und Legenden, Toponymen, wenig präzisen und manchmal widersprüchlichen Informationen bei griechischen und römischen Autoren und Inschriften in bis heute unbekannten Sprachen.

Wahrscheinlich siedelten lange vor der Romanisierung Volksstämme mit einer gemeinsamen Sprache, die in der Gestalt des Baskischen überlebt hat, im Pyrenäenraum. Das heutige Areal des Baskischen ist lediglich ein Überrest der Ausdehnung, welche die Sprachfamilie einmal gehabt haben muss, was an den Toponymen (= Orts- und andere geographische Namen) ablesbar ist. Die Ostküste und die angrenzenden Regionen waren das Gebiet der Iberer. Es wird vermutet, dass ihre Sprache der baskischen ähnelte. Durch die Iberer ist der Name *Iberia* für die Halbinsel motiviert, den ihr griechische Schriftsteller später gaben. Der Süden der Halbinsel war das Territorium der tartessischen oder turdetanischen Zivilisation. Es handelt sich hier um eine weit zurückliegende Immigration von Seefahrervölkern aus dem Orient. Auch Phönizier ließen sich auf der Iberischen Halbinsel nieder, die etwa 1100 v. Chr. die Stadt Gádir gründeten (von den Römern später *Gades* genannt), das heutige Cádiz. Eine weitere phönizische Gründung ist Málaga, damals Malaka. Erst später, seit dem dritten vorchristlichen Jahrhundert, wurde mit dem Ersten Punischen Krieg der Einfluss Karthagos auf der Iberischen Halbinsel bedeutsam. 228 v. Chr. erfolgte die Gründung von Qart-Hadashat ('neue Stadt'), später Carthago Nova, heute Cartagena. Den Griechen gelang es nicht, die phönizische Vormachtstellung im Süden der Iberia zu brechen. Sie siedelten sich dagegen an der mittleren und nordöstlichen Mittelmeerküste an. Alacant (span. Alicante) und Empúries (span. Ampurias) sind griechische Gründungen. Im Zentrum und im Westen sowie im Norden und Nordosten der Iberischen Halbinsel setzte ab etwa 1000 v. Chr. eine keltische Immigration aus Mitteleuropa ein, die bis 500 v. Chr. auch den Südwesten der Halbinsel erreichte. Coimbra ist eine Stadt keltischer Gründung (als Conimbriga; *-briga* 'Festung'). Eine der keltischen Sprachen ist das Lusitanische, das auf Inschriften in Portugal und in den spanischen Provinzen Cáceres und Badajoz dokumentiert ist.

Sprachen-vielfalt

Halten wir fest, dass die vorrömische Iberia sich durch eine große Vielfalt von Sprachen auszeichnet und alle erwähnten Sprachen die Substrate des Galicisch-Portugiesischen, des Spanischen und des Katalanischen sind. Von einigen Toponymen und wenigen lexikalischen Phänomenen abgesehen, haben sie jedoch nicht substanziell zu deren Entwicklung beigetragen.

die Römer

Die Romanisierung der Iberischen Halbinsel begann 218 v. Chr., während des Zweiten Punischen Krieges, mit der Landung der Römer, welche die Karthager 209 v. Chr. schlugen und drei Jahre später, beim Fall von Gades, endgültig von der Iberischen Halbinsel vertrieben. Noch während desselben Krieges gewannen die Römer die Kontrolle über die Mittelmeerküste und ließen sich zwischen 218 und 201 v. Chr. im Gebiet des heutigen Katalonien sowie im Tal des Guadalquivir nieder. Bis 133 v. Chr., dem Jahr des Falles von Numantia, unterwarfen sie die Bevölkerung bis zum Atlantik.

Provinzen

Die Iberische Halbinsel wurde zunächst in zwei Provinzen eingeteilt, die Hispania Citerior (der nordöstliche Teil) und die Hispania Ulterior (der südwestliche Teil). Unter Augustus, im Jahre 27 v. Chr., wurde die Hispania Ulterior ihrerseits in zwei Provinzen eingeteilt, die Baetica und die Lusitania, deren Westhälfte einen großen Teil des heutigen Verbreitungsgebietes des Portugiesischen darstellt. Im Jahre 19 v. Chr. unterwarfen die Truppen des Augustus die letzten unabhängig gebliebenen Volksstämme des Nordens.

Die Eroberung dauerte 200 Jahre, von 218 bis 19 v. Chr. Was die Latinisierung und die vollständige Assimilation der vorrömischen Bevölkerung betrifft, sind genaue Angaben schwieriger. Es ist dokumentiert, dass noch fast 200 Jahre nach Christus andere Sprachen als das Lateinische gesprochen wurden.

Folgen der langen Dauer der Eroberung

Ein Effekt der langen Dauer der Eroberung ist, dass die Romanisierung verschiedene Zeitstufen durchläuft, denn als sie im Süden fast abgeschlossen war, hat sie im Norden erst begonnen, sodass eine jüngere Phase der lateinischen Sprache zur Grundlage der später dort herausgebildeten romanischen Sprache wurde. Dennoch ist diese Phase aus gesamtromanischer Perspektive immer noch vergleichsweise alt. Wir finden absolute Archaismen, lateinische Elemente, die nur in den iberoromanischen Sprachen erhalten geblieben sind, und relative Archaismen, d. h., dass sich bei verschiedenen Phasen gesamtromanischer Innovation in den iberoromanischen Sprachen die ältere Phase durchgesetzt hat.

Auch ist die Intensität der Romanisierung unterschiedlich. Im Süden war sie intensiv; es gab dort viel Stadtkultur und das Land war wirtschaftlich und klimatisch attraktiv. Zudem gab es gute Verbindungen zur Appenninhalbinsel über das Mittelmeer. All diese Faktoren begünstigten die italische Einwanderung. Im Gegensatz dazu war im Norden die Romanisierung weniger intensiv. Dort gab es wenig Stadtkultur, und die Gallaeci, das Volk des äußersten Nordens der Iberischen Halbinsel, behielten noch lange Elemente ihrer Sprache und Kultur bei.

Intensität der Romanisierung

Weiterhin gab es Unterschiede im sozialen Niveau der römischen Siedler. Im Süden und Nordosten der Halbinsel waren sie kultivierter und wohlhabender als im Nordwesten, wo sich, in Folge von Landzuteilungen, insbesondere Veteranen der Legion niederließen.

soziales Niveau der Siedler

Hinzu kommt schließlich noch das Phänomen der sogenannten „dialektalen Latinität", denn die ehemaligen Soldaten stammten in vielen Fällen nicht aus Rom, sondern aus anderen Gebieten der Appenninhalbinsel, speziell aus Umbrien, sodass ihr Latein, das viele erst beim Eintritt in die römischen Truppen gelernt hatten, von oskisch-umbrischen Einflüssen geprägt war.

„dialektale Latinität"

Neben den bereits besprochenen Substraten wirken auf die Entwicklung einer Sprache sogenannte Superstrate und Adstrate ein. Die germanischen Sprachen, die man als Superstrate der iberoromanischen Sprachen ansehen kann, haben keine nennenswerten Spuren hinterlassen (das Portugiesische und das Spanische sind die romanischen Sprachen mit dem geringsten germanischen Einfluss); ihr Einfluss ist noch schwächer als derjenige der Substrate. Dennoch handelt es sich um Sprachen erobernder Völker, die zugunsten der Sprache der Eroberten aufgegeben wurden, was gerade die Definition von *Superstrat* ist.

Superstrat

Im Jahre 409 begann die germanische Einwanderung auf die Iberische Halbinsel und nach Nordafrika: die Sweben, die Vandalen, die Alanen und die Westgoten waren die wichtigsten germanischen Volksstämme. In den Westgoten, die sich in Aquitanien und dem Nordosten der Iberischen Halbinsel angesiedelt hatten, fanden die Römer einen Bundesgenossen, so dass sie bald für Rom die Franken bekämpften. Im Jahre 507 verlagerten sie ihr Reich ganz auf die Iberische Halbinsel, da sie in Aquitanien von den Franken besiegt worden waren und sich von dort zurückziehen mussten. Ihre Hauptstadt war zuerst Barcelona, dann, bis 711, Toledo.

germanische Invasionen

Während die Vandalen auf den Süden der Halbinsel (das Toponym Andalusien ist durch sie motiviert) und nach Nordafrika weiterzogen, gelang es den Sweben und den Westgoten sich anzu-

Westgotenreich

siedeln, wobei die Sweben sich einige Zeit gegen die Vormacht der Westgoten wehrten, die eine politische Einheit auf der Iberischen Halbinsel unter ihrer Führung anstrebten. Das swebische Reich, dessen Hauptstadt Bracara (das heutige Braga) war, hatte noch im 5. Jh. eine große Ausdehnung, beschränkte sich aber um das Jahr 570 herum auf das Gebiet des heutigen Galicien und des nördlichen Portugal. 585 wurde es dem westgotischen Reich einverleibt.

Bevölkerungsstruktur

Zwar siedelten sich die Germanen auf der Halbinsel an, aber sie machten maximal 5% der Bevölkerung aus. So liegt es auf der Hand, dass sprachliche Einflüsse eher vom Romanischen – zudem kulturell überlegen – auf das Germanische gewirkt haben als umgekehrt. Darüber hinaus hatten die Germanen bereits im Kontakt zum Romanischen gestanden und Elemente davon angenommen. Die Toponymie, d. h. Dorfnamen wie *Godos*, *Godinhos*, *Godillos* oder *Romanos*, *Romancos*, verrät uns, dass die beiden ethnischen Gruppen lange in getrennten Gemeinden lebten. Aber auch mit der Konversion zum Christentum (587) und der daraus folgenden Aufhebung des Verbots der Mischehen zwischen Romanen und Germanen erfolgte keine wirkliche Verschmelzung der Kulturen, sondern die Assimilation der Germanen wurde dadurch nur beschleunigt. Es ist also nicht erstaunlich, dass wir in den iberoromanischen Sprachen nur wenige germanische Elemente aus jener Epoche finden.

Sprachbewusstsein

Trotz der bescheidenen Einflüsse der germanischen Sprachen auf die Strukturen muss gerade in der Zeit der germanischen Herrschaft der – auch bewusstseinsmäßige – Übergang von „Latein" zu „Romanisch" angesetzt werden, wenngleich dieser kaum dokumentiert ist. Die Epoche zeichnet sich also durch gravierende Veränderungen der äußeren Bedingungen aus. Man machte sich von Rom unabhängig, die Einheit des ehemaligen Imperium Romanum wurde definitiv zerschlagen, und das Machtzentrum verschob sich von stark romanisierten in schwach romanisierte Gebiete: in den Westen der Iberischen Halbinsel sowie in den Raum Toledo. 587 konvertierte der Westgotenkönig Rekkared I. – und mit ihm weite Teile der Bevölkerung – zum Christentum, was ebenfalls eine neue Bedingung für die externe Geschichte der iberoromanischen Sprachen darstellt.

Adstrat

Mit dem Untergang des Westgotenreiches unter dem letzten König Roderich begann im Jahre 711 eine neue Epoche auf der Iberischen Halbinsel, die sowohl sprachintern als auch sprachextern eine wichtige Rolle spielt. Es ist die Zeit der muslimischen Herrschaft. In wenigen Jahren gelang es den aus dem Maghreb kommenden Arabern und Berbern (auch für letztere war das Arabische die Kultursprache) unter Führung des Tarik die Herrschaft über fast die gesamte Halbinsel auszuüben. Von der christlichen Bevölkerung wurden sie *Mauren* genannt (span. *moros*). Zugleich etablierte sich mit Asturien, das 718 gegründet wurde, ein christliches Königreich.

Abderrahman I. (756-788) isolierte sein Reich von anderen Emiraten, womit bereits in dieser frühen Phase eine sukzessive Zersplitterung der Machtverhältnisse eingeleitet wurde, die auf die Dauer die muslimische Macht schwächte und die Anfänge der Reconquista – der Rückeroberung der Iberischen Halbinsel durch die christlichen Mächte des Nordens – erleichterte. Die Asturier drangen nach Süden vor und machten 840 León zur Hauptstadt. Ab 910 konstituierte sich so das Königreich León.

Reconquista

Abderrahman III. (912-961) erklärte sich im Jahre 929 zum Kalifen von Córdoba. Das Kalifat (zuvor Emirat) Córdoba – Blüte muslimischer Kultur auf der Iberischen Halbinsel – bestand bis zum Jahre 1031 fort.

Kalifat von Córdoba

Auf christlicher Seite wurde ab 932 um die Stadt Burgos herum Kastilien gegründet. Die Christen besetzten weitere Teile des Nordens der Halbinsel, obwohl sie bis zum Beginn des 11. Jhs. immer wieder von den Muslimen unter Almanzor dem Siegreichen zurückgeschlagen wurden, der mit seinen Truppen 997 Santiago de Compostela zerstörte. Im Kampf gegen die muslimische Herrschaft nahm jedoch Ferdinand I. von Kastilien-León bereits Mitte des 11. Jhs. das Gebiet des heutigen Nordportugal in Besitz.

Gründung von Kastilien

1031 zerbrach das Kalifat von Córdoba und wurde durch 23 *taifas* abgelöst, kleinere unabhängige Einheiten. Diese massive Partikularisierung der Macht erleichterte den christlichen Königreichen die Reconquista; im Westen wurde 1064 Coimbra erobert, im Zentrum eroberte Kastilien 1085 Toledo. Die politische Hegemonie Kastiliens konkretisierte sich ab dem 11. Jh., wodurch das Kastilische in der Folge zur dominanten Sprache wurde. Im Osten nahm Aragón 1118 Zaragoza ein und es entstand, ebenfalls im 12. Jh., durch Heirat, die Union zwischen Aragón und Barcelona. Gleichzeitig begann Portugal, seine eigenen Wege zu gehen, und zwar zunächst dadurch, dass Alfons VI. das Gebiet zwischen Douro und Minho zur Grafschaft Portucale erhob und seinem Schwiegersohn Heinrich von Burgund zu Lehen gab. Heinrich betrieb eine Politik der Unabhängigkeit gegenüber Kastilien-León, die sein Sohn Alfons Heinrich fortsetzte, der sich 1128 von Kastilien-León, unabhängig erklärte. Traditionell wird somit 1128 als Beginn der portugiesischen Unabhängigkeit angesetzt.

Partikularisierung der Macht

vorläufiger Abschluss der Reconquista	Zu Beginn des 13. Jhs. besetzte Kastilien Córdoba und Sevilla, und Jakob der Eroberer nahm die Balearen und València ein. Gegen 1270 blieben nur noch Granada und Teile von Huelva unter muslimischer Herrschaft (dies allerdings noch über 200 Jahre lang). Im Jahre 1267 wurde zwischen Kastilien-León und Portugal der Vertrag von Badajoz zur endgültigen, bis heute geltenden Grenzfestlegung geschlossen, mit dem Kastilien auf die Algarve verzichtete.
Areale	Im 11. und 12. Jh. gab es damit die folgenden romanischen Areale auf der Iberischen Halbinsel: in der Nordhälfte, von Westen nach Osten, das Galicisch-Portugiesische, das Asturisch-Leonesische, das Kastilische, das Navarro-Aragonesische und das Katalanische; in der Südhälfte die verschiedenen regionalen Varietäten des Mozarabischen, der Sprache der christlichen Bevölkerung unter muslimischer Herrschaft. Nun weiß man nicht viel darüber, in welchem Ausmaß sich die Sprache der Mozaraber erhalten hat. Es muss aber eine relativ friedliche und tolerante Koexistenz zwischen Christen, Juden und Muslimen geherrscht haben. Im 10. Jh. war das Mozarabische die romanische Sprache mit der größten territorialen Ausdehnung, wobei von einer Vielfalt regionaler Mundarten auszugehen ist. Überall in den wiedereroberten Gebieten haben jedoch die Sprachen des Nordens die mozarabischen Mundarten verdrängt. Die damalige wie heutige sprachliche Gliederung der Iberischen Halbinsel ist somit auf die Reconquista und die Wiederbesiedlung (*repoblación*) zurückzuführen.
Arabismen	Die arabischen Einflüsse auf die iberoromanischen Sprachen, die vor allem im Wortschatz deutlich sind, stammen aus jener Epoche (dennoch haben die iberoromanischen Sprachen im Mittelalter auch regelmäßig Latinismen aufgenommen). Im Spanischen gibt es etwa 900-1000 arabische Lehnwörter. Allerdings gehört nur ein geringer Prozentsatz von ihnen zu den häufigeren spanischen Wörtern. Die Wortfelder, in denen man sie – abgesehen von der Toponymie – hauptsächlich antrifft, sind Küche und Haushalt, Bauwesen, Handwerk, Kriegswesen sowie Handel und Verwaltung. Die hohe Zahl der Arabismen macht einen der Hauptunterschiede zwischen den iberoromanischen Sprachen und dem Rest der Romania aus. Kulturell waren die Muslime den Hispanoromanen überlegen, ihre Sprache war prestigeträchtiger. Außerdem musste bei Übernahme von muslimischen Kulturelementen deren Bezeichnung mit übernommen werden.
Jakobsweg	Ein weiterer einflussreicher Faktor für die Entwicklung des Spanischen ist auf das 11. Jh. zu datieren. Zu jener Zeit leitete der König von Navarra, Sancho der Ältere (1000–1035), eine neue Ära der Beziehungen zwischen der Iberischen Halbinsel und dem Rest

Europas ein, indem er den Pilgerweg nach Santiago de Compostela reformierte. Der alte Jakobsweg hatte durch viele gebirgige Gebiete geführt, während die Pilger seit Sanchos Umleitung einen Weg einschlagen konnten, der überwiegend durch flaches Land führte. Diese Erleichterung hatte zur Folge, dass nun Tausende von Pilgern aus ganz Europa, besonders solche französischer und okzitanischer Muttersprache, den Weg benutzten und sich im Laufe der Zeit auch in großer Zahl an ihm ansiedelten. Man spricht hier zu Recht vom „Franzosenweg" (camino francés), da Zuwanderer galloromanischer Muttersprachen in den Städten entlang des Jakobsweges oft ganze Stadtviertel bewohnten. Ihr sprachlicher Einfluss im Wortschatz, in der Morphologie und in der Graphie war beachtlich. Zudem begann mit dem 11. Jh. eine starke Durchsetzung der iberoromanischen Gesellschaft mit „französischen" Elementen, wodurch die westgotisch-mozarabischen Traditionen, etwa in der Liturgie, verdrängt wurden. Mit der cluniazensischen Reform kam der Reliquienkult, der bis dahin unbekannt gewesen war. Zudem ging man von der mozarabischen Kunst zur Romanik über und von den westgotischen zu den karolingischen Lettern.

Seit der Reconquista hatten die iberoromanischen Sprachen eine weitere Kontaktsprache, nämlich das Mozarabische. Überliefert ist diese Sprache in einer lyrischen Gattung namens *muwaššaha* (im Spanischen meist als *moaxaja* adaptiert), die auf Hocharabisch oder Hebräisch – auf jeden Fall aber in einer dem Gesprochenen fernstehenden Sprachform – abgefasst ist, in deren zwei- oder vierversigen Endstrophen, den *harǧas* (im Spanischen zumeist in der Form *jarchas*), jedoch Volksarabisch oder eben Mozarabisch verwendet wurde. Meist handelt es sich um zwei oder vier Strophen, in denen aus weiblicher Sicht Liebe und Liebeskummer besungen werden.

Mozara-bisch

Bemerkenswerterweise stammt die erste Lyrik in iberoromanischer Volkssprache somit nicht aus dem Norden, sondern aus dem Süden der Iberischen Halbinsel und ist noch auf die Zeit der maurischen Herrschaft zu datieren. Die Gattung der *muwaššaha* scheint im 10. Jh. aufgekommen zu sein, aber die meisten bisher bekannten *harǧas* sind später entstanden; die Älteste vor 1042, die große Mehrzahl dann gegen Ende des 11. und während des 12. Jahrhunderts.

volkssprach-liche Lyrik

Das Mozarabische wurde demnach, je nach Sprache der jeweiligen *muwaššaha*, mit arabischen oder hebräischen Buchstaben geschrieben, und die *harǧas* sind die einzige Quelle zum Studium dieser nach der Reconquista verdrängten Sprache. Einen großen Einfluss auf die anderen iberoromanischen Sprachen hatte das

Mozarabis-men

Mozarabische nicht. Zudem sind seine Einflüsse schwer zu erfassen, da nicht immer festgelegt werden kann, ob es sich um ein mozarabisches oder ein arabisches Phänomen handelt. Die Einflüsse sind im Wortschatz am deutlichsten und nur in konkreten Wortfeldern anzutreffen, vor allem bei den Nahrungsmitteln.

Ihren endgültigen Abschluss fand die Reconquista erst im Jahre 1492, als unter den Katholischen Königen, Isabella von Kastilien und Ferdinand von Aragón, auch Granada in die Hände der Christen fiel. Auch hier, wie schon im übrigen Süden der Iberischen Halbinsel, wurde das Mozarabische schnell vom Kastilischen verdrängt.

Drei weitere wichtige Ereignisse sind mit dem Jahr 1492 verbunden. Es ist neben dem Jahr des Abschlusses der Reconquista auch das Jahr der Vertreibung der spanischen Juden (Sefarden) von der Iberischen Halbinsel, das Erscheinungsjahr der ersten spanischen Grammatik, der von Antonio de Nebrija (s. dazu S. 135) und das Jahr der Entdeckung Amerikas durch Christoph Kolumbus. Damit beginnt auch die Geschichte des Spanischen in Amerika.[1]

2 Spanisch außerhalb der Iberischen Halbinsel

Seit 1492 bildeten sich das spanische und das portugiesische Weltreich heraus, womit zugleich die Ausbreitung des Spanischen und das Portugiesischen in Amerika begann.

Die Sprachpolitik der Kirche sah zunächst eine Missionierung in indigenen Sprachen vor (nach dem Konzil von Trient). Dadurch entstand viel Literatur über die Indianersprachen. Allein zwischen 1524 und 1572 wurden 109 Bücher zu amerikanischen Sprachen verfasst, die zur sprachlichen Unterstützung der Missionierung dienen sollten. Provinzialkonzilien von Lima und Mexiko machten Kenntnisse der jeweiligen indigenen Sprache sogar zur Pflicht für die Geistlichen. Dies hatte am Anfang eine gewisse bremsende Wirkung auf die Ausbreitung des Spanischen, aber die Forderungen wurden längst nicht überall durchgesetzt. Es gab zu wenig Geistliche mit zu geringen Sprachkenntnissen. Deshalb setzte der Indienrat 1596 seine Hispanisierungsmaßnahmen durch. Trotz Kenntnissen so genannter *lenguas generales*[2] war es extrem schwer,

---

1 Die Geschichte des Spanischen außerhalb der Iberischen Halbinsel hatte allerdings schon während des 15. Jahrhunderts begonnen, nämlich mit der Eroberung der Kanarischen Inseln.

2 *Lenguas generales* bzw. *línguas gerais* waren diejenigen indigenen Sprachen, die erst in kolonialer Zeit durch die Spanier und Portugiesen eine Verbreitung über ihr urprüngliches Territorium hinaus erfahren haben und zu überregionalen Verständigungsinstrumenten wurden. Die wichtigsten waren Náhuatl, Quechua, Tupi und Guaraní.

christliches Gedankengut etwa ins Náhuatl oder Quechua zu übersetzen. Deshalb ging man in der Folge mehr und mehr zum Spanischen über.

Die Haltung der spanischen Krone gegenüber den indigenen Sprachen war relativ tolerant. Der Beschluss des Konzils von Trient zur Missionierung in den indigenen Sprachen, meist in *lenguas generales*, wurde respektiert, der Unterricht in den *lenguas generales* wurde unterstützt. Gleichzeitig versuchte die weltliche Macht aber auch, Spanischunterricht für die indianische Bevölkerung durchzusetzen – zum Bestreben nach religiöser kam das nach sprachlicher Assimilierung. Am Anfang war dies freilich nicht sehr effizient. Es wurde vermutlich nicht genug Geld investiert, um Schulen einzurichten und den Sprachgebrauch zu überwachen. Und freiwillig wollte die indianische Bevölkerung begreiflicherweise nicht Spanisch lernen.

Erst gegen Ende des 18. Jhs. haben sich die Ziele der Sprachpolitik geändert. Es wurden sowohl die religiöse als auch die sprachliche Assimilierung als verbindlich gesetzlich festgeschrieben, nicht mehr lediglich als wünschenswert angestrebt. Das bedeutete, dass die Missionare keine *lengua general* mehr lernen mussten. Die Politik zielte also von nun an darauf ab, nicht nur das Spanische maximal zu verbreiten, sondern auch die indigenen Sprachen zu eliminieren.

Konzil von Trient

Der Verlauf der Hispanisierung ist nur zum Teil bekannt. Viele Überlieferungen sind eher vage, und sicher wurden die Anordnungen längst nicht immer in die Tat umgesetzt. Schulen gab es, wenn überhaupt, oft nur für Häuptlingssöhne, und die Geistlichen vernachlässigten nicht selten ihre Aufgabe, Spanischunterricht zu geben. So ging die Hispanisierung am Anfang eher schleppend vor sich. Noch 1682 verstand man in Peru, außer in Lima, kein Spanisch, sondern das Quechua war genauso lebendig wie zur Zeit der Eroberung.

Hispanisierung

Karl III (Regierungszeit 1759-1788) versuchte, die Lage im Bildungswesen zu verbessern, aber mit geringen Erfolgen. Die Rolle der Schulen bei der Ausbreitung des Spanischen ist also nicht allzu bedeutend. Diese erfolgte somit viel stärker auf dem Niveau der alltäglichen Notwendigkeiten. Eine Verkehrssprache war nötig, und diese war ab dem 18. Jahrhundert in der Regel das Spanische, nicht mehr eine der *lenguas generales*, wie noch im 16./17. Jh.

lenguas generales

Die Expansion des Spanischen war also alles andere als homogen. Dies liegt auch an Faktoren wie der jeweiligen wirtschaftlichen Bedeutung einer Region, ihren Siedlungsformen, geographischen Gegebenheiten, Transportbedingungen, aber auch am kulturellen Niveau der indianischen Bevölkerung und schließlich auch am Typ der indigenen Sprache. Eine Generalisierung erfolgte erst im 19./20. Jh. durch Schulpflicht, Wehrpflicht und Medien.

Spanisch in Amerika

Das amerikanische Spanisch ist trotz der immensen territorialen Ausbreitung, trotz der Vielfalt der einzelnen Gebiete und trotz der mangelnden Kommunikation der Gebiete untereinander relativ einheitlich geblieben und zugleich relativ nahe am europäischen Spanisch – relativ! Es gibt natürlich auch zahlreiche Divergenzen. Für die relative Uniformität jedoch gibt es wohl vier wahrscheinliche Ursachen:

- Die Kolonisten des 16./17. Jhs. repräsentieren nicht die dialektale Vielfalt Spaniens, sondern sind klar andalusisch-meridional dominiert.
- Die Überfahrt und vor allem die Wartezeit auf die Überfahrt dauerten extrem lange. Hier kann bereits zuvor eine sprachliche Assimilation der Auswanderungswilligen stattgefunden haben, die auf den Kanarischen Inseln und den Antillen fortgesetzt wurde.
- Unter den Kolonisten waren viel niederer Adel (*hidalgos*) und zahlreiche Intellektuelle. Der Zugang zur Standardsprache, den sie hatten, könnte die Auseinanderentwicklung des Spanischen gebremst haben.
- Die Kolonialverwaltung war zentralistisch. Es fand ein turnusmäßiger Austausch des Personals statt, sodass ein ständiger sprachlicher Kontakt mit Spanien gewährleistet war.

3 Die Verschriftung und Verschriftlichung des Spanischen

älteste Zeugnisse

In diesem Unterkapitel geht es kurz um die ältesten Sprachdenkmäler sowie um die Verschriftung und Verschriftlichung des Spanischen. Beim Übergang einer Sprache von der reinen Mündlichkeit zur Schriftlichkeit ist zwischen ihrer Verschriftung und ihrer Verschriftlichung zu unterscheiden. Von Verschriftung kann gesprochen werden, wenn eine Sprache überhaupt in einer mehr oder weniger geregelten graphischen Realisierung erscheint – es geht also in erster Linie um Fragen der Graphie. Damit vermag die Sprache aber noch nicht alle Diskurstraditionen auszufüllen, insbesondere nicht diejenigen, die der Mündlichkeit besonders fernstehen oder als sehr formell anzusehen sind. Keine romanische Volkssprache ist beispielsweise in der Lage, ohne Weiteres als Sprache der Gerichtsbarkeit zu fungieren, sondern sie muss sich diesem skripturalen Code erst anpassen, muss erst, speziell durch die Entwicklung komplexer Syntax und durch lexikalische Prozesse, verschrift*licht* werden. Die Frage nach der Verschriftung betrifft also den medialen Aspekt der Sprache, die Frage nach der

Verschriftlichung dagegen den diskurstraditionellen Aspekt. Im Zusammenhang mit der Verschriftlichung ist auch die Frage nach den Textsorten zu stellen, in denen die Volkssprache zuerst anstelle des Lateinischen verwendet wurde.

Das älteste spanische Sprachdenkmal ist eigentlich die *Nodiçia de Kesos*, die um das Jahr 980 herum entstanden sein muss. Es handelt sich dabei um eine listenartige Notiz über die Verteilung von Käselaiben an Ordensbrüder, die auf der Rückseite eines Manuskriptes niedergeschrieben wurde. Dennoch gelten zwei andere Sprachdenkmäler als die Ältesten, und zwar die von RAMÓN MENÉNDEZ PIDAL ursprünglich auf das Jahr 977 datierten *Glosas Emilianenses* (aus dem Kloster San Millán de la Cogolla, Rioja) und die ähnlich alten *Glosas Silenses* (aus dem Kloster Silos, Burgos). Glossen sind am Rande von lateinischen Texten geschriebene kurze Worterklärungen und erfolgen in unserem Fall zum Teil in lateinischer Sprache, zum Teil aber auch in romanischer Volkssprache oder auf Baskisch. Oft wird zu einem lateinischen Wort auch nur das romanische Äquivalent angegeben. Dies zeugt vom Bewusstsein, dass man eine Volkssprache sprach, die sich wesentlich vom Lateinischen unterschied. MENÉNDEZ PIDALS Datierung auf das Jahr 977 ist aufgrund späterer Untersuchungen nicht mehr haltbar, wenn sie auch die Grundlage für die Tausendjahrfeier der spanischen Sprache im Jahre 1977 bildete. Die Glossen sind aber erst kurz nach dem Jahr 1000 entstanden.

Glossen und Listen

Sehen wir, wie Mönche, die in einem lateinischen Text nicht mehr alle Wörter verstanden, sich Übersetzungen an den Rand schrieben:

Beispiele

lateinisch:	altriojanisch:
indica	*amuestra*
beneficia	*elos serbicios*
caracterem	*seingnale*
inpendit	*tienet*
diversis	*muitas*
alicotiens	*alquandas beces*
pecuniam	*ganato*

Mit der spanischen Version eines kurzen lateinischen Gebets enthalten die *Glosas Emilianenses* auch den ältesten *Text* auf Iberoromanisch, genauer, auf Altriojanisch.

4 Frühe iberoromanische Literaturen

Auto de los Reyes Magos

Vom Ende des 12. Jhs. sind Fragmente eines Theaterstücks auf Kastilisch erhalten, *El Auto de los Reyes Magos*. Besonders hervorzuheben ist jedoch eine typisch kastilische Gattung, nämlich die Heldenepik (es gibt nur ein Epos, das *Roncesvalles*-Fragment, das im benachbarten Navarra zu lokalisieren ist; eine aragonesische, katalanische oder portugiesische Epentradition nachzuweisen, ist äußerst problematisch).

Epik

Der älteste bekannte *cantar* ist wohl um das Jahr 1000 n.Chr. entstanden. Es geht hier um die düstere Geschichte von den *Siete infantes de Lara*, ein Ehrendrama, wobei die Ehre nur mit Blut reingewaschen werden kann. Es geht in den *cantares* weniger um religiöse, sondern eher um feudale Konflikte zwischen Lehnsherren und Vasallen. Für das 11. und 12. Jh. kann die Existenz von vier anderen Epen als gesichert gelten, die mit den *Siete infantes de Lara* den Epenzyklus von den Grafen von Kastilien bilden. Weitaus wichtiger jedoch ist der *Cantar* bzw. *Poema de Mío Cid*, das spanische Heldenepos schlechthin.

Cantar de Mio Cid

Was den Autor des Epos betrifft, so gehen die Meinungen sehr weit auseinander. Im Grunde lassen sich die Thesen auf zwei reduzieren, nämlich die Annahme eines einzigen Autors und die mehrerer Autoren; die Annahme eines einzelnen Autoren erscheint jedoch wegen einer Reihe von sprachlichen Phänomenen, die man in allen drei Teilen des Epos wiederfindet, wahrscheinlicher.

Datierung

Auch das Erscheinungsdatum des *Cantar de Mío Cid* ist umstritten: RAMÓN MENÉNDEZ PIDAL nahm in seinem ersten Buch 1140 als Erscheinungsjahr an. Das einzige erhaltene Manuskript kann sicher auf das 14. Jh. datiert werden, doch die Sprache scheint viel älter zu sein, und so geht man von einer Abschrift eines früheren Manuskripts aus. Menéndez Pidal vertritt die These, dass dieses kurz nach dem Tod des realen Cid Ruy Díaz de Vivar im Jahre 1099 entstanden ist und durch stetige Weiterentwicklung und mündliche Verbreitung aufrecht erhalten wurde. Es wurde jedoch erst später aufgeschrieben, worauf ein sehr genauer Lebensbericht und sehr genaue Details der damaligen Zeit hindeuten. Die Urfassung soll also kurz nach 1099 entstanden und durch mündliche Überlieferung erhalten geblieben sein, bevor sie 1140 niedergeschrieben wurde. Es gibt jedoch auch Hinweise aus dem Text selbst, die auf die Datierung Mai 1207 deuten („Per Abbat le escrivió en el mes de mayo en era de M CC XLV annos"). Hier wiederum gibt es die Streitfrage, ob nicht ein zusätzliches C aufgrund einer gefundenen Lücke nicht doch noch vorhanden war, sodass man Mai 1307 annehmen müsste. Letztlich gibt es jedoch keine Beweise für das Datum 1140, 1207 oder 1307.

Das Epos besteht aus 3730 Versen, die 152 Strophen bilden. Diese können sehr unregelmäßig angeordnet sein (teilweise bestehen sie aus nur zwei, teilweise aus bis zu 80 Versen). Das Reimschema ist frei, mit assonierenden Strophen.

Der Text besteht zu etwa einem Fünftel aus Formeln, wie sie für die während des mündlichen Vortrags improvisierte Dichtung der Spielleute charakteristisch sind. Beispiele: *el Çid que en buena hora naçió* ,der Cid, der zu guter Stunde geboren', *el Çid que en buena hora çiñó espada* ,der Cid, der zu guter Stunde sein Schwert umgegürtet', *ardidas lanzas* ,tapfere Lanzen' für die tapferen Krieger, *se parten unos de otros como la uña de la carne* ,sie trennen sich voneinander wie der Nagel vom Fleisch' für den Abschiedsschmerz – auf jeden Fall eine recht feste Phraseologie, die sowohl den Spielleuten als auch dem Publikum wohlbekannt sein musste.

Um das Jahr 1230 kommt ein neuer Typ narrativer Poesie auf, der sich stark von der Poesie der Spielleute unterscheidet, der *Mester de Clerecía*. Es handelt sich dabei um die religiöse Poesie der ersten Schule gelehrter Dichter in der spanischen Literaturgeschichte. Trotz ihrer hohen Bildung schrieben die Dichter des *mester de clerecía* in der Volkssprache. Sie übernahmen Themen aus lateinischen Texten, u. a. Heiligenviten, und führten eine große Zahl von Latinismen in die spanische Sprache ein, etwa den Elativ bzw. Superlativ auf *-ísimo*, oder Wörter wie *abismo, exilio, leticia, condición, ocasión, ídolo, vicario, prólogo, tributario, licencia, elemento, qualidad, femenino*. Neben den Werken Berceos verdienen noch die anonymen Werke *Libro de Apolonio* und *Libro de Alexandre* Erwähnung.

Neben den vielen Kultismen sind auch das elaborierte Reimschema und die Metrik (in Alexandrinern) hervorzuheben. Interessanterweise kamen aber in der Dichtung des *mester de clerecía* durchaus Vulgarismen vor (während sie in der epischen Sprache vermieden wurden), was Volksnähe demonstrieren sollte. Darauf deuten auch die sehr häufigen Anreden an das Publikum hin.

Unter Rückgriff auf die Traditionen sowohl des *mester de clerecía* als auch der *muwaššaha* schrieb JUAN RUIZ, Erzpriester von Hita, zu Beginn des 14. Jhs. sein *Libro de Buen Amor*, fast schon eine Satire, in der voller Humor und Ironie und in einer blumigen, vor Temperament sprühenden Sprache die weltlich-fleischliche Liebe als *amor loco* der Liebe zu Gott als *buen amor* gegenübergestellt wird.

5 Von den Anfängen der Prosa zum spanischen Standard

erste Prosa

Schon zwischen 1194 und 1220 entstanden historiographische und religiöse Prosatexte auf Spanisch; zudem gab es natürlich Bibelübersetzungen. Besonders wichtig ist die *Fazienda de Ultramar*, das erste längere Werk kastilischer Prosa. Es handelt sich dabei um eine Art „Reiseführer" durch das Heilige Land mit Bibelzitaten zu jedem Ort, der für den Erzbischof Raimund geschrieben worden war. Das Original ist nicht erhalten. Es muss vor 1152, wahrscheinlich in lateinischer oder okzitanischer Sprache, abgefasst worden sein. Die kastilische Version ist wohl nicht vor dem ersten Drittel des 13. Jhs. entstanden.

Ausbau

Keine romanische Volkssprache ist so früh in formellen, schriftsprachlichen Diskurstraditionen vertreten wie das Kastilische. Bereits seit dem 12. Jh. drang es in diese Bereiche vor, was sich im 13. Jh. fortsetzte, wobei die Gattungen immer zahlreicher wurden (Imitation arabischer, hebräischer, lateinischer und galloromanischer Diskurstraditionen). Wir sprechen in diesem Zusammenhang vom Ausbau einer Sprache.

Alfons X.

Die Entwicklung der auf Kastilisch geschriebenen Prosatexte wurde in erster Linie durch ALFONS X., DEN WEISEN (Regierungszeit 1252-1284) entscheidend vorangetrieben. Durch die umfangreiche Textproduktion an seinem Hof konnte die Prosa auf Kastilisch als endgültig etabliert gelten. Eine ernsthafte Frage nach der Basis für den Standard hat sich in Spanien daher nie gestellt. Wissenschaftliche, juristische und historiographische Texte ließ ALFONS DER WEISE ins Kastilische übersetzen bzw. gleich auf Kastilisch abfassen (die *Cantigas* [Marienlieder], juristische Werke, die *Primera Crónica General* [span. Geschichte], die *General Estoria* [Universalgeschichte], das *Saber de Astronomía*, den *Lapidario*, das *Libro de las Cruces* [Astrologie] und das *Libro de Ajedrez*), wozu eine gewisse Standardisierung unumgänglich war. Vor allem verwendete auch Alfons X. das Kastilische als Kanzleisprache und in königlichen Urkunden und Dokumenten (z. B. den *fueros*, die im Rahmen der *repoblación* sehr bedeutend waren). Somit erlangte das Kastilische bereits im 13. Jh. eine hohe Leistungsfähigkeit auch im formellen Bereich. Grundlage war nicht mehr die Sprache Altkastiliens um die Stadt Burgos, sondern das in Toledo gesprochene Kastilisch (später wird von der *norma toledana* gesprochen).

kastilische Vormachtstellung

Es besteht ein sehr enges Verhältnis zwischen dem Übergewicht der Textproduktion auf Kastilisch und der schon erwähnten kastilischen Vormachtstellung bei der Reconquista; das Kastilische wurde so zu einer Sprache mit maximalem Kommunikationsradius und eroberte sich sehr früh zusätzlich auch den Bereich der informellen Kommunikation. Man muss für den spanischen Standard also betonen, dass die aus dem Kastilischen entstandene spanische Gemeinsprache vor den expliziten Normierungsbemühungen in ganz Spanien verbreitet war. So hatte sich das Kastilische sehr früh in allen Bereichen ausgebreitet und musste sämtlichen Kommunikationsbedürfnissen gerecht werden.

Ab dem 16. Jh. verdrängte das Kastilische die anderen iberoromanischen Idiome im Königreich Kastilien aus dem Bereich der informelleren Kommunikation, es breitete gleichsam ein Dach über diese Sprachformen aus, weshalb wir einen solchen Prozess auch Überdachung nennen. Den eindeutigen Vorbildcharakter bekam die überregional anerkannte Sprache des Hofes von Toledo zugesprochen: *castellano* wird zu *español*, und damit beginnt der sprachnormative Diskurs.

**Über-
dachung**

Im 16. und 17. Jh. befand sich Spanien auf dem Höhepunkt seiner politischen und militärischen Macht, bei gleichzeitiger bemerkenswerter kultureller Blüte. Nicht von ungefähr spricht man für die spanische Renaissance- und Barockzeit vom *Siglo de Oro* bzw. den *Siglos de Oro* oder der *Edad de Oro*, und dies führte zu einem ausgeprägten sprachlichen Selbstbewusstsein. Der Ausbau des Spanischen als Sprache formeller Diskurstraditionen wurde stark begünstigt und somit intensiv vorangetrieben. Die Zurückdrängung des Lateinischen aus diesen Diskurstraditionen zugunsten des Spanischen machte aber eine Anreicherung der Volkssprache notwendig, wodurch die Zeit der massivsten Durchsetzung des Spanischen mit Latinismen – die Relatinisierung der Sprache – einsetzt, und zudem zahlreiche Italianismen und Gallizismen aufgenommen wurden.

Latinismen

Wie überall in Europa waren darüber hinaus rege Kodifizierungsbemühungen durch den expandierenden Buchdruck notwendig geworden. Für das Spanische diskutierten ANTONIO DE NEBRIJA, der Verfasser der ersten Grammatik des Spanischen (1492), und viele spätere Verfasser von Grammatiken des Spanischen oder von Sprachtraktaten die Normproblematik, u. a. die Entsprechung zwischen Lautung und Orthographie. Nebrija hatte den italienischen Humanismus in Bologna kennen gelernt und sich in der Folge die Machbarkeit einer Grammatik für Volkssprachen zur Devise gemacht. Dabei ging er überwiegend deskriptiv vor und akzeptierte oft Alternativen[3] – der aktuelle Sprachgebrauch stand im Mittelpunkt. Zwar wurde Nebrija von JUAN DE VALDÉS, Verfas-

**Norm-
diskurs**

---

3 So z.B.: *do/doy, vo/voy, estó/estoy, so/soy*, alles auch mit <i>.

ser des Sprachtraktats *Diálogo de la Lengua*, eine andalusische Orientierung vorgeworfen, aber in den entscheidenden Punkten sind die beiden Grammatiker einer Meinung.

Stil

Neben den Kodifizierungsbemühungen und der Festschreibung der Regeln wurde im 16. Jh. viel über den Stil diskutiert, ein weiterer wichtiger Punkt für die Normierung. Entscheidend war hier vor allem das sogenannte *llaneza*-Ideal von Valdés, italienisch beeinflusst von Castigliones *Il libro del Cortegiano*. Valdés formulierte: „el estilo que tengo me es natural, y sin afetación ninguna escrivo como hablo; solamente tengo cuidado de usar de vocablos que signifiquen bien lo que quiero dezir, y dígolo quanto más llanamente me es possible, porque a mi parecer en ninguna lengua stá bien el afetación". Das *llaneza*-Ideal mit seiner Forderung nach *huir la afetación* blieb im 17. Jh. vorherrschend, wohlgemerkt, nicht mehr als vorherrschend, denn auch zeitlich nach der Blütezeit des *llaneza*-Ideals angesiedelte exuberante Stilrichtungen wie der *Gongorismo* und ähnliche dürfen hier nicht vergessen werden.

Normierung

Die Geschichte der spanischen Norm und Normierung besteht aus drei Phasen. Die erste davon ist die oben kurz umrissene, am *uso* orientierte, die von Nebrija bis ins 17. Jahrhundert reichte.

Akademie

Definitiv fixiert wurde die präskriptive Norm des Spanischen dann aber erst im 18. Jh., als die Normierung nach italienischem und französischem Vorbild durch eine Sprachakademie institutionalisiert wurde. Die Haltung der *Real Academia Española*, gegründet 1713, ist aber eine andere als die der *Accademia della Crusca* in Italien oder der *Académie Française*, denn wenn auch die Devise der *Real Academia Española* ziemlich puristisch[4] *limpia, fija y da esplendor* ,sie reinigt, festigt und verleiht Glanz' lautete, so war sie doch, als die sprachnormierende Instanz des 18. Jhs. in Spanien schlechthin, offen für alle sozio-kulturellen Varietäten und alle Register. Beispielsweise wurde in das Wörterbuch der Akademie (*Diccionario de Autoridades*, 1726–1739) der Wortschatz der Delinquenz mit aufgenommen, worauf im Prolog des knapp 40.000 Einträge umfassenden Wörterbuchs explizit hingewiesen wird. Dem Wörterbuch folgten 1741 die *Ortografía* und dann 1771 die *Gramática de la lengua castellana*, beide, wie das Wörterbuch, nur gemäßigt puristisch und flexibel normierend. Die Vorbilder der Literatur werden als maßgeblich angesehen – das Wörterbuch der *Real Academia Española* heißt ja *Diccionario de Autoridades* –, aber bei den *autoridades* waren Formen wie die erwähnten gaunersprachlichen

---

4 Die puristische Sprachauffassung vertritt die Ansicht, dass eine Sprache von fremden und anderen als schlecht angesehenen Einflüssen reinzuhalten sei.

Elemente auch zu verzeichnen, und sie wurden deshalb mit im Wörterbuch erfasst. Ein starkes Auseinanderklaffen von Standard und Alltagssprache wurde so für das Spanische langfristig verhindert.

Die Normierung des Spanischen ist also von vornherein flexibel. Dennoch sollte man nicht übersehen, dass die Bestrebungen der *Real Academia Española* auch puristisch waren und nicht, wie bei Nebrija und Nachfolgern, sich *arte* aus *uso* ergibt, sondern *arte* über *uso* gestellt wird, das Deskriptive also gegenüber dem Präskriptiven etwas ins Hintertreffen gerät. Hierin liegt die zweite Phase der Normierung, eine präskriptive, bei der die anzustrebende *norma* vom *uso* abweicht.

Purismus

Die letzte offizielle Akademiegrammatik erschien schließlich 1931. An der Vormachtstellung des Kastilischen war nicht gerüttelt worden, die Ausführungen zum lateinamerikanischen Sprachgebrauch waren eurozentrisch, der Sprachgebrauch der literarischen Autoritäten in vielerlei Hinsicht veraltet. Bis nach dem Zweiten Weltkrieg bleibt die Haltung der *Real Academia Española* relativ puristisch; Höhepunkt der Entwicklung des Spanischen seien und blieben die *Siglos de Oro*, an denen man sich weiter orientieren müsse.

Norm

Erst mit dem *Esbozo de una nueva gramática de la lengua española* von 1973 – der erste Versuch einer Aktualisierung der Akademiegrammatik nach 1931 – deutet sich bei der *Real Academia Española* ein Umschwung an. Es wird ein Kompromiss versucht zwischen präskriptiver und deskriptiver Grammatik, bei der *uso* und *norma* wieder deutlich näher beieinander liegen. Doch gerade weil in diesem Entwurf viele Neuerungen eingearbeitet wurden, wagte es die Akademie nicht, ihn zum Nachfolger der offiziellen Akademiegrammatik zu erklären. Da die neue Akademiegrammatik in den darauffolgenden zwanzig Jahren nicht erschien, übernahm der *Esbozo* ihre Rolle. In der Hoffnung, den Entwurf doch noch durch eine endgültige Grammatik zu ersetzen, wurde EMILIO ALARCOS LLORACH Anfang der achtziger Jahre des 20. Jhs. beauftragt, einen zweiten Versuch zu unternehmen. Das Ergebnis ist seine *Gramática de la lengua española* von 1994. Wie der Verfasser im Vorwort schreibt, ist jedoch auch sie nicht zu einer offiziellen Akademiegrammatik geworden. Eine Einigung der Akademiemitglieder auf einen gemeinsamen Text war in weiter Ferne, weshalb beschlossen wurde, die Grammatik unter dem Namen des Autors und nicht unter dem der *Real Academia Española* herauszugeben.

1973:
Esbozo de una nueva gramática de la lengua española

Der *Esbozo* in der Rolle der neuen Akademie-grammatik	Im Vorwort des *Esbozo* deutet sich an, dass sich einige Veränderungen in der Auffassung über die Norm vollzogen haben. Sie soll sich gegenüber den Neuerungen öffnen. Die Sprache des 20. Jhs. soll mit einbezogen werden, was jedoch kein Abrücken von den Idealen der vergangenen 400 Jahre bedeutet. Die Autoren vom *Siglo de Oro* bis zur Romantik bilden nach wie vor eine wichtige Größe in der Grammatik. Entsprechend ist das Register der „autoridades literarias", das zuvor nur Schriftsteller einschließlich des 19. Jhs. umfasste, zwar erweitert worden, nicht aber um ältere Autoren gekürzt. Neben spanischen Autoren des 20. Jhs. sind hispanoamerikanische aufgenommen worden. Hier zeigt sich der Versuch, sich nicht nur am spanischen, sondern gleichberechtigt am hispanoamerikanischen Sprachgebrauch zu orientieren. Ebenso wird hier aber noch einmal der Anspruch deutlich, eine Norm mit präskriptivem Charakter zu formulieren, auf der die staatliche Spracherziehung aufbaut, und es fehlt nicht der Hinweis darauf, dass sich die von der Akademie vertretene Norm an der *habla culta*, der gepflegten Sprache, orientiert.

Der Wunsch, den korrekten Sprachgebrauch unter anderem für den Schulunterricht verbindlich festzulegen, verleiht der Norm also einen präskriptiven Charakter. Die Orientierung ist jedoch trotz der Beibehaltung der klassischen Autoren in den *autoridades literarias* moderner ausgerichtet als zuvor; sie bezieht den Sprachgebrauch des 20. Jhs. mit ein. Gleichzeitig nimmt sie die gebildete Sprache zum Vorbild, wobei Schriftsteller als Sprachautoritäten fungieren. Das lässt auf eine vorrangige Orientierung an der geschriebenen Sprache schließen. Außerdem ist eine Entwicklung hin zu einer plurizentrischen Norm durch die gleichberechtigte Einbeziehung der amerikanischen Varietäten zu vermerken.

1994: *Gramática de la lengua española*	In der 1994 erschienenen *Gramática de la lengua española* von ALARCOS LLORACH findet sich eine etwas ausführlichere theoretische Beschreibung des Normkonzepts. Die Absicht des Werks sei es, die Grundzüge der spanischen Grammatik darzulegen, wie sie sich in mündlicher und schriftlicher Kommunikation der Sprachbenutzer des 20. Jhs. manifestieren. Hier wird eindeutig die Darstellung der modernen Sprache des 20. Jhs. hervorgehoben und sogar explizit auf die gesprochene Sprache eingegangen. Die Einbeziehung der Mündlichkeit in den Standard ist im Vergleich zum *Esbozo* ein neues Ziel. Auch betont Alarcos Llorach die immense Verbreitung des Spanischen, die es verbiete, weiter auf der europäischen Norm zu beharren. Er grenzt sich damit klar gegen den noch in der Grammatik von 1931 vorherrschenden Eurozentrismus ab und tritt deutlicher als der *Esbozo* für eine plurizentrisch ausgerichtete Norm ein, in der die europäischen und hispanoamerikanischen Varietäten gleichberechtigte Rollen spielen.

Hinsichtlich des präskriptiven Charakters der Norm werden einige Veränderungen sichtbar. Zwar möchte auch Alarcos Llorach Richtlinien für den richtigen Sprachgebrauch geben, doch strebt er keine verbindliche Norm an, die den korrekten Sprachgebrauch unabänderlich festlegt. Vielmehr betont er den vorübergehenden Charakter der vertretenen Norm, die Hilfestellungen beim Gebrauch des Spanischen geben soll, ohne aber einen bestimmten Gebrauch vorschreiben zu wollen.

flexible Norm

Hinsichtlich der theoretischen Darlegung des Normkonzepts hat die *Gramática* einige vom *Esbozo* initiierte Entwicklungen fortgeführt. So hat sie die im *Esbozo* noch vorsichtig formulierte Ansicht einer plurizentrischen Norm aufgegriffen und klar zu ihrem Leitsatz gemacht. Deutlicher als der *Esbozo* setzt sie sich gegen die eurozentrische Normauffassung ab. Auch die Öffnung hin zur Sprache des 20. Jhs. nimmt die *Gramática* auf. Wo der *Esbozo* das als Grundlage geltende *Siglo de Oro* und die Romantik lediglich um das 20. Jhs. erweitert, erklärt die *Gramática* genau dieses Jahrhundert sogar zum primären Ziel der Darstellung. Am meisten unterscheiden sich die beiden Grammatiken hinsichtlich ihrer Vorstellung über den Grad an Präskription, den eine Norm besitzen muss. Wo im *Esbozo* noch nach einer verbindlichen Richtlinie gestrebt wird, nimmt die *Gramática* davon Abstand und möchte Leitlinien aufstellen, die über den richtigen Sprachgebrauch orientieren, ihn aber nicht vorschreiben sollen.

6 Editionen

Um die Sprachstände vergangener Zeiten rekonstruieren zu können, sind wir, das liegt auf der Hand, auf schriftliche Dokumentation angewiesen, also auf Quellentexte. Auf einige mittelalterliche Texte ist oben schon hingewiesen worden, und ab dem späten Mittelalter bzw. der frühen Neuzeit ist uns noch sehr viel mehr Material überliefert. Da nun die Texte nur in Manuskriptform überliefert sind, müssen sie ediert, d. h. transkribiert und in eine leicht lesbare Form gebracht werden. Auf dieser Grundlage ist eine ganze philologische Teildisziplin entstanden, die Editionsphilologie, die sich theoretisch wie praktisch mit der Transkription und Herausgabe von Texten beschäftigt und diese für weitere Forschung zugänglich macht bzw. aufbereitet. Die Quellentexte, die einer Untersuchung zugrunde gelegt werden, und das gilt für Studien zur Gegenwart genauso, nennen wir das Korpus der jeweiligen Studie. Bei historischen Untersuchungen können wir an den Texten den Wandel einer Sprache durch die Zeit hindurch beobachten. Darum soll es im nächsten Teilkapitel theoretisch und im übernächsten ganz konkret auf das Spanische bezogen gehen.

Quellen

② Zum Phänomen des Sprachwandels

**Universa-
lität**

Sprachwandel gehört untrennbar zu jeder lebenden Sprache, er ist also universell. Es ist unvorstellbar, dass eine Sprache, die täglich in einer großen Vielfalt von Situationen gebraucht wird, sich nicht wandelt. In Kapitel 2 (S. 21 ff.) haben wir die sprachlichen Universalien kennen gelernt, von denen wir zwei hier wieder aufgreifen, um das universelle Phänomen des Sprachwandels zu besprechen.

Kreativität

Denken wir zunächst an das Universale der Kreativität: Jedes Sprechen ist ein kreativer Akt. Diese Kreativität muss nicht und wird nur selten so weit gehen, dass ein Sprecher eine sprachliche Neuerung einführt, aber sie *kann* – je nach den Bedingungen der Kommunikation – so weit gehen.

Historizität

Dem steht das Universale der Historizität gegenüber: Jedes Sprechen vollzieht sich nach einzelsprachlichen Traditionen. Wenn wir bei der Kommunikation verstanden werden wollen, müssen wir uns im Rahmen der Traditionen einer bestimmten Sprache bewegen, z. B. in den historisch gewachsenen Strukturen des Spanischen.

Wir haben also eine gewisse Kreationsfreiheit, die aber auch gewissen Restriktionen unterworfen ist, was nicht negativ zu verstehen ist: Fände Kommunikation nicht in den Traditionen einer historisch gewachsenen Einzelsprache statt, gäbe es keine Kommunikation. Wir können uns nicht verständigen, ohne die Konventionen zu respektieren. Das permanente Einanderentgegenwirken der Universalien Kreativität und Historizität und ein gewisses Spannungsverhältnis zwischen beiden charakterisieren die menschliche Sprache:

- ■ Einerseits ist sprachliche Neuerung (Innovation) möglich, da wir jedesmal schöpferisch tätig sind, wenn wir sprechen. So ist es nicht denkbar, dass es in einer lebenden Sprache keinen Wandel gibt.
- ■ Andererseits ist es notwendig, dass wir uns verstehen, sodass wir bei jedem Sprechen historisch vorgehen und uns nach Traditionen und Konventionen richten, die uns vorgegeben sind. So wandelt sich also zwar die Sprache ständig, aber niemals abrupt, sondern stets sehr langsam. Nichts ändert sich plötzlich.

Die Kreativität ist also die Wurzel des Wandels, die Historizität ist der Grund dafür, dass der Wandel sich nicht schneller vollzieht. Implizit sind diese Ideen bereits bei SAUSSURE angelegt, wenn er sagt, dass eine Sprache von einem Tag auf den anderen weder genau dieselbe noch eine völlig andere sei („ni tout à fait la même ni tout à fait une autre").

Wie kann man nun, nach diesen einleitenden Gedanken, den Sprachwandel definieren? Normalerweise besteht Sprachwandel aus zwei Schritten, und zwar erstens im Aufkommen einer sprachlichen Innovation und zweitens in der Übernahme und Verbreitung dieser Innovation in der Sprachgemeinschaft als Ergebnis aus der Summe aller individuellen Übernahmen. Eine spontane Innovation ist dagegen noch kein Sprachwandel, denn es kann sein, dass sie sich in der Folge nicht durchsetzt. Dies ist aber nur eine Basisdefinition. Leider ist das Problem des Sprachwandels etwas komplexer, weil insbesondere die Motivationen, die Innovation zu akzeptieren, sehr verschieden sein können, aber auch die Motive, eine Innovation überhaupt einzuführen. Sehen wir daher kurz einige essenzielle Fragestellungen zum Sprachwandel, die RUDI KELLER in den Raum gestellt hat, und verfolgen wir, wie er die Problematik auf den Punkt gebracht hat.

Definition

Verändert sich die Sprache oder verändern wir die Sprache? Wenn wir sagen, „das Spanische wandelt sich", meinen wir natürlich nicht, dass die Sprache sich selbst verändert, da sie kein Organismus ist, der in der Lage wäre, sich selbst zu verändern. Ändern also die Sprecher die Sprache? Ändern die Sprecher des Spanischen das Spanische? Dies würden Hispanophone wahrscheinlich rundheraus von sich weisen. Was passiert dann also? Das Problem liegt, so Keller, darin, dass die Alternative „die Sprache verändert sich" oder „die Sprecher verändern die Sprache" ein falscher Weg ist, und dass man weder das eine noch das andere postulieren sollte, weil diese beiden Aussagen der – vermeintlichen! – Dichotomie von „natürlicher" und „künstlicher" (= von Menschen geschaffenen) Welt entsprechen. Wäre das Spanische etwas „Natürliches" (was es nicht ist!), würde die Aussage „das Spanische verändert sich" passen, wäre das Spanische etwas direkt von Menschen Geschaffenes (was es irgendwie auch nicht ist), würde die Aussage „die Sprecher verändern das Spanische" passen. Was aber ist eine Sprache wie das Spanische, wenn sie weder „natürlich" noch „künstlich" ist? Sehen wir weiter, wie Keller das Problem zu lösen versucht.

Sprachwandel nach RUDI KELLER

Es kommt nun darauf an, zu klären, inwiefern eine Sprache nicht „natürlich" ist, ohne deswegen aber „künstlich" zu sein. Das Problem ist, dass die vermeintliche Dichotomie „natürlich" vs. „künstlich" gar keine Dichotomie ist, sondern dass die Charakterisierung eines Phänomens mit „von Menschen geschaffen" doppeldeutig ist, und zwar in dem Sinne, dass ein Phänomen in zweierlei Hinsicht von Menschen geschaffen sein kann: Es kann das Resultat menschlichen Handelns sein oder lediglich durch menschliche Absicht(en) entstehen. Die Kriterien schließen sich nicht aus, so dass oft beide gelten, aber nicht unbedingt. Ein Phä-

„natürlich" und „künstlich"

nomen kann wohl Resultat menschlichen Handelns sein und zugleich Ziel menschlicher Absicht (das Freiburger Münster, Manchego-Käse, die Reconquista der Iberischen Halbinsel), es kann aber auch natürlich sein, gar nicht von Menschen geschaffen (die Pyrenäen, Tomaten, Haifischflossen), und es kann schließlich auch Resultat menschlichen Handelns, aber nicht Ziel menschlicher Absicht(en) sein (die Talfahrt des Euro, die Bevölkerungsexplosion, ein Trampelpfad, die spanische Sprache).

„Phänomene der dritten Art"

Statt um eine Dichotomie handelt es sich also um eine Trichotomie. Die Phänomene des ersten Typs sind eindeutig „künstlich". Die Phänomene des zweiten Typs sind genauso eindeutig „natürlich". Für die Phänomene des dritten Typs gibt es nicht einmal eine eigene Bezeichnung. Keller nennt sie „Phänomene der dritten Art" – Sprache, und damit auch der Sprachwandel, ist ein „Phänomen der dritten Art": hervorgebracht als kollektive Konsequenz individuellen menschlichen Handelns, aber nicht intentional.

Handlungsmaximen

Wichtig ist, dass sich menschliches Handeln nach zwei Sorten von Maximen vollzieht, nämlich nach statischen und dynamischen. Die statischen Maximen haben meist erhaltende Wirkung (s.o. Historizität), die dynamischen Maximen provozieren fast immer den Wandel (s.o. Kreativität). Auch Sprechen ist Handeln – statische Maximen in Bezug auf die Sprache sind etwa „sprich so, dass die anderen dich verstehen", „sprich so, dass du nicht allzu sehr auffällst", „sprich so wie die anderen in der Gruppe, zu der du gehörst"; dynamische Maximen dagegen „sprich so expressiv, dass man dir auch zuhört", „sprich originell", „sprich nach der neuesten Mode", „sprich so, dass man dich für klug hält", „sprich so, dass es dich nicht mehr Mühe kostet als unbedingt notwendig".

die „unsichtbare Hand"

Die „Phänomene der dritten Art" können nur durch die „unsichtbare Hand" erklärt werden. Die Genese eines solchen Phänomens vollzieht sich in drei Schritten, und aus drei Schritten besteht dementsprechend auch die Erklärung: Zuerst muss die Frage nach den persönlichen Motiven gestellt werden, die die Menschen zum Handeln bringen – also nach welchen Maximen sie gehandelt haben –, zweitens gilt es, den Prozess der „unsichtbaren Hand" näher in Augenschein zu nehmen, drittens muss das Resultat, also die kollektive Konsequenz des Handelns, beleuchtet werden.

Beispiel

Wenn wir dies nun auf den Sprachwandel am Beispiel des Spanischen beziehen, müssen wir uns fragen, nach welchen dynamischen Maximen die Sprecher gehandelt haben, wie der Prozess der „unsichtbaren Hand" aussieht und welche die kollektive Konsequenz des Handelns ist. Stellen wir uns vor, wir bewegten uns im Spanien des 17. Jahrhunderts. Irgendjemand in unserer Umge-

bung spricht das Syntagma *te lo dije* auf einmal nicht mehr, wie bisher üblich, [telo'ðiʃe] aus, sondern [telo'ðixe] – eine sprachliche Innovation, die wir seltsam finden, aber nicht weiter beachten. Nach ein paar Monaten kommen wir wieder an den denselben Ort und stellen fest, dass nun alle [telo'ðixe] anstelle von [telo'ðiʃe] sagen. Versuchen wir die Drei-Schritt-Erklärung. Das Motiv sowohl des ersten Sprechers als auch derjenigen Sprecher, die seine Innovation übernommen haben, ist natürlich nur spekulativ zu erklären: wahrscheinlich war es Streben nach Originalität und neuester Mode. Der Prozess der unsichtbaren Hand ist der, dass von Tag zu Tag immer mehr Sprecher den Laut [x] statt des [ʃ] verwenden. Die kollektive Konsequenz schließlich ist der konsonantische Wandel von [ʃ] > [x] im Spanischen, der sich gerade in jener Zeit vollzogen hat.

Lautlicher Wandel muss sich in der gesprochenen Sprache vollziehen, aber auch die Phänomene des Wandels in den anderen Bereichen der Sprache beginnen so gut wie immer in der Mündlichkeit und dringen nur langsam auch in die Schriftlichkeit vor.

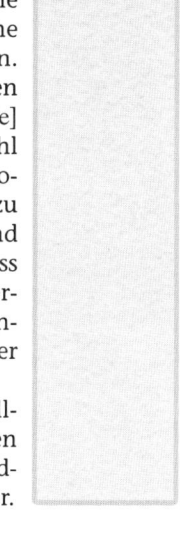

3 Interne Sprachgeschichte: vom Vulgärlatein zum Spanischen

Dieses Teilkapitel soll einen kurzen Überblick über die wichtigsten Sprachwandelphänomene bei der Entwicklung vom Vulgärlatein zum Spanischen bieten. Die Unterschiede zwischen Vulgärlatein und klassischem Latein müssen dabei in Auswahl angesprochen werden, weil viele sprachliche Fakten der romanischen Sprachen sich nicht als Entwicklung aus den sprachlichen Fakten des klassischen Lateins erklären lassen. Ins Detail kann aber nicht gegangen werden. | **Vorbemerkungen**

1 Lautwandel

Beginnen wir mit den Vokalen. Hier ist zunächst der Schwund der quantitativen Oppositionen, also der phonologischen Unterscheidung zwischen langen und kurzen Vokalen, hervorzuheben, auch „Quantitätenkollaps" genannt. | **Vokale**

Im klassischen Latein gab es zehn Vokale, fünf kurze und fünf lange, wobei die Quantität oder Dauer des Vokals einen phonologischen Wert hatte: | **Quantität**

/i/ vs. /i:/	kurz in lat. *liber* ‚Buch', lang in lat. *liber* ‚frei'
/e/ vs. /e:/	kurz in lat. *venit* ‚er/sie kommt', lang in lat. *venit* ‚er/sie ist gekommen'
/a/ vs. /a:/	kurz in lat. *malum* ‚schlecht', lang in lat. *malum* ‚Apfel'
/o/ vs. /o:/	kurz in lat. *os* ‚Knochen', lang in lat. *os* ‚Mund'
/u/ vs. /u:/	kurz in lat. *furis* ‚du wirst wütend', lang in lat. *furis* ‚des Diebes'

Im Vulgärlatein werden diese zehn Vokale auf sieben reduziert, wobei nicht mehr nach der Länge, sondern nur noch nach der Qualität der Vokale Unterscheidungen getroffen werden. Dadurch fallen einige Vokale zusammen, wodurch die Reduktion auf sieben zustande kommt. Im Folgenden sehen wir nur die betonten Vokale (bei den unbetonten reduziert sich das System auf noch weniger Vokale).

klass. Lat.	i:	i	e:	e	a:	a	o	o:	u	u:
	\	\ /		\	\ /	/	/	\ /		/
Vulgärlat.	i	e		ɛ	a		ɔ		o	u

Beispiele für /i/ > /e/: lat. *consilium* > span. *consejo*, lat. *silva* > span. *selva*; für /u/ > /o/: lat. *unda* > span. *onda*, lat. *bucca* > span. *boca*. Die kurzen lateinischen /e/ und /o/ werden zu den offenen Vokalen [ɛ] und [ɔ], die im Spanischen keinen Phonemstatus mehr haben.

Monophthongierung

Die Monophthongierung ist ein weiterer Faktor für die Reduktion des Vokalsystems. Die lateinischen Diphthonge wurden schon im 1./2. Jh. einfache Vokale: /we/ > /e/: lat. *poena* > span. *pena*, lat. *coena* > span. *cena*; /aj/ > /e/: lat. *praetor* > span. *pretor*; lat. *caesar* > span. *césar*; /aw/ > /o/: lat. *paucu* > span. *poco*, lat. *tauru* > span. *toro*.

Diphthongierung

Später anzusetzen, wahrscheinlich für die Zeit zwischen dem 3. und 8. Jh., ist das umgekehrte Phänomen, die Diphthongierung, die im Spanischen später generalisiert wurde. Die offenen Vokale [ɛ] und [ɔ] sind in betonter Silbe zu Diphthongen geworden: [ɛ] > [jɛ]: lat. *terra* > span. *tierra*, lat. *petra* > span. *piedra*, lat. *tempu* > span. *tiempo*; [ɔ] > [wɛ]: lat. *bonu* > span. *bueno*, lat. *mola* > span. *muela*, lat. *morte* > span. *muerte*.

Konsonanten

Bei den Konsonanten sind verschiedenartigen Phänomene zu beobachten, einerseits Schwund, andererseits Wandel wie Spirantisierung, Palatalisierung, Assimilation und Abschwächung (Lenition).

Generell schwindet das lateinische /h/, wie z. B. in lat. *hora* /hora/ > span. *hora* /ora/ (<h> nur noch graphisch).

Schwund

In intervokalischer Position schwinden /b/, /d/ und /g/, wie in lat. *habebam* > span. *había*, lat. *videtis* > altspan. *veedes*, lat. *sagitta* > span. *saeta*.

Im Vulgärlatein der Iberischen Halbinsel schwindet außerdem sehr oft das initiale /g/: lat. *germanu* > span. *hermano*. Später schwindet im Spanischen auch initiales /f/: lat. *farina* > span. *harina* (beide <h> sind rein graphisch; im Mittelalter wurde der Konsonant, der vom initialen lateinischen /f/ abstammt, noch ausgesprochen, und zwar als /h/).

Im Auslaut fallen /m/ und /t/ aus, und dies schon sehr früh, vor allem im Fall des Ersteren. Aus diesem Grund sind die hier gegebenen lateinischen Beispiele bereits ohne ihr ursprüngliches auslautendes /m/ aufgeführt. Den Auslautschwund sieht man bei lat. *amicam* > lat. *amica* > span. *amiga*, lat. *amat* > span. *ama*.

Wo sich kein Schwund vollzog, wandelten sich die Konsonanten bzw. Konsonantennexus oft im Sinne einer Palatalisierung oder einer Frikativierung. Unter einer Palatalisierung versteht man die Verschiebung der Artikulation in Richtung Gaumen, Spirantisierung meint den Wandel vom Okklusiv zum Frikativ. Die wichtigsten Frikativierungen (oder Spirantisierungen) und Palatalisierungen sind:

Wandel: Palatalisierung und Frikativierung

/tj/ und /kj/ nach Konsonant > /ts/, wie in lat. *martiu* > altspan. *março*; lat. *calcea* > altspan. *calça*

/tj/ und /kj/ nach Vokal > /dz/, wie in lat. *puteu* > altspan. *pozo*, lat. *ericiu* > altspan. *erizo*

Doppelkonsonant mit /j/ > /ts/, wie in lat. *mattiana* > altspan. *maçana*, lat. *flaccidu* > altspan. *laçio*

/l/ in Kombination mit /j/ > /ʒ/, wie in lat. *filiu* > altspan. *fijo*

/n/ in Kombination mit /j/ > /ɲ/, wie in lat. *vinea* > span. *viña*

/d/ in Kombination mit /j/ > /j/, wie in lat. *radiare* > span. *rayar*[5]

/g/ in Kombination mit /j/ > /j/, wie in lat. *fagea* > altspan. *faya*

Die Konsonanten /p/, /s/ und /r/ vor /j/ wechseln mit diesem die Position. In einem zweiten Schritt schwindet der so entstandene Diphthong wie in lat. *capiam* > *caipa* > span. *quepa*.

Der Konsonant /k/ hat sich je nach Position und phonischer Umgebung sehr unterschiedlich entwickelt. In initialer Position und in den Nexus /sk/, /lk/, /rk/, /nk/ ist er vor palatalem Vokal zu /ts/ geworden, wie in lat. *circa* > altspan. *çerca*; vor velarem oder

---

5 Wenn dem Nexus /dj/ ein palataler Vokal vorangeht, schwindet der Konsonant ganz, durch Assimilation mit dem Vokal, wie in lat. *sedeam* > span. *sea*; lat. *video* > span. *veo*.

zentralem Vokal blieb er dagegen unverändert, wie in lat. *capanna* > altspan. *cabana*, lat. *corona* > span. *corona*. In intervokalischer Position wurde /k/ zwischen zwei palatalen Vokalen zu /dz/, wie in lat. *dicit* > span. *dize*; folgte dagegen ein velarer oder zentraler Vokal, wurde es zu /g/, wie in lat. *locale* > span. *logar* (Sonorisierung).

Der Konsonant /g/ hat ebenfalls verschiedene Entwicklungen durchgemacht. In initialer Position wurde er, wenn er nicht ganz ausfiel (s. o. unter Schwund), vor palatalem Vokal zu /j/, wie in lat. *gypsu* > altspan. *yesso* (Palatalisierung), während er vor velarem und zentralem Vokal erhalten blieb, wie in lat. *gutta* > span. *gota*. In intervokalischer Position schwindet das /g/ dagegen fast immer, obwohl es auch in einigen Ausnahmefällen vor velarem oder zentralem Vokal erhalten geblieben ist, wie in lat. *negare* > span. *negar*).

Die Nexus /rg/, /lg/ und /ng/ werden vor palatalem Vokal zu > /rdz/, /ldz/ und /ndz/ bzw. /ɲ/ oder /nj/, wie in lat. *argilla* > altspan. *arzila*, lat. *gingiva* > altspan. *enzia*, lat. *ringere* > span. *reñir*, lat. *quingentos* > span. *quinientos*.

Palatali-sierungen Teilweise wurden velare Konsonanten im Wortinneren palatalisiert. So wurden die Nexus /ks/, /kt/ und /kl/ zu /ʃ/, /tʃ/ und /ʒ/ wie in lat. *dixi* > altspan. *dixe*, lat. *nocte* > span. *noche* (Ausnahme: /i/ + /kt/ > /it/: lat. *frictu* > altspan. *frito*) und lat. *oc(u)lu* > span. *ojo*. Die Nexus /gl/ und /gn/ wurden dagegen zu /ʒ/ und /ɲ/ wie in lat. *teg(u)la* > altspan. *teja* und lat. *pugna* > span. *puña*.

Bei doppeltem /ll/ und /nn/ sowie bei dem Nexus /nj/ vollzog sich eine Palatalisierung zu /ʎ/ wie in lat. *caballu* > span. *caballo* bzw. zu /ɲ/ wie in lat. *annu* > span. *año*, lat. *vinea* > span. *viña*.[6]

Die Nexus /pl/, /kl/ und /fl/ wurden zum Spanischen hin palatalisiert, und zwar in initialer oder intervokalischer Position zu /ʎ/ wie in lat. *plaga* > span. *llaga*, lat. *planu* > span. *llano*, lat. *plicare* > span. *llegar*, lat. *clamare* > span. *llamar*, lat. *clausa* > span. *llosa*, lat. *clave* > span. *llave*, lat. *flamma* > span. *llama*, vulgärlat. (*afflare* >) **faflare* > span. *hallar* (Ausnahmen: lat. *platea* > altspan. *plaça*, lat. *clavicula* > span. *clavija*, lat. *floccu* > altspan. *flueco*). Im Wortinneren nach Konsonant wurden die Nexus zu /tʃ/ wie in lat. *ampliu* > span. *ancho*, lat. *mancla* > span. *mancha*, lat. *inflare* > span. *hinchar*.

---

6 Am Silbenende vollzog sich statt der Palatalisierung eine Reduktion: [nn] > [n], [ll] > [l] wie in lat. *donne* > altspan. **donn* > *don*; lat. *mille* > altspan. **mill* > *mil*.

Weiterhin hat es eine Reihe von Assimilationen (Angleichungen) und Lenitionen (Abschwächungen) gegeben. Der Nexus /pt/ wurde zu /tt/ wie in lat. *scriptu* > altspan. *escritto* > *escrito*, der Nexus /nf/ wurde zu /ff/ wie in lat. *infante* > altspan. *iffante* > *ifante* (später Relatinisierung: neuspan. *infante*), und der Nexus /ns/ wurde zu /s/ wie in lat. *pensare* > span. *pesar*. Doppelkonsonanten wurden zu einfachen reduziert, also /ss/ > /s/ wie in lat. *passare* > span. *pasar*, /tt/ > /t/ wie in lat. *gutta* > span. *gota*, /mm/ > /m/ wie in lat. *flamma* > span. *llama*, und /kk/ > /k/ wie in lat. *bucca* > span. *boca*.

Besonders typisch ist der Wandel der stimmlosen Okklusivlaute, die in intervokalischer Position bzw. vor oder nach Vokal + /r/, /l/ immer sonorisiert werden, also /p/, /t/, /k/ > /b/, /d/, /g/ wie in lat. *sapere* > span. *saber*, lat. *mutare* > span. *mudar*; lat. *collocare* > span. *colgar*. Hier ist die spanische Sprache eine Vertreterin der Westromania.

Den initialen Nexus /sp/, /st/ und /sk/ wurde schließlich ein prothetisches /e/ vorangestellt wie in lat. *spatha* > span. *espada*; lat. *statu* > span. *estado*; lat. *schola* > span. *escuela*.

Nun noch zu einigen bereits rein (und typisch) spanischen Lautwandelphänomenen. Hervorzuheben sind die Spirantisierung der stimmhaften Okklusivlaute vor und nach Vokal + /r/ oder /l/ und in intervokalischer Position, also der Wandel von /b/, /d/, /g/ > /ß/, /ð/, /ɣ/, wie in span. *saber* /saˈβər/, *mudar* /muˈðar/, *colgar* /kɔlˈɣar/.

Weiterhin ist die Konfusion von /v/ und /b/, also der Verlust des Phonems /v/, sehr typisch, den es außer im Spanischen nur noch im Katalanischen gibt. Er begann im Mittelalter, wo er sich in den Texten durch graphische Alternanzen manifestiert (Beispiele aus dem *Cantar de mío Cid*): **b**estidas, **b**an, **b**oz anstatt *vestidas*, *van*, *voz*.

Wandel: Assimilationen und Lenitionen

2 Die „revolución fonológica"

Der vokalische und der konsonantische Wandel vom Vulgärlatein zum Spanischen ist bereits im Mittelalter weitgehend abgeschlossen. Der heutige Lautstand ist also bereits im Altspanischen fast erreicht – mit einer Ausnahme, dem System der Zischlaute (Sibilanten), wo es nach dem Mittelalter, vornehmlich vom 16. bis zum 18. Jahrhundert, noch beachtliche Umgestaltungen gegeben hat, und zwar so umwälzende, dass man in der spanischen Sprachwissenschaft gern von der *revolución fonológica* spricht. Diese sei hier kurz nachgezeichnet.

Sibilantensystem

Im Mittelalter waren die drei distinktiven Merkmale ‚Stimmbeteiligung', ‚Artikulationsort' und ‚Artikulationsart' entscheidend: es gab stimmhafte und stimmlose Sibilanten, palatale, alveolare

Mittelalter

und dentale Sibilanten sowie frikative und affrizierte Sibilanten, insgesamt sechs an der Zahl: /ʒ/ und /ʃ/ (palatal und frikativ wie in *fijo* bzw. *dixo*), /z̥/ und /s̥/ (alveolar und frikativ wie in *casa* bzw. *passar*), /dz/ und /ts/ (dental und affriziert wie in *dezir* und *Çid*) – die Beispiele zeigen zugleich, wie die Laute graphisch repräsentiert wurden.

frühe Neuzeit

Im 15. Jahrhundert ging die Affrikation verloren; die Affrikaten wurden zu dentalen Frikativen. In der Folge (16. oder frühes 17. Jh.) wurde außerdem die Unterscheidung zwischen stimmhaften und stimmlosen Sibilanten aufgegeben, so dass nur noch ‚Artikulationsort' als einziges distinktives Merkmal übrig blieb und die Zahl der Sibilanten auf drei reduziert wurde: /ʃ/, /s̥/ und /s/ wie in *caxa/caja*, *casa* und *caça/caza*. Dabei handelte es sich zudem um drei Artikulationsorte, die sehr nah beieinander liegen, eben Gaumen, Alveolen und Zähne.

Die Konsequenz war ein „korrektiver" Prozess (den das Judenspanische schon nicht mehr mitgemacht hat, dort ist die Unterscheidung zwischen stimmhaften und stimmlosen Sibilanten beibehalten worden), genauer gesagt, drei verschiedene „korrektive" Prozesse:

distinción

Der palatale Sibilant wird zu /x/ velarisiert, der alveolare wird als /s̥/ erhalten und der dentale wird zu einem interdentalen /θ/. Das Resultat ist die *distinción* – Unterscheidung zwischen /θ/ und /s̥/ – wie sie im Norden und im Zentrum Spaniens praktiziert wird (*caja – casa – caza* können problemlos unterschieden werden).

seseo

Der palatale Sibilant wird velar (/x/), und die Unterscheidung zwischen alveolarem und dentalem Sibilanten wird aufgegeben, wobei die Laute zu einem dentalen /s/ zusammenfallen. Das Ergebnis ist der *seseo*, der in Teilen des spanischen Südens (Extremadura, Córdoba, Sevilla-Stadt, nördliches Jaén, nördliches Granada, Almería), auf den Kanarischen Inseln und in ganz Hispanoamerika praktiziert wird (*caja* steht nicht unterschiedenem *casa* und *caza* gegenüber).

ceceo

Der palatale Sibilant wird velar (/x/), und die Unterscheidung zwischen alveolarem und dentalem Sibilanten wird aufgegeben, wobei die beiden Laute zu einem interdentalen /θ/ zusammenfallen. Das Ergebnis ist der *ceceo*, der in Málaga, im südlichen Granada, im südlichen Jaén, in Sevilla-Land, Cádiz und Huelva praktiziert wird (*caja* steht ebenfalls nicht unterschiedenem *casa* und *caza* gegenüber). Mehr zum *seseo* und *ceceo* in Kapitel 10, S. 163.

3 Morpho-phonischer Wandel

Neben dem systematischen Wandel beobachten wir in der internen Geschichte einer Sprache immer auch Einzelphänomene des lautlichen Wandels mit teilweise großen Einflüssen auf die Form, also Lautwandel mit morphologischen Konsequenzen. Hier seien nur die wichtigsten Typen des morpho-phonischen Wandels im Überblick aufgeführt. Die lateinischen Beispiele – die spanischen (und generell romanischen) Nominalformen gehen fast alle auf die lateinischen Akkusativformen zurück, nicht auf die Nominativformen (s. u.) – sind dabei bereits ohne das früh verstummte auslautende -m angegeben.

Lautwandel mit morphologischen Konsequenzen

- Assimilation (span. *asimilación*); zwei oder mehr Laute nähern sich in einem oder mehreren distinktiven Merkmalen einander an:
  lat. *septe* > altspan. *siette, siete*, altspan. *duemno* > altspan. *duenno*
- Dissimilation (span. *disimilación*); zwei oder mehr Laute entfernen sich in einem oder mehreren distinktiven Merkmalen voneinander:
  lat. *arbore* > span. *árbol*
- Aphärese (span. *aféresis*); Ausfall eines Vokals oder einer Silbe am Wortanfang:
  altspan. *enhorabuena* > später altspan. *norabuena* (heute wieder *enhorabuena*)
- Pro(s)these (span. *prótesis*); Voranstellung eines Vokals oder einer Silbe am Wortanfang:
  lat. *specie* > span. *especie*
- Apokope (span. *apócope*); Ausfall eines Vokals oder einer Silbe am Wortende:
  lat. *amore* > span. *amor*
- Synkope (span. *síncope*); Ausfall eines Vokals oder einer Silbe im Wortinnern:
  lat. *vocabulu* > span. *vocablo*
- Epenthese (span. *epéntesis*); Einfügen eines Gleitvokals oder -konsonanten im Wortinnern:
  lat. *cronica* > altspan. *coronica*, altspan. *tenré* > neuspan. *tendré*
- Metathese (span. *metátesis*); ein Laut oder mehrere Laute wechseln im Wort ihre Position(en):
  altspan. *tenré* > altspan. *terné* (direkte reziproke Metathese)
  lat. *miraculu* > span. *milagro* (indirekte reziproke Metathese)
  lat. *crocodilu* > span. *cocodrilo* (einfache Metathese)

In einem Wort können oft mehrere Lautwandelmechanismen wirksam gewesen sein, wie in lat. *femina* > altspan. *femna* (Syn-

kope) > *femra* (Dissimilation) > *hemra* (Ausfall des /f/) > neuspan.
hembra (Epenthese) oder lat. *homine* > altspan. *homne* (Synkope)
> *homre* (Dissimilation) > neuspan. *hombre* (Epenthese), etc.

4 Morphologisch-grammatischer Wandel

**Synthetisch
→ analy-
tisch**

Typisch für das Vulgärlatein ist die Bevorzugung von zusammengesetzten (analytischen) Formen in Bereichen, in denen wir im
klassischen Latein einfache (synthetische) Formen haben, und die
romanischen Sprachen haben diese Tendenz fortgesetzt. Es hat
somit ein Wandel stattgefunden von einer Sprache mit starker syn-
thetischer Tendenz zu einer Gruppe von Sprachen mit einer starken analytischen Tendenz. Nicht zuletzt durch den oben schon
besprochenen Ausfall der quantitativen Oppositionen bei den
Vokalen sind einige typisch lateinische Kategorien ins Wanken
geraten, vor allem das Kasussystem (ohne Unterschied zwischen
‚lang' und ‚kurz' ist z. B. in der a-Deklination der Nominativ nicht
mehr vom Ablativ zu unterscheiden). Es mussten andere sprachliche Techniken gefunden werden, um sich dennoch unmissverständlich auszudrücken. Zum „allround-Kasus" wurde der Akkusativ, auf den die romanischen Substantive fast ausnahmslos
zurückgehen. Was vorher durch andere Kasusendungen ausgedrückt wurde, verschob sich vor allem auf die Präpositionen, auf
die Elemente der nominalen Determination (Possessiva, Demonstrativa, etc.) und auf die Satzstellung (die so sehr viel restriktiver
wurde, denn im Lateinischen war sie bekanntlich durch die Ein-
deutigkeit der Endungen sehr frei gewesen).

Artikel

Eine besonders tiefgreifende Veränderung fand im Bereich der
Nominaldetermination statt. Das Lateinische kannte keine Artikel, die romanischen Sprachen haben ihn dagegen alle, sodass
man davon ausgehen muss, dass die Anfänge der Herausbildung
eines Artikelsystems bereits im Spätlateinischen liegen. Die Basis
des bestimmten Artikels sind die Demonstrativa *ille/illa/illud*
‚jener/jene/jenes',[7] deren besondere hinweisende Bedeutung – wir
sprechen hier auch von deiktischer Bedeutung (von dem Gräzis-
mus *Deixis* ‚das Zeigen', vom Ich-Hier-Jetzt, dem *ego-hic-nunc* des
Sprechers aus gesehen) – bald verblasste, bis nur noch die einfache determinierende Funktion übrig blieb. Fast alle romanischen
Sprachen stellen, wie es das Spanische tut, den bestimmten Arti-

---

7 In einigen Gebieten der Romania ist die Basis des Artikels auch *ipse/ipsa/ipsum* ‚der-/die-/das-
selbe', so im Sardischen und im Katalanischen der Balearen, wobei dann auch die Bedeutungskomponente ‚Identität' nach und nach verblasste.

kel dem zu determinierenden Substantiv voran. Die balkanromanischen Sprachen hängen ihn jedoch hinten an das jeweilige Substantiv an.

Die lateinische synthetische Komparation der Adjektive mit *-ior* und *-issimus* hat nicht überlebt, sondern wurde durch eine analytische Steigerung der Struktur *magis* (später *plus*) + Adjektiv abgelöst, daher heute *más* +Adjektiv im Spanischen, *plus* bzw. *piu* +Adjektiv im Französischen und Italienischen.

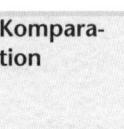

Komparation

Ebenso hat die lateinische deadjektivische Adverbbildung auf *-e* (*rectus > recte*) bzw. *-iter* (*fortis > fortiter*) keine Fortsetzung gefunden. Die romanischen Sprachen haben ein Verfahren herausgebildet, das zunächst analytisch war, dann aber synthetisiert und grammatikalisiert wurde, nämlich die Bildung mit *-mente*. Diese geht zurück auf den Ablativ von *mens* ‚Geist‘, eben *mente*, hervorgegangen aus einer Umschreibung für den Ausdruck der Art und Weise, etwa *bona mente* ‚guten Geistes, mit guten Absichten‘ o. ä. Das ursprünglich lexikalische Element *mente* wurde dann zum generellen Suffix für die Adverbbildung grammatikalisiert.

Adverbien

Auch im Verbalsystem haben einige tiefgreifende Veränderungen stattgefunden, und auch hier ist insbesondere hervorzuheben, dass zu den fast ausschließlich synthetischen Formen eine Reihe von analytischen hinzukommt. Eine der wichtigsten von ihnen ist die ursprünglich resultative Periphrase der Struktur *habere* + Partizip Perfekt (Typ *epistulam scriptam habeo* wörtl. ‚ich habe den geschriebenen Brief‘, also ‚ich habe den Brief geschrieben‘, was impliziert ‚er liegt als geschriebener vor‘). Wie unschwer zu erraten ist, hat sich daraus das zusammengesetzte Perfekt der romanischen Sprachen entwickelt.

Perfekt

Ähnlich wichtig ist die Entstehung einer zuerst modalen, dann eher temporalen Periphrase mit *habere* + Infinitiv, die in dieser letzteren Phase in Konkurrenz zum synthetischen Futur des Lateinischen trat und diese sogar verdrängte. Jedenfalls hat die lateinische Form *cantabo* ‚ich werde singen‘ keine formale Fortsetzung gefunden, sondern es ist die Form *cantare habeo*, auf die die heutigen Futurformen der romanischen Sprachen zurückgehen. Im Spanischen wurde zunächst das mittelalterliche *cantar he* ‚ich werde singen‘ daraus, eine Konstruktion, die noch als teilweise analytisch empfunden wurde, denn die Einfügung eines Pronomens (Tmesis) war noch möglich: *cantar la he*, z. B. *la canción* ‚ich werde es, das Lied, singen‘. Bei der Entwicklung zum Neuspanischen wurde das Verfahren dann vollkommen grammatikalisiert – in der Form *cantaré* sieht heute kein Sprecher des Spanischen mehr eine Periphrase, sondern sie wird als rein synthetisch empfunden.

Futur

Konditional	Analog ist im übrigen das Konditional entstanden, nämlich aus der Imperfektform von lat. *habere* bzw. später span. *haber* in Verbindung mit dem Infinitiv (*cantare habebam > cantar ia > cantaría*).

5· Wortschatz

chronologische Schichtung	Eine kurze Vorbemerkung: Auch die Frage nach dem Wandel von Bedeutungen gehört selbstverständlich zur Geschichte des Wortschatzes. Da aber die diesbezüglichen Fragestellungen gemeinsam mit der synchronischen Beschreibung des Wortschatzes behandelt worden sind, sei auf das Kapitel 7 (S. 102 ff.) verwiesen. An dieser Stelle soll es um die chronologische Schichtung des spanischen Wortschatzes gehen, also um das „Alter" der Wörter im Sinne der Dauer ihrer Zugehörigkeit zur spanischen Sprache und um die Herkunft der Wörter. Zu den chronologischen Schichten des spanischen Wortschatzes:
Griechisch	Das Griechische hat an das Lateinische, und damit auch an das Spanische, eine Reihe von Wörtern aus verschiedenen Bereichen weitergegeben; Gräzismen sind etwa *idea, phantasia, musica, tragoedia, athleta, paedagogus*, etc. Das Eindringen von Neogräzismen ins Spanische dauert natürlich bis heute an, so dass auf Grund der verschiedenen Wege, auf denen griechisches Vokabular ins Spanische gelangt (ist), für jedes Wort gesondert bestimmt werden muss, wie lange es bereits dazugehört – es handelt sich also nicht um eine bestimmte chronologische Schicht.
Latein	Auch der lateinische Wortschatz ist auf verschiedenen Wegen im Spanischen angelangt.
Erbwörter	Zunächst einmal bildet er natürlich die Grundlage des Wortschatzes einer jeden romanischen Sprache, so auch des Spanischen. Wir nennen diese (mit Abstand größte) Gruppe von Wörtern lateinischer Herkunft den Erbwortschatz des Spanischen. Ein Erbwort ist ein Wort, das vom Lateinischen zum Spanischen sämtliche Schritte des lautlichen und formalen Wandels durchgemacht hat (und gegebenenfalls einen Bedeutungswandel erfahren hat), etwa lat. *filium, filiam* > span. *hijo, hija*.
Lehnwörter	Nun haben sich die romanischen Sprachen aber seit dem Mittelalter, seit dem Beginn ihrer Verschriftlichung immer wieder am lateinischen Wortschatz „bedient", haben Wörter aus ihm entlehnt, was, wie im Falle der Gräzismen, bis heute andauert. Dabei werden die Lehnwörter lediglich morphologisch an das Spanische angepasst, behalten aber ansonsten ihre lateinische Form, z.B. lat. *evangelium, voluntatem* > span. *evangelio, voluntad*. Diese

Gruppe von Lehnwörtern lateinischer Herkunft bildet zusammen mit den Gräzismen den gelehrten Wortschatz oder Buchwortschatz (man kann auch von Kultismen sprechen).

Semikultismen

Eine kleine Gruppe von Wörtern schließlich gehört weder dem Erbwortschatz noch dem Buchwortschatz an, sondern steht gewissermaßen dazwischen. Es handelt sich um die Semikultismen oder halbgelehrten Wörter. Zwar sind sie nicht als Erbwörter dem ganzen Laut- und Formenwandel unterworfen gewesen, weichen aber dennoch deutlich von der lateinischen Form ab. Kurz, es hat lautlich-formaler Wandel stattgefunden, der aber vom gleichzeitigen Gebrauch des Wortes als Buchwort quasi „gebremst" wurde, etwa in den Beispielen lat. *saeculum, miraculum, periculum* > span. *siglo, milagro, peligro* ‚Jahrhundert', ‚Wunder', ‚Gefahr'. Wären diese Wörter Erbwörter, hätte man heute die Formen *sejo, *merajo und *perejo; wären sie echte Kultismen, wären ihre heutigen Formen *século, *miráculo und *perículo.

Dubletten

Eine wichtige Konsequenz der verschiedenen Wege, auf denen der lateinische Wortschatz ins Spanische gelangt, ist das Phänomen der lexikalischen Dublette (oder Doublette). Es kommt öfter vor, dass zwei verschiedene spanische Wörter auf dasselbe lateinische Wort zurückgehen, dasselbe Etymon haben, wobei ein Wort Erbwort ist, das andere Buchwort. Semantisch bildet sich dies meist so heraus, dass das Erbwort sich eher auf etwas Konkretes, das Buchwort sich eher auf etwas Abstraktes bezieht, oder aber das Erbwort ist allgemeiner, das Buchwort spezifischer – oder umgekehrt (von zahlreichen nicht solchermaßen klassifizierbaren Fällen abgesehen): lat. *amplium* ‚breit' > span. *ancho* ‚breit (konkret)' und *amplio* ‚breit (abstrakt)';[8] lat. *frigidum* ‚kalt' > span. *frío* ‚kalt' und *frígido* ‚frigid'; lat. *rationem* ‚Vernunft' > span. *razón* ‚Grund, Vernunft' und *ración* ‚Ration, Portion'; lat. *collocare* ‚setzen, stellen, legen' > span. *colgar* ‚aufhängen' und *colocar* ‚setzen, stellen, legen'; lat. *causam* ‚Ursache' > span. *cosa* ‚Sache' und *causa* ‚Ursache', u.v.a.m.

Zahlreiche Latinismen führte Alfons der Weise (Regierungszeit 1252-1284) ins Spanische ein. Eine weitere Welle kam im späten Mittelalter und dann noch eine weitere in der Zeit von 1474-1525, im „vorklassischen Spanisch", d.h.während der Regierungszeit der Katholischen Könige Isabella von Kastilien und Ferdinand von Aragón.

---

8 So sagt man etwa *una calle ancha* ‚eine breite Straße', aber *un saber amplio* ‚ein breites Wissen'.

Germanismen	Seit dem ersten Jahrhundert n.Chr. standen die Römer im Kontakt zu germanischen Völkern, wodurch einige (wenige) Germanismen ins Lateinische eindrangen, die diese seinerseits an die romanischen Sprachen vererbt hat, etwa germ. *saipo > lat. sapone > span. xabón, jabón ,Seife'; germ. werra > span. guerra ,Krieg'; germ. raubon > span. robar ,stehlen'. Andere (wohl noch weniger) Germanismen stammen aus der Zeit der germanischen Superstrate: germ. *alôd > mittellat. alodium > span. alodio ,Erbe (materiell)'; germ. *orgôli > span. orgullo ,Stolz'; germ. *gans > span. ganso ,Gans'.
Arabismen	Während der Zeit der muslimischen Herrschaft auf der Iberischen Halbinsel übernimmt das Spanische eine sehr große Zahl von Arabismen aus dem Bereich des Kriegswesens, der Land- und Hauswirtschaft, der Verwaltung, der Wissenschaft und der Toponymie: span. tambor ,Trommel', span. alcachofa ,Artischocke', span. atalaya ,Wachturm', span. alcalde ,Bügermeister', span. cifra ,Ziffer', span. zanahoria ,Karotte'; arab. al-garb ,Westen' > port. Algarve, arab. guad al-quivir ,großer Fluss' > span. Guadalquivir, etc.
Gallizismen	Gallizismen und Okzitanismen sind seit dem 11. Jh. in das Spanische vorgedrungen: frz. hommage > span. homenaje ,Würdigung'; frz. message > span. mensaje ,Botschaft'; frz. léger > span. ligero ,leicht', frz. vinaigre > span. vinagre ,Essig'.
Siglo de Oro	Während des „Goldenen Zeitalters" gelangten viele Wörter aus anderen Sprachen ins Spanische, und zwar Italianismen und Gallizismen sowie wenige Germanismen (dt. trinken > span. trincar ,(auf etwas) trinken/anstoßen, etwas begießen', dt. ich bring dir's > span. brindis ,Trinkspruch'), vor allem aber amerikanische Indigenismen seit der Zeit der Kolonisierung Amerikas (arawakisch canoa ,Kanu', huracán ,Orkan', cacique ,Häuptling'; náhuatl chocolate ,Schokolade', etc.).

6 Prozesse der Adaptation von Lehnwortschatz

Drei Arten	Lehnwortschatz kann auf drei Arten adaptiert werden. Es gibt: ■ direkte Entlehnungen, mit lediglich einer gewissen morpho-phonischen Anpassung (die allerdings weit gehen kann): engl. leader > span. líder ,Führer' ■ Lehnübersetzungen, bei denen die Form des entlehnten Wortes oder Syntagmas mit den Mitteln der entlehnenden Sprache wiedergegeben wird: engl. hot dog > span. perro caliente ,Hot Dog' ■ semantische Entlehnungen, bei denen nur der Inhalt aus einer anderen Sprache entlehnt wird und auf ein ähnliches bzw. analoges Wort in der entlehnenden Sprache übertragen wird. So

sind etwa die Inhalte von engl. *to ignore* ‚ignorieren‘ und *to realize* ‚bemerken‘ auf die spanischen Wörter *ignorar* und *realizar* übertragen worden, die dadurch heute neben ihren Ursprungsbedeutungen ‚nicht wissen‘ und ‚verwirklichen‘ zusätzlich ‚ignorieren‘ (also ‚nicht wissen wollen / so tun, als wisse oder bemerke man nicht‘) bzw. ‚bemerken‘ bedeuten.

Auf Sprachwissenschaftsgeschichte wurde in diesem Kapitel weitgehend verzichtet, weshalb hier ein paar der Protagonisten der spanischen Sprachwissenschaft genannt werden sollen, allen voran Ramón Menéndez Pidal, der bedeutendste Historiograph der spanischen Sprache, der ein großer Experte für den *Cantar de Mío Cid* war (vgl. Menéndez Pidal 1947). Hingewiesen sei hier auf seine Klassiker zu den Ursprüngen des Spanischen und zum Spanischen der ganz frühen Jahrhunderte (Menéndez Pidal [3]1950, [6]1964).

Literatur zu Kapitel 9

Die wichtigsten Editionen des *Cantar de Mío Cid* sind die von Menéndez Pidal 1908-1911 (eine paläographische, d. h. streng dem Manuskript folgende Edition), von Michael 1976, von Smith 1976 und von Bustos Tovar 1988 (kritische Editionen, mit Interventionen der Editoren). Eine Textsammlung (Anthologie) ist Iliescu/Slusanski 1991; ein Inventar der ältesten romanischen Sprachdenkmäler liefern Frank/Hartmann 1997. Zu den *harǧas* s. Heger 1960.

Das klassische Handbuch zur externen wie internen Geschichte des Spanischen ist das Werk des sehr wichtigen Menéndez Pidal-Schülers Rafael Lapesa [9]1980. Ein deutlich kompakteres und sehr übersichtlich gegliedertes Werk liegt mit der Einführung von Cano Aguilar [3]1997 (Cano Aguilar ist seinerseits Schüler von Lapesa) vor. Gut sind auch die Sprachgeschichten von Lloyd 1987 und Penny 1991. S. außerdem die auf das Spanische bezogenen Beiträge in Kontzi 1978 und 1982 sowie in Lüdtke 1996.

Einzelne Bereiche der internen Sprachgeschichte behandeln Ariza Viguera 1989 (eine Einführung in die historische Phonologie), Alvar/Pottier 1983 (historische Morphosyntax) und Lüdtke 1968 (Wortschatz). Schließlich ist das etymologische Wörterbuch des Spanischen schlechthin zu nennen, nämlich Corominas/Pascual 1980ff.

Eine ausführliche Geschichte des Spanischen außerhalb der Iberischen Halbinsel gibt es bisher noch nicht, befindet sich aber in Vorbereitung – Jens Lüdtke beschreibt sein Projekt in Lüdtke 1991.

Wer über den Tellerrand schauen möchte, findet die Geschichte des Portugiesischen in Neto [5]1988 und die des Katalanischen in Nadal/Prats 1982-1996 behandelt.

Die nach wie vor beste Einführung in das Vulgärlateinische ist Väänänen [3]1981, während die beiden Sammelbände von Kontzi

(Hg.) (1978 und 1982) Einzelaspekte der Entstehung der romanischen Sprachen und deren Substrate und Adstrate behandeln. Verschiedene Aspekte des Spanischen im 16. und 17. Jh. werden im Sammelband von Oesterreicher/Stoll/Wesch (Hgg.) 1998 behandelt. Die kritische Darstellung der Normierung des Spanischen nach Schmitt folgt dessen Aufsatz von 1989. Für die Geschichte des Spanischen im 19. Jahrhundert, lange von der Forschung vernachlässigt, ist Brumme 1997 zu empfehlen.

Wer sich für die spanischen Grammatiken im Original interessiert, kann auf die Nebrija-Ausgabe von Quilis zurückgreifen (Nebrija 1980). Ausschnitte aus vielen Grammatiken und Sprachtraktaten seit dem 16. Jahrhundert finden sich in Berkenbusch 1990. Der *Esbozo* der *Real Academia Española* stammt von 1973, die Grammatik von Alarcos Llorach aus dem Jahre 1994.

Die Gedanken von Keller zum Sprachwandel können in Keller 1982 (Aufsatz) und [2]1994 (Monographie) nachgelesen werden.

Auch das schon erwähnte *Lexikon der romanistischen Linguistik* enthält zu fast allen historischen Fragestellungen Überblicksartikel. In Zukunft wird außerdem noch das Handbuch von Ernst/Gleßgen/ Schmitt/Schweickard (Hgg.) (in Vorbereitung) zur Verfügung stehen.

Bis hierher haben wir fast durchweg so getan, als sei eine Sprache ein homogenes System. Nun ist es aber so, dass jede historisch gewordene Sprache, also jede Sprache, die „einen Namen hat", in räumlicher und soziokultureller Hinsicht sowie je nach den Bedingungen der Kommunikation variiert.[1] Niemand wird bestreiten, dass die beiden Äußerungen (1) und (2)

Varietäten

(1) *so deliziös diese Speise auch ist, ich vermag nicht mehr davon zu mir zu nehmen*
(2) *das Essen schmeckt echt geil, aber ich kann einfach nicht mehr*

sich zwar unter Umständen auf denselben Typ von Sachverhalt beziehen können, jedoch zwei sehr unterschiedlichen Registern des Deutschen angehören. Einem Spanier „verzeiht" man in Mexiko ein

(3) *vosotros os parecéis* – [bɔˈsɔtrɔsɔspareˈθejs], ‚ihr seht euch (= einander) ähnlich'

denn so spricht nun einmal ein Spanier, und, vor allem, an den Pronomina *vosotros* und *os* (anstelle von *ustedes* und *se*) sowie am interdentalen Laut [θ] (anstelle von [s]) erkennt man ihn als solchen; einen nicht-hispanophonen Ausländer hingegen würde man mit derselben Äußerung belächeln (oder verbessern), denn er hätte sich in der regionalen Ausprägung des Spanischen vergriffen.

Dialekte und Akzente, wie ich hier ohne wissenschaftliche Definition der Begriffe sagen möchte, können identitätsstiftend sein. Das Selbstbewusstsein, mit dem in den deutschen Medien mit bairischem Akzent gesprochen wird, ist uns allen bekannt. Man kann Dialekte, Akzente und Register nachahmen,[2] also mit der Variation spielen, und damit die verschiedensten Effekte erzielen, z. B. bei Witzen, und, weniger alltäglich, bei der sogenannten „fingierten Mündlichkeit" als Stilmittel in der Literatur; und schließlich erlaubt nur die Existenz verschiedener Register die Überschreitung von Grenzen, Stilbrüche, die einem nicht nur pein-

---

1 Der Begriff *historische Sprache* geht auf Eugenio Coserius Sprachauffassung zurück.
2 Hier liegt für das Sprecherbewusstsein der Unterschied zwischen einer Sprache und einem Dialekt: von einem Dialekt, der nicht die eigene Muttersprache ist, sagt man nämlich, man ahme ihn nach, und sei er noch so weit vom Standard entfernt, von einer Sprache sagt man dagegen, man spreche (oder „könne") sie, und sei sie noch so verwandt mit der Muttersprache.

licherweise unterlaufen, sondern die man bewusst und sehr effektvoll einsetzen kann. – Kurz, die Dialekt-, Gruppensprachen- und Registervielfalt in einer sich als solche verstehenden Sprachgemeinschaft ist ein universelles Phänomen, und die angedeuteten Dimensionen der Variation sind potenziell in jeder Sprache immer (und notwendigerweise) dieselben. Die sprachwissenschaftliche Teildisziplin, die sich mit diesen Phänomenen beschäftigt, ist die die Variations- oder Varietätenlinguistik.

1 Grundlagen der Varietätenlinguistik

Architektur und Diasystem: Diatopik, Diastratik, Diaphasik

Unter der *Architektur* einer Einzelsprache versteht man nach COSERIU insbesondere seit den sechziger Jahren des 20. Jahrhunderts das Gefüge der Varietäten, die sie konstituieren, wobei von ihm drei verschiedene Variationsdimensionen unterschieden werden: die Unterschiede im Raum werden als *diatopisch* bezeichnet, die Unterschiede hinsichtlich der soziokulturellen Gruppen als *diastratisch* und die Unterschiede, die verschiedenen Situationen entsprechen, als *diaphasisch* (dieser dritte Begriff stammt von Coseriu selbst, während er die beiden anderen von LEIV FLYDAL übernommen hatte). Die entsprechenden Einheiten sind die Dialekte, die einer Sprache zugeordnet sind,[3] ihre Soziolekte (oder Sprachniveaus) und ihre Register (oder Sprachstile). Der Begriff der Architektur steht dem der Struktur gegenüber, bei dem es nur um sprachliche Fakten geht, die einen homogenen Bereich bilden. Die Architektur bzw. das Varietätengefüge einer historischen Sprache wird als *Diasystematik* bezeichnet, und die genannten sprachlichen Unterschiede im Varietätenraum werden *diasystematische Unterschiede* genannt.

gesprochene und geschriebene Sprache

Von PETER KOCH und WULF OESTERREICHER ist dieses Modell der Sprachvariation weiterentwickelt und auf den von LUDWIG SÖLL zuerst herausgearbeiteten Unterschied zwischen gesprochener und geschriebener Sprache bezogen worden, der im Sinne Sölls konzeptionell, nicht medial zu verstehen ist. Es geht also, um in der von Koch und Oesterreicher eingeführten Terminologie zu sprechen, um den Unterschied zwischen *Nähesprache* und *Distanzsprache*. Sölls Unterscheidung sei hier noch einmal kurz dargestellt und anhand eines spanischen Beispiels illustriert. Gegeben seien zwei Syntagmen, die jeweils sowohl phonisch als auch graphisch

---

3 Dies bedeutet, dass es selten strukturelle Motive sind, die dazu führen, ein Idiom als „Dialekt von…" zu bezeichnen. Entscheidend für die Vergabe des relationellen Begriffs *Dialekt* ist diese Zuordnung, also etwas „Außersprachliches".

realisierbar sind, wobei sich jedoch auch eine phonische Realisierung von Syntagma (4) nur schwerlich mit den landläufigen Vorstellungen von „gesprochenem Spanisch" decken dürfte:

(4) *a consecuencia de la lluvia llevé el paraguas de suerte que no me mojase*
(5) *estaba lloviendo y no quería mojarme, vamos, y por eso llevé el paraguas*

Es ist daher notwendig, einerseits das Medium der Realisierung, andererseits die Konzeption einer Äußerung zu unterscheiden, woraus sich vier logische Möglichkeiten ergeben:

a) Medium: Graphie / Konzeption: Skripturalität (große Affinität, daher häufiger)
   a consecuencia de la lluvia llevé el paraguas de suerte que no me mojase
b) Medium: Phonie / Konzeption: Skripturalität (geringere Affinität, daher weniger häufig)
   [akɔnseˈkwɛnθjaðelaˈʎußjaʎeˈβeɛlpaˈraɣwasdeˈ swɛrtekenomemoˈxase]
c) Medium: Phonie / Konzeption: Oralität (große Affinität, daher häufiger)
   [ɛsˈtaβaʎɔˈβjɛndoinokeˈriamoˈxarmeˈβamɔsipɔrˈɛsɔʎeˈ βeɛlpaˈraɣwas]
d) Medium: Graphie / Konzeption: Oralität (geringere Affinität, daher weniger häufig)
   estaba lloviendo y no quería mojarme, vamos, y por eso llevé el paraguas

Auch die Konstellationen geringerer Affinität sind natürlich dennoch möglich: phonisch realisierte Skripturalität begegnet uns etwa in einer festlichen Rede oder einem wissenschaftlichen Vortrag, graphisch realisierte Oralität beispielsweise in den Dialogen eines Romans oder in den Sprechblasen eines Comics.

Nähesprache und Distanzsprache

Die diatopisch stark markierten Varietäten und die konzeptionelle Schriftlichkeit (= Skripturalität oder Distanzsprache) schließen sich weitgehend aus, da Letztere durch einen großen Kommunikationsradius charakterisiert ist. Genauso entspricht der Gebrauch von diastratisch und diaphasisch markierten Varianten oft nicht einer formellen und prestigeorientierten Kommunikation. Die dem Standard (d. h. der präskriptiven Norm) entsprechende Schriftsprache ist deswegen in den meisten Sprachen ein Subsystem, in dem die Varianten nur schwach bis gar nicht diatopisch sowie diastratisch und diaphasisch unmarkiert oder im Prestigebereich der Variationsdimension zu situieren sind. Für konzeptionelle Mündlichkeit (= Oralität oder Nähesprache) sind dagegen genauso diatopisch, diastratisch und diaphasisch markierte Varianten charakteristisch und kommunikativ angemessen.

universelle Merkmale der Nähesprache

Nun existiert in universeller Hinsicht unbestreitbar ein Typ von Variation, der von den Bedingungen der Kommunikation abhängig ist und die bekannten pragmatischen, syntaktischen und semantischen Charakteristika umfasst. Beispiele für den Nähebereich (wobei man sich zu jedem der genannten Phänomene das distanzsprachliche Gegenüber hinzudenken müsste) wären: Gebrauch von Sprecher-Hörer-Signalen (*oye, ah, no me digas*, etc.) und Korrektursignalen (*digo*, etc.), spezielle Überbrückungs- und Verzögerungsphänomene (*hesitation phenomena: eeh, ¿cómo diría?*, etc.), Satzabbrüche (*Anakoluthe*), Rhema-Thema-Abfolgen, Bevorzugung einfacherer syntaktischer Verfahren, Wortwiederholungen, *passe-partout*-Wörter (*cosa, aparato, hacer, Dingsbums*, etc.), expressiv-affektive Ausdrucksverfahren und Anderes mehr.

einzelsprachliche Merkmale von Nähesprache

Koch und Oesterreicher gehen aber noch einen Schritt weiter, indem sie der Frage nachgehen, ob das Nähe-Distanz-Kontinuum nur die genannten universellen Phänomene umfasse und sich einzelsprachlich lediglich aus Phänomenen speise, die primär diatopisch, diastratisch oder diaphasisch markiert und nur über die Varietätenkette in sie eingerückt sind. Sie stellen in diesem Zusammenhang fest, dass es im Französischen eine beträchtliche Anzahl vor allem morphosyntaktischer Divergenzen gebe, die sich nur als ,geschrieben' gegenüber ,gesprochen' erwiesen, so z. B. die Negation mit und ohne *ne*. Es handele sich hierbei um Erscheinungen, die sich nicht aus den universellen Kommunikationsbedingungen herleiteten und daher nicht universell motiviert seien, sodass auch einzelsprachlich von der Existenz einer Variationsdimension ,gesprochen' vs. ,geschrieben' ausgegangen werden könne.

Dies ist freilich nicht ganz unproblematisch, denn zum einen sind einige der als Beispiele genannten Erscheinungen sehr wohl universell motiviert: ohne *ne* zu verneinen ist eine einzelsprachliche Ausprägung eines universellen Phänomens der Mündlichkeit, nämlich dem der Vereinfachung bzw. Verkürzung. Zum anderen fällt es schwer, die Unterscheidung zwischen einer konzeptionellen Variationsdimension und der einzelsprachlichen Diastratik und Diaphasik konsequent nachzuvollziehen. Zwei Gründe sprechen jedoch dafür, dennoch mit Koch und Oesterreicher von der Existenz dieser weiteren Dimension der Variation, der konzeptionellen Dimension, auszugehen. Erstens die Tatsache, dass die diastratisch-diaphasischen Markierungen den Varianten nicht fest anhaften, sondern sich verschieben können: so kann im Deutschen je nach den Bedingungen der Kommunikation ein zumeist

als ‚umgangssprachlich' markiertes *kriegen* manchmal auch ‚neutral' sein, und *bekommen* ist je nach Situation als ‚neutral' oder als ‚gewählt' einzuordnen – in der Diastratik und der Diaphasik handelt es sich oft um eine Skala von verschiedenen Bewertungen. In der Nähe-Distanz-Dimension geht es dagegen nicht um Bewertungen. Zweitens können bestimmte Phänomene gar nicht diastratisch-diaphasisch bewertet werden: beim Ausfall des intervokalischen [-d-] des Spanischen, wie in *cortao* statt *cortado* ‚kleiner Kaffee mit Milch', wäre eine Registermarkierung als ‚popular' oder ‚vulgar' vollkommen verfehlt, aber man kann es – ohne Bewertung, darauf kommt es an – als ‚nähesprachlich' einstufen.

In Coserius Auffassung der sprachlichen Variation steckt ein wichtiger Gedanke, der aber erst seit den achtziger Jahren von Koch und Oesterreicher aufgegriffen und entwickelt wurde: die Dimensionen der Variation stehen in einem gerichteten dynamischen Verhältnis zueinander. Es geht hier um die „Beweglichkeit" sprachlicher Phänomene durch die einzelnen Dimensionen der Variation hindurch, was synchron zu verstehen ist und nicht (oder nicht nur) als Prozess: Eine diatopisch markierte Variante kann sekundär diastratisch markiert sein; eine primär oder sekundär diastratisch markierte Variante kann eine diaphasische Markierung tragen, usw., d.h., dass ein Dialekt auch als Soziolekt und als Register fungieren kann, und ein Soziolekt auch als Register, jedoch nicht umgekehrt. So erlaubt etwa in Berlin starkes „Berlinern" neben der diatopischen zugleich eine soziokulturelle Zuordnung, da es von einem bestimmten gesellschaftlichen Rang aufwärts nicht mehr allzu angesehen ist. So ist es zumindest im ehemaligen West-Berlin. Die Verhältnisse in Frankfurt a. M. sind sehr ähnlich: Allzu „breites" Hessisch hat aus der Sicht Vieler einen proletarischen Anstrich, was jedoch analog für das Schwäbische in Stuttgart oder das Bayerische in München nicht zutrifft. Es geht um das universale Phänomen, das Koch und Oesterreicher Varietätenkette genannt haben. Diese Dynamik kennt nur eine Reihenfolge: Diatopik → Diastratik → Diaphasik (und → Konzeption, also Mündlichkeit vs. Schriftlichkeit, als Variationsdimension bei Coseriu noch nicht enthalten).

Dynamik: die Varietätenkette

Eine stark dialektal geprägte (also diatopisch markierte) Ausdrucksweise trägt oft (wenn auch längst nicht immer) eine sekundäre diastratische Markierung, beispielsweise ‚ländlich' oder ‚proletarisch', je nachdem ob es sich um ländliche oder städtische Mundart handelt. Tertiär kann das Dialektale dann auch diaphasisch markiert sein, etwa ‚familiär' o. ä. Schließlich sind diatopisch markierte Formen auch in der nächsten angrenzenden Variationsdimension (der Konzeption) meistens eher dem nähesprachlichen als dem distanzsprachlichen Bereich zuzuordnen.

Beispiel

einzel-sprachliche Varietäten-räume	Koch und Oesterreicher gelangen zu folgendem Grundschema, in dem auch die gerichtete und dynamische Beziehung der Variationsdimensionen untereinander verdeutlicht wird. Neben „genuiner" Diastratik gibt es auch sekundäre, und dasselbe gilt für die Diaphasik und die Nähe-Distanz-Dimension.

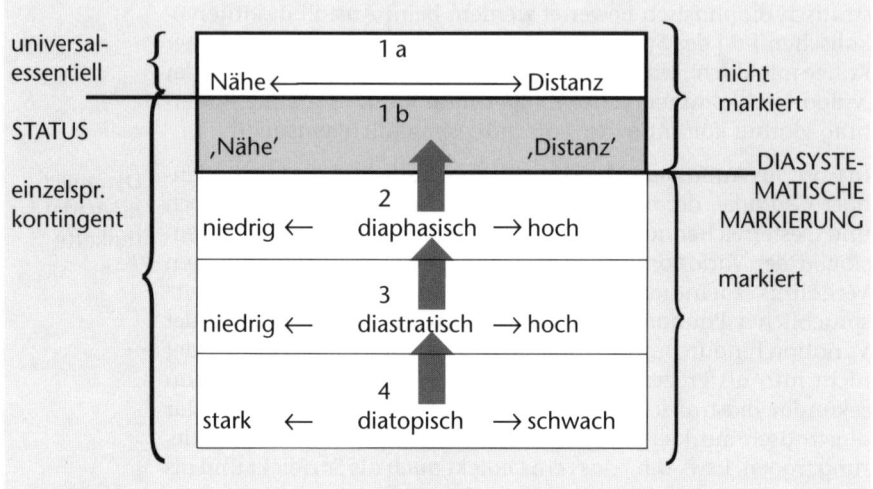

Abb. 13: *Variation innerhalb einer Einzelsprache nach* KOCH *und* OESTERREICHER *1990: 15.*

2 Diatopische Variation im Spanischen

Dialekt-typen	Kommen wir zunächst kurz zur Variation im Raum, der diatopischen Variation oder Diatopik, und werfen wir dabei einen kurzen Blick auf die Dialektlandschaft der Iberischen Halbinsel. Die der diatopischen Dimension entsprechenden Varietäten (syntopische Einheiten) sind verschiedene Typen von Dialekten, und zwar

- Primäre Dialekte, die so alt sind wie die Standardsprache oder auch älter; für das Spanische sind dies das Astur-Leonesische, das Navarro-Aragonesische und das Kastilische selbst, das ja auch Grundlage des spanischen Standards ist.
- Sekundäre Dialekte, die durch geographische Verlagerung anderer (primärer oder ihrerseits schon sekundärer) Dialekte entstanden sind; für das Spanische sind dies das Andalusische, das Extremenische, das Murcianische, das Kanarische und alle außereuropäischen, insbesondere eben die amerikanischen Varietäten in all ihrer Vielfalt.

■ Tertiäre Dialekte (auch Regiolekte); so kann man die jeweilige regional eingefärbte Standardsprache, die Standardsprache „mit Akzent" eines primären oder sekundären Dialekts bzw. einer Kontaktsprache nennen; für das Spanische ließen sich als zwei von unzähligen tertiären Dialekten etwa andalusisch eingefärbtes Spanisch oder auch Spanisch von Barcelona (mit den entsprechenden katalanischen Einflüssen) als Beispiele anführen.

Es ist natürlich vollkommen unmöglich, an dieser Stelle eine detaillierte Beschreibung der diatopischen Variation im Spanischen zu geben; deshalb nur einige Beispiele.

Beispiele diatopischer Variation

Die Varietäten des Spanischen im nördlichen Teil der Iberischen Halbinsel kennen die Unterscheidung zwischen interdentalem /θ/, wie in *caza* (/kaθa/) ‚Jagd‘, und apiko-alveolarem /s/, wie in *casa* (/kasa/) ‚Haus‘ (die so genannte *distinción*), während die südlichen, die kanarischen und die amerikanischen Varietäten des Spanischen diese Unterscheidung nicht kennen, und entweder nur ein Phonem /θ/ besitzen (*ceceo*, etwa in Málaga, Granada, Cádiz und Huelva) oder nur ein Phonem /s/ (*seseo*, in allen anderen Arealen). In *ceceo*-Gebieten heißen sowohl die Jagd als auch das Haus /kaθa/, in *seseo*-Gebieten heißen beide /kasa/.

distinción vs. *seseo/ceceo*

Im andalusischen und kanarischen Spanisch sowie in zahlreichen Varietäten des Spanischen in Amerika (nicht jedoch in Peru und Mexiko) ist es üblich, den Konsonanten [-s] im Silben- bzw. im Wortauslaut entweder zu aspirieren, also ihn als [-h] zu realisieren (oder, auch das ist nicht selten, ihn sogar vollständig ausfallen zu lassen): *buscar* [buh'kar], *este* ['ehte], *pocos* ['pɔkɔh].

Aspiration von [-s] im Auslaut

In Spanien – ohne Kanarische Inseln – wird im Singular und im Plural jeweils eine höfliche und eine vertraute Anrede unterschieden, also im Singular *tú* vs. *usted*, im Plural *vosotros* vs. *ustedes*. Die Unterscheidung im Plural gibt es auf den Kanaren und in Amerika nicht mehr; ganz gleich, ob man die angesprochenen Personen im Singular mit *tú* oder mit *usted* ansprechen würde, im Plural existiert nur *ustedes*. Dies wird *tratamiento unificado* genannt.

vosotros/ ustedes vs. *tratamiento unificado*

In einigen Varietäten des Spanischen in Amerika ist die (Anrede-) Form der zweiten Person Singular *tú* entweder ganz durch eine andere Form ersetzt worden, oder aber diese tritt zu ihr in Konkurrenz, und zwar die Form *vos*.[5] Nur die Anrede bzw. das Sub-

tuteo vs. *voseo*

---

5 Historisch war dies ursprünglich einmal ein Plural der respektvollen Anrede – wie im Französischen, wo man ja ebenfalls „mittels des Plurals siezt" (*vous chantez* ‚ihr singt‘ oder ‚Sie singen‘) –, aber diese Komponente ist im Spanischen vollständig verloren gegangen.

jektpronomen ist von dieser „Ersetzung" betroffen, während die Objektpronomina und Possessiva der zweiten Person Singular dieselben sind, wie in den anderen Varietäten des Spanischen. Unterschiedlich sind beim *voseo* – so nennt man den Gebrauch von *vos* anstelle von *tú* – zwei Dinge. Zum Einen gibt es verschiedene Verbformen, z. B. sowohl *vos cantás* (endungsbetont) als auch *vos cantas* (stammbetont). Zum Anderen – und hier nähern wir uns dem nächsten Teilkapitel – ist der soziolinguistische Status des *voseo* von Land zu Land unterschiedlich, was auch mit der Frage zusammenhängt, ob *vos* die einzige Form der vertrauten Anrede bzw. des Subjektpronomens der zweiten Person Singular ist. Während am Río de la Plata (in Argentinien und Uruguay) nur *voseo* existiert, er also dementsprechend alle Schichten der Bevölkerung erfasst und somit keine soziokulturelle Implikationen hat (haben kann), herrscht etwa in Chile oder Costa Rica Koexistenz von *voseo* und *tuteo*, und dort ist der *voseo* fast immer weniger hoch angesehen als der *tuteo*.

3 Diastratische und diaphasische Variation

1 Soziolekte und Register

Markierung

Wie bereits angedeutet, kann also die Diatopik sekundär auch als Diastratik und Diaphasik fungieren, z. B. dort, wo der *voseo* und der *tuteo* koexistieren und Ersterer gegenüber Letzterem einen minderen Status innehat, oder wo Dialekte gesprochen werden, die ein eher geringes Prestige haben.

Aber es gibt natürlich auch eine Reihe von Phänomenen, die genuin einer dieser beiden Dimensionen angehören und die nichts mit dialektaler Markierung zu tun haben. Dabei ist es zweckmäßig, die beiden Dimensionen gemeinsam zu betrachten, da die sprachlichen Phänomene, um die es geht, stets die gleichen sind. Unterschiedlich sind lediglich die Prinzipien der Variation, eben einmal nach Zugehörigkeit zu einer soziokulturellen Gruppe, einmal dagegen nach der Situation.

Auch in diesem Teilkapitel ist es vollkommen unmöglich, einen auch nur annähernd vollständigen Überblick zu geben, daher ebenfalls nur einige Beispiele.

Beispiele

Diastratisch-diaphasisch markiert sind bestimmte Vokalsubstitutionen (*conecido* statt *conocido* ‚gekannt'), Konsonantensubstitutionen (*bujero* statt *agujero* ‚Loch'), die Variante *pa* anstelle von *para* ‚für', Analogien in der Verbalmorphologie (*conducí* ‚ich bin gefahren', *andara* ‚ich ginge', *obtenimos* ‚wir haben erreicht', *preveyendo* ‚voraussehend' und *deshacería* ‚ich würde auseinandernehmen' statt *conduje, anduviera, obtuvimos, previendo* und *desharía*), die Diskordanz in der verbalen Morphosyntax (etwa der Typ *ustedes cantáis*), die Verwendung maskuliner Determinanten bei femininen Substantiven, die mit betontem /a-/ beginnen (*este agua* statt *esta agua* durch Interpretation der Form *el agua* als Maskulinum), Normabweichungen in der pronominalen Morphosyntax: *leísmo, laísmo* und *loísmo* (also *le* anstelle von *la* oder *lo*, bzw. *la/lo* anstelle von *le*), die Konkordanz bei *haber* und *hacer* (*habían muchos árboles* statt *había muchos árboles, hacían unos días agradables* statt *hacía unos días agradables*), die Diskordanz bei der Rezessivdiathese (*se vende plátanos* statt *se venden plátanos*), der so genannte *dequeísmo* (*de que* anstelle von *que* etwa bei *lo único de que se necesita*) und der Ausfall von Präpositionen bei relativen Anschlüssen (*en la plaza que estuvimos* statt *en la plaza en la que estuvimos*).

2 Andere Aspekte der Diastratik und Diaphasik

Wenn man nun allerdings einen rein skalar orientierten Blickwinkel auf die diastratisch-diaphasische Doppeldimension einnimmt, wird man ihr nur zum Teil gerecht, denn wie beurteilt man dann etwa Markierungsunterscheidungen wie ,generationsspezifisch', ,stadtsprachlich' vs. ,dörflich'/,ländlich' oder ,Sprache der Frauen' vs. ,Sprache der Männer' bzw. ,geschlechtsspezifisch', ganz zu schweigen von Markierungen wie ,Militärsprache', ,Sprache der Chemie', ,Jägersprache', ,Terminologie des Tanzes', ,Fußballersprache' etc.? Diese beispielhaft herausgegriffenen Indizierungen zeigen es: Viele Markierungen entziehen sich einer Bewertung und gehören dennoch zweifelsfrei zur Diastratik und Diaphasik (betroffen ist überwiegend der Wortschatz). Die Konsequenz, die für die Beschreibung des Varietätenraumes daraus gezogen werden muss, ist die Erweiterung der Perspektive im Sinne einer Räumlichkeit: Zwar gibt es ohne Zweifel eine Bewertungsskala mit graduell angeordneten Indizierungen, aber es gibt auch sehr viele „querliegende" Aspekte, vor allem die generationsspezifischen, die geschlechtsspezifischen sowie die berufs- und fachspezifischen. Die beiden zuletztgenannten sind im allerweitesten Sinne aufzufassen: so kommen beispielsweise in Staaten mit sehr strenger allgemeiner Wehrpflicht (wie sie in Spanien bisher geherrscht hat und in Deutschland immer noch herrscht) während der Ableistung des Wehrdienstes fast alle jungen Männer eine zeitlang zwangsläufig mit der Militärsprache – und zwar sowohl im Sinne von militärischer Fachsprache als auch im Sinne von Soldatenjargon – in enge Berührung, auch diejenigen, die niemals den Soldatenberuf ergreifen würden. Und so ist etwa jede

Indizierungen ohne Bewertung

Akademikerin und jeder Akademiker heutzutage zwangsläufig im ständigen Kontakt mit der Sprache der Informatik und dem Internet-Jargon, ohne sich die Welt der Computer gleich zum Broterwerb zu machen. Außerdem sind bei Berufs- und Fachspezifik auch „hobby- und freizeitspezifische" Aspekte der Variation einbezogen, etwa die Sprache des Sports oder die Sprache der Jagd, des Fischens, der Küche, der Philatelie, der Modelleisenbahn, etc. All dies ist Diastratik und Diaphasik und doch weit entfernt von jeglicher Bewertung.

4 Gesprochene und geschriebene Sprache

1 Merkmale der konzeptionellen Mündlichkeit

Nähe-spräche

Es existieren im Spanischen auch einige nähesprachliche Phänomene ohne diaphasische Bewertung (wenngleich es Sprachen gibt, die in dieser Dimension sehr viel reichhaltiger bestückt sind, vor allem das Französische und das Katalanische). Sehen wir Beispiele für die wichtigsten Merkmale der Oralität im Spanischen.

Beispiele

Typisch nähesprachlich sind die Aspiration von auslautendem [-s] bei *es que* ['ehke] und *pues* [pweh] in Regionen, in denen sonst eigentlich nicht aspiriert wird, der Ausfall von intervokalischem und auslautendem [ð/d] wie in *llamao* [ʎa'mao] statt *llamado*, der Konstruktionstyp *lo del viaje* ,das mit der Reise', also die äußerst generische Referenz auf einen Sachverhalt (*discutimos lo del viaje a Nueva York* ,wir haben das mit der Reise nach New York besprochen'), der Konstruktionstyp *no tengo para comprar un coche*, also *no tener para* im Sinne von ,nicht genug haben für' (*no tiene ni para sobrevivir, pobre* ,sie hat nicht einmal genug zum Überleben, die Arme'), der Konstruktionstyp *a mí sí que me gusta* ,mir gefällt es durchaus' (auch verneint: *esto sí que no voy a hacerlo* ,das werde ich ganz bestimmt nicht machen / wenn ich etwas nicht machen werde, dann dies'), die Syntax der Demonstrativa, genauer, deren Nachstellung (*me gusta el vino este* ,mir schmeckt dieser Wein'),[6] die Semantik und Pragmatik der Demonstrativa, genauer, die Abwesenheit von *aquel*, die Nichtverwendung der normativen Form des Imperativs der zweiten Person Plural *cantad* (stattdessen wird *cantar*, also der Infinitiv verwendet) sowie Adjektive und Substantive in Adverbfunktion (*el español lo habla fatal* ,Spanisch

---

6 Die semantisch-syntaktische und pragmatische Funktion dieser Nachstellung (im Gegensatz zur „neutraleren" Voranstellung) ist noch überhaupt nicht untersucht. Zwar kann das nachgestellte Demonstrativum zuweilen eine pejorative Komponente beinhalten, aber dies ist sicher nicht immer der Fall, wie das oben angeführte Beispiel zeigt.

spricht sie/er furchtbar schlecht', *la pasó fenómeno* ‚es erging ihr/ihm sehr gut').

Nähesprachlich sind außerdem einige so genannte Abtönungs-

Abtönung

phänomene. Abtönungsphänomene sind sprachliche Verfahren, mit deren Hilfe bestimmte Bedingungen und Erwartungen angedeutet werden, die mit dem Kontext oder der sprachlichen Interaktion zu tun haben. Im Deutschen dienen überwiegend Partikeln wie *schon, doch, aber, vielleicht, ja* u. a. zum Ausdruck der Abtönung. Spanische Abtönungsphänomene sind der Konstruktionstyp *es que*, der Konstruktionstyp *lo que pasa es que*, unabhängige Sätze mit einleitendem *si* und die Verwendung sowohl der synthetischen als auch der periphrastischen Futurformen (d. h. *cantaré* und *voy a cantar*) zum Ausdruck von Wahrscheinlichkeit – alle vier Verfahren sind von beeindruckender Frequenz im heutigen gesprochenen Spanisch. Bei Ausdrücken mit *es que* kommt es darauf an, um welche Art von Sprechakt es sich handelt. Bei Fragen deutet es das Bedürfnis nach Bestätigung eines eigentlich bekannten Sachverhaltes aus (ähnlich wie das deutsche *doch*: *¿Es que tienes un sacacorchos?* ‚Du hast doch einen Korkenzieher?'), während es bei Aussagesätzen andeutet, dass man mit dem Bezug auf den referierten Sachverhalt auf ein implizites Erklärungsbedürfnis des Hörers reagiert (ähnlich wie das deutsche *nämlich*: *es que queremos ir* ‚wir wollen nämlich gehen'). Eine andere Nuance kann einer Äußerung mit *lo que pasa es que* gegeben werden, und zwar eine adversative, die, anders als die Konstruktion etwa mit *pero*, den Gegensatz oder Widerspruch nur andeutet (ähnlich wie ein deutsches *halt/eben* in manchen Kontexten: *sí me gustó; lo que pasa es que había mucha gente* ‚gefallen hat es mir schon; es waren halt viele Leute da'). Ein auffälliger Zug des gesprochenen Spanisch sind schließlich die mit *si* eingeleiteten unabhängigen Aussagesätze. Diese Sätze haben dieselbe syntaktische Oberflächenstruktur wie die Protasis eines Konditionalgefüges, sind aber abgetönte Aussagesätze, in denen Erstaunen – erfreutes wie unangenehmes – oder eine gewisse Insistenz bzw. Empörung durch das *si* sparsam angedeutet wird (*pero si es el dato principal* ‚aber das ist doch das wichtigste aller Daten'). Schließlich ist es im Spanischen häufig, durch den Gebrauch von Futurformen im Hauptsatz die Wahrscheinlichkeit eines Sachverhaltes sparsam anzudeuten (*estará en Madrid* ‚sie/er wird wohl in Madrid sein').

2 Linguistische Korpora

Was ist ein Korpus?

Einer linguistischen Untersuchung liegt in der Regel konkretes Sprachmaterial zugrunde. Die Sammlung bzw. die Gesamtheit solchen zu untersuchenden Materials nennt man das Korpus der Untersuchung. Das kann beispielsweise eine Sammlung von Texten sein, literarischen oder nicht-literarischen. Um jedoch gesprochene Sprache zu untersuchen, bedarf es eines Korpus der gesprochenen Sprache. Ein solches besteht in der Regel aus – mehr oder weniger umfangreichen – Tonband- oder Videoaufnahmen einer nach bestimmten Kriterien (Alter, Geschlecht, Herkunft, Beruf, soziale Zugehörigkeit, etc.) ausgewählten Gruppe von Informanten. Die Aufnahmen werden dann in einem zweiten Schritt transkribiert, und zwar je nach Erkenntnisinteresse orthographisch und gegebenenfalls auch phonetisch. Dazu werden sprachbegleitende Ereignisse in der Transkription notiert (Mimik, Gestik, Lachen, zuweilen auch Hintergrundgeräusche u.ä.).

habla culta

Ein für die hispanistische Varietäten- und Korpuslinguistik sehr wichtiges koordiniertes Forschungsprojekt ist das so genannte *habla-culta*-Projekt, mit vollem Namen *Proyecto de Estudio Coordinado de la Norma Lingüística Culta de las Principales Ciudades de Ibero-América y de la Península Ibérica*. In seinem Rahmen liegen für viele große spanische und lateinamerikanische Städte (u. a. Madrid, Sevilla, Granada, Buenos Aires, Lima, Mexiko Stadt, Bogotá, Caracas und Montevideo) Korpora vor, die nach einheitlichen Kriterien und Methoden erstellt worden sind.

Korpuslinguistik

In der Sprachwissenschaft beschäftigt man sich in den letzten Jahren verstärkt mit Korpora sowie mit Problemen bei deren Erstellung einerseits und bei deren Auswertung andererseits. Dies ist so wichtig geworden, dass man mittlerweile von der Korpuslinguistik als einer sehr bedeutenden neuen linguistischen Teildisziplin ausgehen kann.

5 Sprachkontakt

1 Interferenz und Code-Switching

Sprachkontakt und Sprachmischung

Vielfach kommt es vor, dass Sprachen zueinander in Kontakt stehen. So herrscht etwa in Spanien überall dort, wo Regional- oder „Minderheitensprachen" gesprochen werden, Sprachkontakt. Das Phänomen des Sprachkontaktes charakterisiert aber auch ganz stark die koloniale Hispanoromania, denn in Amerika gab und gibt es zahlreiche Berührungspunkte zwischen dem Spanischen und den zahlreichen altamerikanischen Sprachen; außerdem steht das Spanische in Amerika im Kontakt zu anderen europäischen Sprachen, wie dem Englischen und dem Portugiesischen. In Bezug auf Gesellschaften, in denen mehrere Sprachen verwendet werden, spricht man meistens von Diglossie.[7] Sprachkontakt ist nicht denkbar ohne eine gewisse Sprachmischung, wobei hier unterschiedliche Phänomene unterschieden werden müssen.

Wo Sprachen miteinander in Kontakt stehen, beeinflussen sie sich gegenseitig. Wir nennen dieses Phänomen Interferenz (ein aus der Physik entlehnter Begriff), wobei unterschieden werden muss zwischen Interferenz in der Rede, die noch nicht dazu führen muss, dass sich das Interferenzphänomen auch wirklich behaupten und durchsetzen kann, und Interferenz als dauerhafter Erscheinung: Wenn ein Sprecher aus Barcelona im Spanischen spontan das katalanische Wort *semblar* ‚scheinen' verwendet (etwa *¿qué te sembla?* statt *¿qué te parece?* ‚was meinst du dazu?', wörtl. ‚wie scheint es dir?'), heißt dies noch lange nicht, dass *semblar* ein typischer Bestandteil des in Barcelona gesprochenen Spanisch ist. Es handelt sich lediglich um eine spontane Redeinterferenz. Verwendet ein Sprecher dagegen das katalanische Wort *plegar* ‚Feierabend machen', benutzt er ein Element, das man im Spanischen von Barcelona als Lehnwort aus dem Katalanischen bezeichnen kann und das dort allgemeiner Bestandteil der Sprache geworden ist. Interferenz kann also zum Sprachwandel führen und setzt nicht voraus, dass ein Individuum zwei Sprachen gleichermaßen beherrscht, wenngleich es dies auch nicht ausschließt.

Interferenz

Ein anderes Phänomen der Sprachmischung ist das so genannte Code-Switching. Dieses führt nicht zum Sprachwandel, sondern zeichnet sich – sehr vereinfachend gesagt – in der Regel dadurch aus, dass ein Individuum, das zwei Sprachen ungefähr gleich gut beherrscht, zuweilen die eine, dann aber plötzlich die andere verwendet, also von einem auf den anderen Code umschaltet (das engl. *to switch* bedeutet ja gerade ‚(um-)schalten'). Natürlich funktioniert dies nach gewissen Mechanismen und ist verschiedenen

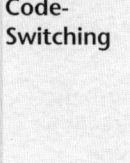

Code-Switching

---

7 Dies ist eine starke Vereinfachung, denn die Geschichte des Diglossiebegriffs ist sehr komplex. Der Begriff stammt von CHARLES A. FERGUSON (Ferguson 1959) und bezog sich ursprünglich nur auf Sprachkontaktsituationen, in denen eine hohe Varietät *(high variety)* einer niedrigen Varietät *(low variety)* gegenübersteht, wobei beide Varietäten streng getrennten Bereichen zugewiesen sind. Fergusons Beispiele waren die Kontakte Französisch-Kreolisch in Haiti, Hochdeutsch-Schweizerdeutsch in der Schweiz, Katarevusa-Dimotiki in Griechenland und Hocharabisch-Volksarabisch in arabischsprachigen Ländern. Der Diglossiebegriff ist einer der meist diskutierten in der Sprachwissenschaft, was allerdings hier nicht weiter berücksichtigt werden kann.

Faktoren unterworfen, auf die an dieser Stelle jedoch nicht näher eingegangen werden kann. Wichtig ist unter anderem, dass die grammatischen Systeme beider Sprachen normalerweise nicht verletzt werden.

2 Iberoromanisch basierte Kreolsprachen

Kreolistik

Ein besonders interessanter Bereich der Beschäftigung mit der kolonialen Romania ist die in den letzten zwanzig Jahren sehr bedeutend gewordene Kreolistik. Bemerkenswert ist vor allem, dass die romanischbasierten Kreols auch mit den nicht-romanisch-, sondern etwa englisch- und niederländischbasierten Kreolsprachen eine Reihe von Gemeinsamkeiten haben, die es rechtfertigen, von den Kreolsprachen als neuem Sprachtyp zu sprechen. Dennoch sind sie natürlich irgendwie auch romanische (bzw. germanische) Sprachen „der zweiten Generation".

Pidgin-sprachen und Kreol-sprachen

Eine Kreolsprache ist eine auf der Basis einer europäischen Kolonialsprache (Französisch, Spanisch, Portugiesisch, Englisch, Niederländisch) entstandene Sprache. In der Herausbildung von Kreolsprachen müssen, sehr grob gesagt, zwei Schritte unterschieden werden. Zunächst erfolgt nämlich meistens die so genannte Pidginisierung, d. h. die extreme Vereinfachung der jeweiligen europäischen Sprache in der Kommunikation insbesondere zwischen weißen Sklavenhaltern und afrikanischen Sklaven in den kolonialen Plantagengesellschaften. Ein Pidgin ist also für niemanden Muttersprache, sondern ein sekundäres Kommunikationsinstrument.

Ausbau: Kreolisie-rung

Später sind solche Pidginsprachen allerdings vielfach zur Muttersprache einer neuen Generation geworden, was in der Folge auch dazu führen konnte, dass das jeweilige Idiom wieder komplexer wurde, eine eigene Phonologie und Grammatik entwickelte und sich mithilfe der Sprache, auf deren Grundlage es einst entstanden war, auch neu mit Wortschatz bereichert (sich relexifiziert, wie man sagt). Diesen Prozess des Sprachausbaus nennt man Kreolisierung. Zu unterscheiden sind dabei das einfache Kreol als neue Muttersprache schwarzer Sklaven (Basilekt), die europäische Sprache, die zugleich Grundlage war und Quelle des Sprachausbaus ist (Akrolekt) und die Sprachformen, die sich zwischen diesen beiden herausbilden (Mesolekte). Typisch ist, dass sich Kreolsprachen fast immer auf Inseln oder in isolierten Küstenregionen herausbilden. ANNEGRET BOLLÉE führt folgende Faktoren bei der Herausbildung an: Voraussetzung ist eine in irgendeiner Weise multilinguale Gesellschaft, das Gebiet ist isoliert (eben meist eine Insel o. ä.), Schulen und kulturelle Einrichtungen fehlen, der Spracherwerb der Nichteuropäer erfolgt ungesteuert, Basis der Kreolisierung ist die gesprochene, nicht die Standardsprache, die Basissprache (Akrolekt) ist die Sprache der herrschenden Klasse, wobei ihre Sprecher in ihrem Herkunftsland wiederum den unteren gesellschaftlichen Schichten angehört hatten.

Die meisten Kreolsprachen sind auf der Basis des Englischen entstanden. Es gibt aber auch viele französisch- und portugiesischbasierte Kreols. Spanischbasierte sind dagegen wenig zahlreich. Zu nennen wäre das auf den so genannten ABC-Inseln (Aruba, Bonaire und Curaçao, in der Karibik, vor der venezolanischen Küste, gelegen) gesprochene *papiamentu*. Außerdem existieren kleine kreolische Sprachinseln auf Kuba (Zonen der *habla bozal*) und in Kolumbien (Zonen des *palenquero*). Frühere Kreolsprachen auf den Philippinen dürften dagegen zur *quantité négligeable* geworden sein.

Spanische Kreolsprachen

Zu den Grundlagen der hier vertretenen Theorie und Praxis der Varietätenlinguistik s. insbesondere Koch/Oesterreicher 1990. Die Verfasser beziehen sich insbesondere auf Coseriu 1981 und 1983 (dieser bezieht sich seinerseits auf Flydal 1952) und auf Söll ³1985. S. auch Wesch 1995 und 1997 sowie künftig Hoinkes (in Vorbereitung) und Wesch (in Vorbereitung) – in den beiden Letzteren werden zudem ausführliche Bibliographien enthalten sein. Viele spanische Beispiele, in einer allerdings mehr als fragwürdigen Klassifikation, finden sich in Vigara Tauste 1992.

Literatur zu Kapitel 10

Für den fachsprachlichen Bereich s. die Beiträge in Dahmen/Holtus/Kramer/Metzeltin 1989 und Kalverkämper 1988. Speziell zum Spanischen s. Rodríguez Díez 1977–78 und Schmitt 1992. Zur Geschlechtsspezifik in der Variation s. Bierbach 1992.

Zum *habla-culta*-Projekt s. Lope Blanch 1986 und Quilis 1985.

Der Klassiker zum Thema Sprachkontakt und Interferenz ist Weinreich ⁷1970. Zum Code-Switching ist Poplack 1980 als Grundlagenartikel zu nennen.

Annegret Bollées Präzisierung der Faktoren der Kreolisierung sind Bollée 1977: 133 entnommen. Zu spanischen Kreols s. Bartens 1987 sowie die entsprechenden Beiträge in Zimmermann 1999.

Anhang

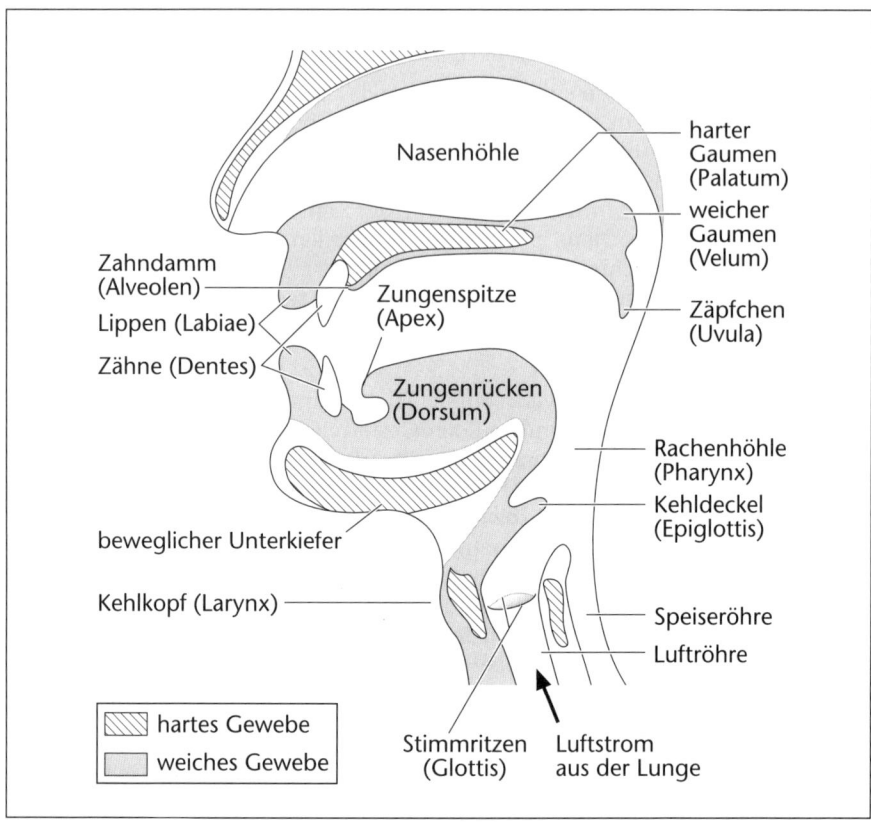

Abb. 7: Querschnitt durch den menschlichen Artikulationsapparat.

Literatur

ADAMZIK, Kirsten (2000): *Sprache: Wege zum Verstehen*. Tübingen: Francke.

(1992): *Admyte: Archivo digital de manuscritos y textos españoles*. 2 CD-ROM mit Handbuch. Madrid: Micronet.

ÁGEL, Vilmos (2000): *Valenztheorie*. Tübingen: Narr.

ALARCOS LLORACH, Emilio (⁴1974): *Fonología española*. Madrid: Gredos.

ALARCOS LLORACH, Emilio (1951): *Gramática estructural (según la escuela de Copenhague y con especial atención a la lengua española)*. Madrid: Gredos.

ALARCOS LLORACH, Emilio (1994): *Gramática de la lengua española*. Madrid: Real Academia Española.

ALCINA FRANCH, JUAN/BLECUA, Manuel (1975): *Gramática española*. Barcelona: Ariel.

ALONSO, Amado (1951): „Partición de las lenguas románicas de occidente", in: Alonso, Amado: *Estudios lingüísticos. Temas españoles*. Madrid: Gredos. 101–127.

ALVAR, Manuel/POTTIER, Bernard (1983): *Morfología histórica del español*. Madrid: Gredos.

ARIZA VIGUERA, Manuel (1989): *Manual de fonología histórica del español*. Madrid: Síntesis.

AUSTIN, John L. (1962): *How to do things with words*. Cambridge, Mass.: Harvard University Press.

BALLY, Charles (⁴1965): *Linguistique générale et linguistique française*. Bern: Francke.

BARTENS, Angela (1995): *Die iberoromanischbasierten Kreolsprachen. Ansätze der linguistischen Beschreibung*. Frankfurt a. M., etc.: Lang.

BARTENS, Angela (1996): *Der kreolische Raum. Geschichte und Gegenwart*. Helsinki: Suomalainen Tiedeakatemia.

BERKENBUSCH, Gabriele (1990): *Klassiker der spanischen Sprachwissenschaft: eine Einführung in die Sprachwissenschaft des 16. und 17. Jahrhunderts; Quellentexte, Kommentare, Bibliographie*. Bonn: Romanistischer Verlag Jakob Hillen.

BERNSTEIN, Basil (1971–75): *Class, codes and control*. 3 Bde. London: Routledge

BERSCHIN, Helmut/FERNÁNDEZ-SEVILLA, Julio/FELIXBERGER, Josef (1987/²1995): *Die spanische Sprache. Verbreitung, Geschichte, Struktur*. München: Hueber.

BIERBACH, Christine (1992): „Spanisch: Sprache und Geschlechter", in: Holtus, Günter/Metzeltin, Michael/Schmitt, Christian (Hgg.): *Lexikon der Romanistischen Linguistik*. Bd. VI, 1. Tübingen: Niemeyer. 276–295.

BLANK, Andreas (1997): *Prinzipien des lexikalischen Bedeutungswandels am Beispiel der romanischen Sprachen*. Tübingen: Niemeyer.

BLANK, Andreas/KOCH, Peter (Hgg.) (1999): *Historical semantics and cognition*. Berlin: Mouton de Gruyter

BLASCO FERRER, Eduardo (1996): *Linguistik für Romanisten*. Berlin: Schmidt.

BLECUA, Alberto (1983): *Manual de crítica textual*. Madrid: Editorial Castalia.

BLOOMFIELD, Leonard (1933/1984): *Language*. Chicago: University of Chicago Press (Nachdruck der Originalausgabe).

BOCHMANN, Klaus (1989): *Regional- und Nationalitätensprachen in Frankreich, Italien und Spanien*. Leipzig: VEB Verlag Enzyklopädie.

BOLLÉE, Annegret (1977): *Zur Entstehung der französischen Kreolendialekte im Indischen Ozean*. Genf: Droz.

BOLLÉE, Annegret/NEUMANN-HOLZSCHUH, Ingrid (2002): *Spanische Sprachgeschichte*. Stuttgart/Düsseldorf/Leipzig: Klett.

BOLLER, Fred (1995): *Die Isoglossenstaffelung in der galicisch-portugiesisch-spanischen Kontaktzone im Lombada-Aliste-Grenzgebiet*. Groß Vollstedt [Kiel]: Westensee-Verlag.

BOSQUE, Ignacio (Hg.) (1990a): *Indicativo y subjuntivo*. Madrid: Taurus Universitaria.

BOSQUE, Ignacio (1990b): *Tiempo y aspecto en español*. Madrid: Cátedra.

BOSQUE, Ignacio/DEMONTE, Violeta (Hgg.) (1999): *Gramática descriptiva de la lengua española*. 3 Bde. Madrid: Espasa Calpe.

BRIZ GÓMEZ, Antonio (1998): *El español coloquial en la conversación. Esbozo de pragmagramática*. Barcelona: Ariel.

BRIZ GÓMEZ, Antonio/GÓMEZ MOLINA, José Ramón/MARTÍNEZ ALCALDE, María José/Grupo Val.Es.Co (Hgg.) (1996): *Pragmática y gramática del español hablado. Actas del II Simposio sobre análisis del discurso oral*. Valencia/Zaragoza: Universidad de Valencia/Libros Pórtico.

BRUMME, Jenny (1997): *Spanische Sprache im 19. Jahrhundert. Sprachliches Wissen, Norm und Sprachveränderungen*. Münster: Nodus.

BUSTOS GISBERT, José M. de (1996): *La construcción de textos en español*. Salamanca: Universidad de Salamanca.

BUSTOS TOVAR, José Jesús de (Hg.) (1988): *Poema de mio Cid*. Madrid: Alianza Editorial.

BÜHLER, Karl (1934/1982): *Sprachtheorie: die Darstellungsfunktion der Sprache*. Jena: Fischer (Neudruck Stuttgart: G. Fischer).

BUSSMANN, Hadumod (^{2}1990): *Lexikon der Sprachwissenschaft*. Stuttgart: Kröner.

CÂMARA, José Mattoso (1972): *The Portuguese Language*. Chicago/London: University of Chicago Press.

CANO AGUILAR, Rafael (^{3}1997): *El español a través de los tiempos*. Madrid: Arco Libros.

CANO AGUILAR, Rafael (1991): *Análisis filológico de textos*. Madrid: Taurus.

CARTAGENA, Nelson (1978): „Acerca de las categorías de tiempo y aspecto en el sistema verbal español", *Revista Española de Lingüística* 8, 2, 373–408.

CARTAGENA, Nelson/GAUGER, Hans-Martin (1989): *Vergleichende Grammatik Spanisch-Deutsch*. 2 Bde. Mannheim etc.: Duden-Verlag.

CASADO VELARDE, Manuel (1988): *Lenguaje y cultura. La etnolingüística*. Madrid: Edición Síntesis.

CASADO VELARDE, Manuel (1990): *El castellano actual. Usos y normas*. Pamplona: EUNSA.

CHOMSKY, Noam (1957): *Syntactic structures*. Den Haag: Mouton.

CHOMSKY, Noam (1965): *Aspects of the theory of syntax*. Cambridge, Mass.: MIT Press.

CHOMSKY, Noam (1981): *Lectures on government and binding*. Dordrecht: Foris.

CHOMSKY, Noam (1995): *The minimalist program*. Cambridge, Mass.: MIT Press.

COLLADO, Jesús-Antonio (1974): *Elementos de lingüística general*. Madrid: Gredos.

COLON, Germà (1989): *El español y el catalán, juntos y en contraste*. Barcelona: Ariel.

COROMINAS, Juan/PASCUAL, José A. (1980ff.): *Diccionario crítico etimológico castellano e hispánico*. 6 Bde. Madrid: Gredos.

COSERIU, Eugenio (1958): *Sincronía, diacronía e historia. El problema del cambio lingüístico*. Montevideo: Universidad de la República (dt. (1974): *Synchronie, Diachronie und Geschichte. Das Problem des Sprachwandels*. München: Fink).

COSERIU, Eugenio (1964): „Pour une sémantique diachronique structurale", *Travaux de Linguistique et de Littérature* II, 1, 139–186.

COSERIU, Eugenio (1967): „Lexikalische Solidaritäten", *Poetica* 1, 293–303.

COSERIU, Eugenio (1973): *Probleme der strukturellen Semantik*. Vorlesung, gehalten im Wintersemester 1965/66 an der Universität Tübingen. Autorisierte und bearbeitete Nachschrift von Dieter Kastovsky. Tübingen: Narr.

COSERIU, Eugenio (1975a): „Die funktionelle Betrachtung des Wortschatzes", in: Moser, H. (Hg.), *Probleme der Lexikologie und der Lexikographie*. Schriften des Instituts für Deutsche Sprache 39. Düsseldorf: Schwann. 7–25.

COSERIU, Eugenio (1975b): „Die sprachlichen (und die anderen) Universalien", in: Schlieben-Lange, Brigitte (Hg.), *Sprachtheorie*. Hamburg: Hoffmann und Campe. 127–161.

COSERIU, Eugenio (1976): *Das romanische Verbalsystem*. Tübingen: Narr.

COSERIU, Eugenio (1977): „Inhaltliche Wortbildungslehre (am Beispiel des Typs ‚coupe-papier')", in: Brekle, Hartmut/Kastovsky, Dieter (Hgg.): *Perspektiven der Wortbildungsforschung. Beiträge zum Wuppertaler Wortbildungskolloquium vom 9.–10. Juli 1976*. Bonn: Bouvier. S. 48–61.

COSERIU, Eugenio (1980): *Textlinguistik. Eine Einführung*. Tübingen: Narr.

COSERIU, Eugenio (1981): „Los conceptos de ‚dialecto', ‚nivel' y ‚estilo de lengua' y el sentido propio de la dialectología", *Lingüística Española Actual* 3, 1–31 (dt. (1988a): „Die Begriffe ‚Dialekt', ‚Niveau' und ‚Sprachstil' und der eigentliche Sinn der Dialektologie", in: Albrecht, Jörn (Hg.): *Energeia und Ergon* 1: Schriften von E. Coseriu. Tübingen: Narr. 15–43).

COSERIU, Eugenio (1983): „La socio- y la etnolingüística. Sus fundamentos y sus tareas", *Conferencias del Trigésimo Aniversario*. Montevideo: Universidad de la República. 29–50 (dt. (1988b): „Die Sozio- und die Ethnolinguistik. Ihre Grundlagen und Aufgaben", in: Albrecht, Jörn (Hg.): *Energeia und Ergon* 1: Schriften von E. Coseriu. Tübingen: Narr. 63–79).

COSERIU, Eugenio (²1992): *Einführung in die allgemeine Sprachwissenschaft*. Tübingen: Narr.

CRYSTAL, David (²1997): *The Cambridge Encyclopedia of Language*. Cambridge: Cambridge University Press (dt. (1998) *Die Cambridge-Enzyklopädie der Sprache*. Köln: Parkland).

DAHMEN, Wolfgang/HOLTUS, Günter/KRAMER, Johannes/METZELTIN, Michael (Hgg.) (1989): *Technische Sprache und Technolekte in der Romania. Romanistisches Kolloquium II*. Tübingen: Narr.

DANEŠ, František (1964): „A three-level approach to syntax", *Travaux Linguistiques de Prague* 1, 225–240.

DE BRUYNE, Jacques (1993): *Spanische Grammatik*. Tübingen: Niemeyer.

DIETRICH, Wolf (1973): *Der periphrastische Verbalaspekt in den romanischen Sprachen. Untersuchungen zum heutigen romanischen Verbalsystem und zum Problem der Herkunft des periphrastischen Verbalaspekts*. Tübingen: Niemeyer.

DIETRICH, Wolf/Geckeler, Horst (³2000): *Einführung in die spanische Sprachwissenschaft*. Berlin: Schmidt.

ENTWISTLE, William J. (²1951): *The Spanish Language, together with Portuguese, Catalan and Basque*. London: Faber.

ERNST, Gerhard/GLESSGEN, Martin-Dietrich/SCHMITT, Christian/SCHWEICKARD, Wolfgang (in Vorbereitung): *Romanische Sprachgeschichte. Histoire des Langues Romanes. Ein internationales Handbuch zur Geschichte der romanischen Sprachen und ihrer Erforschung. Manuel international d'histoire linguistique de la Romania*. Berlin/New York: De Gruyter.

(1973): *Esbozo de una nueva gramática de la lengua española*. Madrid: Real Academia Española.

FERGUSON, Charles A. (1959): „Diglossia", *Word* 15, 325–340.

FISHMAN, Joshua A. (1972): *Sociology of language: an interdisciplinary social science approach to language in society*. Rowley, Mass.: Newbury House Publishers.

FLYDAL, Leiv (1952): „Remarques sur certains rapports entre le style et l'état de langue", *Norsk Tidsskrift for Sprogvidenskap* 16, 241–258.

FONTANELLA DE WEINBERG, María Beatriz (1976): *La lengua española fuera de España*.

América, Canarias, Filipinas, judeoespañol. Buenos Aires: Editorial Paidós.

FONTANELLA DE WEINBERG, María Beatriz (1992): *El español de América*. Madrid: MAPFRE.

FRANK, Barbara/HARTMANN, Jörg (Mitarbeit: KÜRSCHNER, Heike) (1997): *Inventaire systématique des premiers documents des langues romanes. 5 Bde*. Tübingen: Narr.

FREITAG, Reinhard K.W. (1994): *Das Galegoportugiesische in Nordwestspanien*. Hamburg: Kovač.

GABELENTZ, Georg von der (²1998 [1891/²1901]): *Die Sprachwissenschaft: ihre Aufgaben, Methoden und bisherigen Ergebnisse*. Tübingen: Francke.

GAUGER, Hans-Martin (1970): *Wort und Sprache: sprachwissenschaftliche Grundfragen*. Tübingen: Niemeyer.

GAUGER, Hans-Martin (1971a): *Durchsichtige Wörter. Zur Theorie der Wortbildung*. Heidelberg: Winter.

GAUGER, Hans-Martin (1971b): *Untersuchungen zur französischen und spanischen Wortbildung*. Heidelberg: Winter.

GAUGER, Hans-Martin (1972): *Zum Problem der Synonyme*. Tübingen: Narr.

GAUGER, Hans-Martin (1976): *Sprachbewußtsein und Sprachwissenschaft*. München: Piper.

GAUGER, Hans-Martin (1989): *Introducción a la lingüística románica*. Madrid: Gredos.

GAUGER, Hans-Martin (1995): *Über Sprache und Stil*. München: Beck.

GAUGER, Hans-Martin (1999): „Semantische Sonderwege des Spanischen", in: Große, Sybille/Schönberger, Axel (Hgg.): *Dulce et decorum est philologiam colere. Festschrift für Dietrich Briesemeister zu seinem 65. Geburtstag*. Berlin: Domus Editoria Europaea. 251–255.

GAUGER, Hans-Martin/OESTERREICHER, Wulf/WINDISCH, Rudolf (1981): *Einführung in die romanische Sprachwissenschaft*. Darmstadt: Wissenschaftliche Buchgesellschaft.

GILI Y GAYA, Samuel (⁹1964): *Curso superior de sintaxis española*. Barcelona: Spes.

GILI Y GAYA, Samuel (⁹1978): *Resumen práctico de gramática española*. Barcelona: Bibliograf.

GLESSGEN, Martin-Dietrich/LEBSANFT, Franz (Hgg.) (1997): *Alte und neue Philologie*. Tübingen: Niemeyer.

GÜLICH, Elisabeth/RAIBLE, Wolfgang (1977): *Linguistische Textmodelle*. München: Fink.

HARDER, ANDREAS/BOLLER Fred (1996): *Sprachgeographie und PC: Sprachkarten, Datenorganisation, Tonproben mit Mikrorechnern*. Kiel: Westensee-Verlag.

HAUSMANN, Franz Josef (1977): *Einführung in die Benutzung der neufranzösischen Wörterbücher*. Tübingen: Niemeyer.

HAVERKATE, Henk (1984): *Speech Acts, Speakers, and Hearers. Reference and Referential Strategies in Spanish*. Amsterdam/Philadelphia: Benjamins.

HAVERKATE, Henk/MULDER, Gijs/FRAILE MALDONADO, Carolina (Hgg.) (1998): *La pragmática lingüística del español. Recientes desarrollos*. Amsterdam/Atlanta: Rodopi.

HEGER, Klaus (1960): *Die bisher veröffentlichten Harğas und ihre Deutungen*. Tübingen: Niemeyer.

HENGEVELD, Kees/OLBERTZ, Hella (in Vorbereitung): *An Introduction to Spanish Linguistics*. Amsterdam/Philadelphia: Benjamins.

HERNÁNDEZ ALONSO, César (1995): *Nueva sintaxis de la lengua española (sintaxis onomasiológica: del contenido a la expresión)*. Salamanca: Ediciones Colegio de España.

HJELMSLEV, Louis (1943): *Omkring sprogteoriens grundlaeggelse*. Kopenhagen: Cercle linguistique de Copenhague (dt. (1974): *Prolegomena zu einer Sprachtheorie*. München: Hueber).

HOINKES, Ulrich (Hg.) (1995): *Panorama der lexikalischen Semantik: thematische Festschrift aus Anlaß des 60. Geburtstags von Horst Geckeler*. Tübingen: Narr.

HOINKES, Ulrich (Hg.) (1997): *Kaleidoskop der lexikalischen Semantik*. Tübingen: Narr.

HOINKES, Ulrich (in Vorbereitung): *Varietätenlinguistik der romanischen Sprachen*. Tübingen: Narr.

HOLTUS, Günter/RADTKE, Edgar (1984): *Umgangssprache in der Iberoromania*. Tübingen: Narr.

HOLTUS, Günter/METZELTIN, Michael/SCHMITT, Christian (Hgg.) (1987ff): *Lexikon der romanistischen Linguistik*. Tübingen: Niemeyer (= LRL).

HUMBOLDT, Wilhelm von (1994): *Über die Sprache. Reden vor der Akademie*. Herausgegeben, kommentiert und mit einem Nachwort versehen von Jürgen Trabant. Tübingen: Francke.

ILIESCU, Maria/SLUSANSKI, Dan (Hgg.) (1991): *Du latin aux langues romanes. Choix de textes traduits et commentés (du IIe siècle avant J.C. jusqu'au Xe siècle après J.C.)*. Wilhelmsfeld: Egert.

JAKOBSON, Roman/HALLE, Morris (²1980): *Fundamentals of language* Den Haag: Mouton (dt. (1960): *Grundlagen der Sprache*. Berlin: Akademie-Verlag).

KABATEK, Johannes (1996): *Die Sprecher als Linguisten: Interferenz- und Sprachwandelphänomene dargestellt am Galicischen der Gegenwart*. Tübingen: Niemeyer.

KALVERKÄMPER, Hartwig (1981): *Orientierung zur Textlinguistik*. Tübingen: Niemeyer.

KALVERKÄMPER, Hartwig (Hg.) (1988): *Fachsprachen in der Romania*. Tübingen: Narr.

KANY, Charles E. (1951): *American Spanish Syntax*. Chicago: The University of Chicago Press (span. (1969): *Sintaxis hispano-americana*. Madrid: Gredos).

KANY, Charles E. (1960): *American-Spanish Semantics*. Berkeley/Los Angeles: University of California Press (span. (1962): *Semántica hispano-americana*. Madrid: Aguilar).

KELLER, Rudi (1982): „Zur Theorie sprachlichen Wandels", *Zeitschrift für germanistische Linguistik* 10, 1–27.

KELLER, Rudi (²1994): *Sprachwandel: von der unsichtbaren Hand in der Sprache*. Tübingen/Basel: Francke.

KLEIBER, Georges (²1998): *Prototypensemantik. Eine Einführung*. Tübingen : Narr.

KLEIN, Franz-Josef (1997): *Bedeutungswandel und Sprachendifferenzierung. Die Entstehung der romanischen Sprachen aus wortsemantischer Sicht*. Tübingen: Niemeyer.

KOCH, Peter/OESTERREICHER, Wulf (1990): *Gesprochene Sprache in der Romania: Französisch, Italienisch, Spanisch*. Tübingen: Niemeyer.

KONTZI, Reinhold (Hg.) (1978): *Zur Entstehung der romanischen Sprachen*. Darmstadt: Wissenschaftliche Buchgesellschaft.

KONTZI, Reinhold (Hg.) (1982): *Substrate und Superstrate in den romanischen Sprachen*. Darmstadt: Wissenschaftliche Buchgesellschaft.

KOTSCHI, Thomas/OESTERREICHER, Wulf/ZIMMERMANN, Klaus (Hgg.) (1996): *El español hablado y la cultura oral en España e Hispanoamérica*. Frankfurt a. M./Madrid: Vervuert/Iberoamericana.

KUBARTH, Hugo (1987): *Das lateinamerikanische Spanisch*. München: Hueber.

LABOV, William (1972): *Sociolinguistic patterns*. Oxford: Blackwell.

LACA, Brenda (1986): *Die Wortbildung als Grammatik des Wortschatzes: Untersuchungen zur spanischen Subjektnominalisierung*. Tübingen: Narr.

LAKOFF, Robin T. ([17]1991): *Language and woman's place*. New York: Harper & Row.

LANG, Mervyn F. (1990): *Spanish Word Formation*. London: Routledge.

LAPESA, Rafael ([9]1981): *Historia de la lengua española*. Madrid: Gredos.

LAUSBERG, Heinrich ([2]1963–1972): *Romanische Sprachwissenschaft*. 3 Bde. Berlin/New York: De Gruyter.

Lexikon der romanistischen Linguistik (LRL): s. Holtus/Metzeltin/Schmitt (Hgg.).

LEBSANFT, Franz (1990): *Spanien und seine Sprachen in den Cartas al director von El País (1976–1987)*. Tübingen: Narr.

LEBSANFT, Franz (1997): *Spanische Sprachkultur. Studien zur Bewertung und Pflege des öffentlichen Sprachgebrauchs im heutigen Spanien*. Tübingen: Niemeyer.

LEWANDOWSKI, Theodor ([5]1990): *Linguistisches Wörterbuch*. 3 Bde. Heidelberg: Quelle & Meyer.

LINDENBAUER, Petrea/METZELTIN, Michael/THIR, Margit ([2]1995): *Die romanischen Sprachen. Eine einführende Übersicht*. Wilhelmsfeld: Egert.

LINKE, Angelika/NUSSBAUMER, Markus/PORTMANN, Paul R. ([2]1994): *Studienbuch Linguistik*. Tübingen: Niemeyer.

LLOYD, Paul M. (1987): *From Latin to Spanish*. Philadelphia: American Philosophical Society.

LOPE BLANCH, Juan M. (1986): *El estudio del español hablado culto: historia de un proyecto*. México D.F.: Universidad Nacional Autónoma de México, Instituto de Investigaciones Filológicas.

LÓPEZ DE MARTÍNEZ, Adelaida (Hg.) (1995): *Discurso femenino actual*. San Juan: Universidad de Puerto Rico.

LÜDTKE, Helmut (1968): *Geschichte des romanischen Wortschatzes*. 2 Bde. Freiburg i.Br.: Rombach.

LÜDTKE, Jens (1978): *Prädikative Nominalisierungen mit Suffixen im Französischen, Katalanischen und Spanischen*. Tübingen: Niemeyer.

LÜDTKE, Jens (1984): *Katalanisch. Eine einführende Sprachbeschreibung*. München: Hueber.

LÜDTKE, Jens (1991): „Geschichte des Spanischen in Übersee", *Romanistisches Jahrbuch* 41 [1990], 290–301.

LÜDTKE, Jens (Hg.) (1996): *Romania Arabica. Festschrift für Reinhold Kontzi zum 70. Geburtstag*. Tübingen: Narr.

MARTINET, André ([2]1980): *Eléments de linguistique générale*. Paris: Colin (dt. ([5]1971): *Grundzüge der allgemeinen Sprachwissenschaft*. Stuttgart : Kohlhammer).

METZELTIN, Michael/WINKELMANN, Otto (1992): „Die Sprachen der Iberischen Halbinsel und ihre Verbreitung", Holtus, Günter/Metzeltin, Michael/Schmitt, Christian (Hgg.): *Lexikon der Romanistischen Linguistik*. Tübingen: Niemeyer, Bd. VI, 1: 1–36.

MENÉNDEZ PIDAL, Ramón ([3]1950): *Orígenes del español*. Madrid: Centro de Estudios Históricos.

MENÉNDEZ PIDAL, Ramón ([6]1964): *El idioma español en sus primeros tiempos*. Madrid: Gredos.

MENÉNDEZ PIDAL, Ramón (Hg.) (1908–1911): *Cantar de Mio Cid. Texto, gramática, vocabulario*. 3 Bde. Madrid: Espasa Calpe.

MENÉNDEZ PIDAL, Ramón (1947): *La España del Cid*. 2 Bde. Madrid: Centro de Estudios Históricos.

MENÉNDEZ PIDAL, Ramón ([13]1968): *Manual de gramática histórica española*. Madrid: Espasa Calpe.

MEYER-LÜBKE, Wilhelm ([3]1920): *Einführung in das Studium der romanischen Sprachwissenschaft*. Heidelberg: Winter.

MICHAEL, Ian (Hg.) (1976): *Poema de Mio Cid*. Madrid: Castalia.

MIRANDA, José A. (1994): *La formación de palabras en español*. Salamanca: Colegio de España.

MONTOLÍO, Estrella (2001): *Conectores de la lengua escrita*. Barcelona: Ariel.

MORENO DE ALBA, José G. ([2]1993): *El español en América*. Mexiko Stadt: Fondo de Cultura Económica.

NADAL, Josep M./PRATS, Modest (1982–1996): *Història de la llengua catalana*. 3 Bde. Barcelona: Edicions 62.

NARBONA JIMÉNEZ, Antonio (1989): *Sintaxis española: nuevos y viejos enfoques*. Barcelona: Ariel.

NEBRIJA, Antonio de (1980): *Gramática de la lengua castellana*. Edición preparada por Antonio Quilis. Madrid: Editora Nacional.

NETO, Serafim da Silva (^{5}1988): *História da língua portuguesa*. Rio de Janeiro: Presença.

OESTERREICHER, Wulf/STOLL, Eva/WESCH, Andreas (Hgg.) (1998): *Competencia escrita, tradiciones discursivas y variedades lingüísticas. Aspectos del español europeo y americano en los siglos XVI y XVII*. Tübingen: Narr.

OGDEN, Charles Kay/RICHARDS, Ivor Armstrong (^{10}1985): *The meaning of meaning: a study of the influence of language upon thought and of the science of symbolism*. London: ARK.

PAUL, Hermann (^{10}1995): *Prinzipien der Sprachgeschichte*. Tübingen: Niemeyer.

PAUFLER, Hans-Dieter (1977): *Lateinamerikanisches Spanisch. Phonetisch-phonologische und morphologisch-syntaktische Fragen*. Leipzig: Karl-Marx-Universität.

PELZ, Heidrun (1996): *Linguistik. Eine Einführung*. Hamburg: Hoffmann und Campe.

PENNY, Ralph (1991): *A history of the Spanish language*. Cambridge: Cambridge University Press (span. (1993): *Gramática histórica del español*. Barcelona: Ariel).

PENNY, Ralph (2000): *Variation and change in Spanish*. Cambridge: Cambridge University Press.

PÖCKL, Wolfgang/RAINER, Franz (1991): *Einführung in die romanische Sprachwissenschaft*. Tübingen: Niemeyer.

POPLACK, Shana (1980): „Sometimes I'll start a sentence in Spanish y termino en español: toward a typology of code-switching", *Linguistics. An interdisciplinary journal of the language sciences* 18, 581–618.

QUILIS, Antonio (1985): „El estudio coordinado de la lengua española hablada en Hispanoamérica y en España", *Actes du XVIIe Congrès International de Linguistique et de Philologie Romanes*. Bd. 7. Aix-en-Provence: Université de Provence. 317–328.

QUILIS, Antonio (^{2}1999): *Tratado de fonología y fonética españolas*. Madrid: Gredos.

RAINER, Franz (1994): *Spanische Wortbildung*. Tübingen: Niemeyer.

RAMERS, Karl Heinz (2000): *Einführung in die Syntax*. München: W. Fink.

RENZI, Lorenzo (1980): *Einführung in die romanische Sprachwissenschaft*. Tübingen: Niemeyer.

RODRÍGUEZ DÍEZ, Bonifacio (1977–78): „Lo específico de los lenguajes científico-técnicos", in: *Archivum* (Oviedo) 27–28, 485–521.

ROHLFS, Gerhard (1971): *Romanische Sprachgeographie. Geschichte und Grundlagen, Aspekte und Probleme, mit dem Versuch eines Sprachatlas der romanischen Sprachen*. München: Beck.

ROSCH, Eleanor (1978): *Cognition and categorization*. New York: Wiley.

SALVADOR, Gregorio (1985): *Semántica y lexicología del español*. Madrid: Paraninfo.

SAUSSURE, Ferdinand de (^{3}1967): *Cours de linguistique générale*. Paris: Payot (dt. (^{2}1967): *Grundfragen der allgemeinen Sprachwissenschaft*. Berlin: De Gruyter).

SCHLIEBEN-LANGE, Brigitte (1971): *Okzitanische und katalanische Verbprobleme. Ein Beitrag zur funktionellen synchronischen Untersuchung des Verbalsystems der beiden Sprachen (Tempus und Aspekt)*. Tübingen: Niemeyer.

SCHLIEBEN-LANGE, Brigitte (^{2}1979): *Linguistische Pragmatik*. Stuttgart etc.: Kohlhammer.

SCHLIEBEN-LANGE, Brigitte (1983): *Traditionen des Sprechens. Elemente einer pragmatischen Sprachgeschichtsschreibung*. Stuttgart etc.: Kohlhammer.

SCHLIEBEN-LANGE, Brigitte (^{3}1991): *Soziolinguistik. Eine Einführung*. Stuttgart etc.: Kohlhammer.

SCHMITT, Christian (1989): „Zur Ausbildung der Sprachnorm des Neuspanischen", in: Strosetzki, Christoph/Tietz, Manfred (Hgg.): *Einheit und Vielfalt der Iberoromania. Geschichte und Gegenwart. Akten des Deutschen Hispanistentages Passau, 26.2.–1.3. 1987*. Hamburg: Buske. 125–146.

SCHMITT, Christian (1992): „Spanisch: Fachsprachen", in: Holtus, Günter/Metzeltin, Michael/Schmitt, Christian (Hgg.): *Lexikon der Romanistischen Linguistik*. Bd. VI, 1. Tübingen: Niemeyer. 295–328.

SCHPAK-DOLT, Nikolaus (1999): *Einführung in die spanische Morphologie*. Tübingen: Niemeyer.

SCHWARZ, Monika/CHUR, Jeannette (^{2}1996): *Semantik. Ein Arbeitsbuch*. Tübingen: Narr.

SEARLE, John R. (1969): *Speech acts: an essay in the philosophy of language*. Cambridge:

Cambridge University Press (dt. (⁶1994): *Sprechakte*. Frankfurt a. M.: Suhrkamp).

SMITH, Colin (Hg.) (1976): *Poema de Mio Cid*. Madrid: Cátedra.

SÖLL, Ludwig (³1985): *Gesprochenes und geschriebenes Französisch*. Berlin: Schmidt.

STEN, Holger (1944): *Les particularités de la langue portugaise*. Kopenhagen: Einar Munksgaard.

SZEMERÉNYI, Oswald (1971): *Richtungen der modernen Sprachwissenschaft*. 2 Bde. Heidelberg: Winter.

TAGLIAVINI, Carlo (²1998): *Einführung in die romanische Philologie*. München: Beck.

TESNIÈRE, Lucien (²1966): *Eléments de syntaxe structurale*. Paris: Klincksieck (dt. (1980): *Grundzüge der strukturalen Syntax*. Stuttgart: Klett-Cotta).

TEYSSIER, Paul (³1987): *História da língua portuguesa*. Lissabon: Sá da Costa.

THIELE, Johannes (1992): *Wortbildung in der spanischen Gegenwartssprache*. Leipzig/Berlin: Langenscheidt.

THOMAS, Linda (1994): *Beginning syntax*. Oxford: Blackwell.

TRUJILLO, Ramón (1988): *Introducción a la semántica*. Madrid: Arco.

VÄÄNÄNEN, Veikko (31981): *Introduction au latin vulgaire*. Paris: Klincksieck.

VAÑÓ-CERDÀ, Antonio (1982): *Ser y estar y adjetivos: un estudio sincrónico y diacrónico*. Tübingen: Narr.

VARELA, Francisco J./THOMPSON, Evan/ROSCH, Eleanor (³1993): *The embodied mind: cognitive science and human experience*. Cambridge, Mass.: MIT Press.

VERA-MORALES, José (1995): *Spanische Grammatik*. München/Wien: Oldenbourg.

VIGARA TAUSTE, Ana María (1992): *Morfosintaxis del español coloquial. Esbozo estilístico*. Madrid: Gredos.

WANDRUSZKA, Mario (1969): *Sprachen – vergleichbar und unvergleichlich*. München: Piper.

WANDRUSZKA, Mario (1971): *Interlinguistik. Umrisse einer neuen Sprachwissenschaft*. München: Piper.

WANDRUSZKA, Mario (1979): *Die Mehrsprachigkeit des Menschen*. München: Piper.

WANDRUSZKA, Mario (²1998): *Die europäische Sprachengemeinschaft: Deutsch, Französisch, Englisch, Italienisch, Spanisch im Vergleich*. Tübingen/Basel: Francke.

WARTBURG, Walther von (1950): *Die Ausgliederung der romanischen Sprachräume*. Bern: Francke.

WEINREICH, Uriel (⁷1970): *Languages in contact: findings and problems*. Den Haag: Mouton.

WEINRICH, Harald (⁵1994): *Tempus: besprochene und erzählte Welt*. Stuttgart etc.: Kohlhammer.

WESCH, Andreas (1996): „Acerca del análisis de la lengua hablada", in: Martínez González, Antonio (Hg.): *Estudios de filología hispánica (estudios lingüísticos y literarios)*. Granada: Universidad de Granada. 111–128.

WESCH, Andreas (1997): „El castellano hablado de Barcelona y el influjo del catalán – esbozo de un programa de investigación", *Verba – Anuario Galego de Filoloxía 24*, 287–312.

WESCH, Andreas (in Vorbereitung): *Zwei sprachliche Diasysteme im Vergleich: Französisch und Spanisch*. Tübingen: Niemeyer.

WINDISCH, Rudolf (1988): *Zum Sprachwandel. Von den Junggrammatikern zu Labov*. Frankfurt etc.: Lang.

ZIMMER, Rudolf (1992): *Die Morphologie des italienischen, spanischen und portugiesischen Verbs: einzelsprachlich und im Vergleich*. Tübingen: Niemeyer.

ZIMMERMANN, Klaus (Hg.) (1999): *Lenguas criollas de base lexical española y portuguesa*. Frankfurt a. M./Madrid: Vervuert/Iberoamericana.

Sachregister

A

Ableitung 81 ff., 37
abstraktive Relevanz 39
Abtönung 167
Adstrat 124
Adverb, deadjektivisches 86
Affigierung 82
Affix 66, 81ff.
Affixoid 88
Affrikate 49
Agens 114 ff.
Agglutination 71
Akrolekt 170
Akronym 90 f.
Aktant 111 ff.
Aktiv 115
aktuell (Tempus) 74 f.
Akzent (Tonstärke) 59 f.
Alfons X. (der Weise) 134
Allomorph, Allomorphie 67 f.
Allophon, Allophonie 54
Alte Romania 7 ff.
Alterität 22
Alveolen, alveolar 50, 57
analytische Sprache 71 f.
Angemessenheit, sprachliche 19 f.
Antonymie 96 f.
Aphärese 149
Apex, apikal 50, 57
Apokope 149
appellative Funktion 41
apperzeptive Ergänzung 41
Arabisch 124 ff.
Arabismus 126, 154
Aragonesisch 126, 162
Aranesisch 15
Arbitrarität 37
Archaismen 122
Archisem 98
Architektur (der Sprache) 158
Arcipreste de Hita (Juan Ruiz) 133
Areallinguistik 8 f.
Artikel (diachronisch) 150 f.
Artikulationsart 48 ff.

Artikulationsorgane 50, 172
Artikulationsort 50
Aspekt 73 ff.
Assimilation 149
Association de Phonétique Internationale (API) 43
Assoziationsprinzipien 100 ff.
Asturisch 7, 126, 162
Augmentativ 85, 87
Ausbau 134
Ausgriff 86
Auto de los Reyes Magos 132
Autonymie 23
Auxiliarverb 76 ff., 151 f.

B

Baetica 122
Basilekt 170
Baskisch 15, 121
Baumdiagramm (Stemma) 109 f., 114
Bedeutung 36, 41, 62, 66 f., 84 ff., 91, 93 ff., 95 ff., 102 ff.
Bedeutungserweiterung 103 f.
Bedeutungsverengung 104
Bedeutungswandel 102 ff.
Bezeichnung 41 f.
bilabial 50, 57
„Bindestrich-Linguistik" 34 f.

C

ceceo 148, 163
chaîne parlée 22
Code 25 f.
Code-Switching 168 ff.
Córdoba, Kalifat 125

D

Definitionstyp 107
Deklination 72
Denotation 93
dental 50, 57

Dependenz, -grammatik 110 ff.
Derivation 81 ff.
deskriptiv 24
Deskriptivismus 29 f.
Determinans und Determinatum 83
Diachronie 23, 143 ff.
Dialekt 157 f., 162 ff.
„dialektale Latinität" 123
Dialekttypen 162 f.
Diálogo de la Lengua 135 f.
Diaphasik 158, 164 ff.
Diastratik 158, 164 ff.
Diasystem 158
Diathese 114 ff.
Diatopik 158, 162 ff.
Diglossie 169
Diminutiv 85, 87
Diphthong 51 f.
Diphthongierung 144
Diskursivität 22 f.
Diskurstradition 18f f., 22, 130 f.
Dissimilation 149
Distanzsprache 159 f.
distinción 148, 163
Distributionalismus 29 f.
dorsal 50, 57
Drastik, sprachliche 104
Drei-Ebenen-Ansatz, syntaktischer 117
Drittaktant 111 ff.
Dublette 153
durchsichtige Wörter 85 ff.

E

Ebenen des Sprachlichen 18 ff.
Editionsphilologie 139
Elativ 86 f.
Ellipse 103
energeia 27
Entwicklung 87
Epenthese 149
Epik 132
Erbwort 152
ergon 27
Erstaktant 111 ff.

Esbozo de una nueva gramática de la lengua española 137 f.
Euphemismus 104
expressive (emotive) Funktion 41
Exteriorität 21
externe Sprachgeschichte 120 ff.

F
falsche Freunde *(faux amis)* 105
Fazienda de Ultramar 134
flektierende Sprache 71
Flexion 71 ff.
Form, *form* 36, 38
„Franzosenweg" *(camino francés)* 126 f.
freies Morphem 67
Frikativ 49
Frikativierung 51, 145 f.
funktionale Satzperspektive 116 f.
Funktionalismus 29, 117
Futur 74 f., 151, 167

G
Galicisch 14, 126
Gallizismus 154
gebundenes Morphem 67
generative Transformationsgrammatik 30 f.
generisches (prolexematisches) Kompositum 88
Genfer Schule 28
Germanen 123 f.
Germanismus 154
Glosas Silenses, Glosas Emilianenses 131
Glossematik 29
Glossen 131
glottal 50
government and binding 31
Grapheme 58
Graphie 58 f.
Griechen, Griechisch 121, 152

H
habla bozal 171
habla culta 168
Halbvokale, -konsonanten 51 f.
harğas 172
Hispania Citerior, Ulterior 122
Historizität 22, 140
Homonymie 98 f.
Hyperonymie 97
Hyponymie 97

I
Iberer 121
iberoromanische Sprachen 8 ff.
IC-Analyse 109
Idealismus 28
ideographische Schrift 58
Illokution 32
Imperfekt 74 f.
inaktuell 74 f.
Indices 112
Indogermanistik 26
Infix 83
Inhalt *(concept)* 36 f.
Inklusion 97
Inkompatibilität, einfache 97
Interferenz 168 f.
Interlinguistik 33
interne Sprachgeschichte 143 ff.
Isoglosse 9 f.
Isolation, isolierende Sprachen 71
Iterativ 85, 87

J
Judenspanisch 13
Junggrammatiker 27 f.

K
Karthager 121
Kastilisch 125 f., 162 f.
Kastilien 125 f.
Katalanisch 14, 55 f.
Kausativ 116
Kelten 9, 121 f.

Kernsatzstruktur 113
kognitive Semantik 100 ff.
Kohärenz 118
Kohäsion 118
Kohyponymie 97 f.
Kolumbus 128
Kommutationsprobe 53, 61 ff.
Komparation 72, 151
komplementäre (kontradiktorische) Antonymie 96
Komponentialsemantik 99 f.
Komposition 87 f.
Konditional 152
Konjugation 72 f.
Konjunktiv 78 ff.
Konnotation 93
Konsonanten 48 ff.,56 f., 144 ff.
Konsonantenschwund 145
Konstituenten *(immediate constituents)* 109 f.
Kontraktion 67
konträre Antonymie 96
konverse Antonymie 96 f.
Konversion 84
Konzeption 158 ff.
Kopenhagener Schule 29
Kopula 94 f.
Korpus 168, 139, 106
Korrektheit 19 f.
Kotext 118
Kreativität 23, 140
Kreolisierung, Kreolsprachen 170 f.
Kürzung 90 f.

L
labial 50, 57
laísmo 165
langage 18
langue 19
La Spezia-Rimini (Isoglossenbündel) 9
Latein 7, 120 ff., 143 ff.
Lateral 49, 57
Lautbild *(image acoustique)* 36
Lautmalerei 37
Lautwandel 143 ff.
Lehnübersetzung 154

Lehnwort 152 f.
leísmo 165
Lemma 105
lenguas generales 129
Lenition 147
Leonesisch 126, 162
Lexem 66
lexematisches Kompositum 88
Lexie 81
Lexikalisierung 91 f.
Lexikographie 105 ff.
Lexikologie 93 ff.
Linearität 22
Lippenstellung 47
Listen (als Textsorte) 131
loísmo 165
llaneza-Ideal 136
Luftstromdurchgang 47
Lusitania, Lusitanisch 121 f.

M
Makrostruktur 107
Markierung 25, 160 ff.
meaning 38, 30
Medium 158 ff.
Merkmal, lautliches 46, 48
Merkmal, semantisches 99 f.
Mesolekt 170
Mester de Clerecía 133
Metapher 102
Metasprache, metasprachl. Funktion 23, 41
Metathese 149
Metonymie 102
Mikrostruktur 107 f.
Modifizierung 87
Modus 78 ff.
Monem 62
Monophthongierung 144
Morph 62
Morphem 62 f.
Morpheminventar 66
Mozarabisch 126 f.
muwaššaha 127

N
Nähesprache 159 f.

Nasal, Nasalität 47 f., 49, 57
Navarrisch 126, 162
Nebrija, Antonio de 135
neoclassical compounds 88
Neue Romania 8
Neutralisierung 25
Nodiçia de Kesos 131
Nominalphrase 109 f.
Nordamerikanische Schule 29 f.
Norm 20, 136 ff. 157 ff.
Normdiskurs und Normierung 136 ff.
Nullmorphem 68, 84
Nullvalenz 112
Numerus 66 f., 72 f.

O
Oberbegriff 97
Öffnungsgrad 46, 55 f.
Okklusiv 48, 57
Ökonomie, sprachliche 63
Onomasiologie 94 f.
Onomatopoetika 37
Opposition 25, 53 f., 62 ff., 82, 95 ff.
Optativ 79
Oralität 159
Organon-Modell 38 ff.
Orthographie 58f
Ostromania 9 f.

P
palatal 50, 57
Palatalisierung 145 f.
palenquero 171
papiamentu 171
Paradigma, Paradigmatik, paradigmatische Beziehungen 63 ff.
paragrammatischer Prozess 87
parallele Perspektive 74 ff.
Paraphrase 82
Parasynthese 83
parole 19
Passiv 114 f.
Patiens 114 f.
Pejorativ 85, 87
Perfekt 75 f.

Performation 32
Periphrase 76 f.
Perlokution 32
Person, grammatische 66 f., 72 f.
Perspektive 74 ff.
Phase 77
phatische Funktion 41
Phon 53 ff.
Phonem 53 ff., 61 f.
Phonematik 52
Phoneminventar 55 ff.
Phonetik 45 ff., 172
Phönizier 121
phonographische Schrift 58
Phonologie 52 ff.
Pidgin, Pidginisierung 170
Poema de Mío Cid 132 f.
poetische Funktion 41
Polysemie 98 f.
Portemanteaumorphem 67
Portugiesisch 14 f., 125 f.
Potentialis 79
prädorsal 50, 57
Präfigierung, Präfix 66, 82 f.
Prager Schule 29
Pragmalinguistik, Pragmatik 32
Präsens 74 f.
präskriptiv 24
primäre Perspektive 74
primärer Dialekt 162
Primat der gesprochenen Sprache 25 f.
procès 111 ff.
Produktivität (Wortbildung) 89
Prosodie 59 f.
prospektive Perspektive 74 ff.
Pro(s)these 149
Prototypensemantik 100 f.
Purismus 137

Q
Quantität (Phonetik und Phonologie) 48, 51, 143 f.
Quantitätenkollaps 143 f.

R

Randareale 8 f.
Real Academia Española 136 ff.
Reconquista 125 f.
Rede 18 ff.
redundant (Phonetik) 47
referent 38
referentielle (denotative) Funktion 40
Reflexivität, sprachliche 23
Regiolekt 162 f.
Register 164 f.
Rektions- und Bindungstheorie 31
relevant (Phonologie) 54 ff.
Resultat 77
retrospektive Perspektive 74 ff.
revolución fonológica 147 f.
Rezessiv 114 ff.
reziproke Evokation 36 f.
Rhema *(comment)* 116 f.
Romania 7 ff.
Romania continua und *discontinua* 10 f.
romanische Sprachen 7 ff.
Romanisierung 122 f.
Römer 122

S

Schallphänomen 39
Schau 77
Sefarden 13
sekundäre Perspektive 77
sekundärer Dialekt 162
Sem 98
semantische Rollen 114 f.
Semantizität 21 f.
Semasiologie 94
Semikultismus 153
Semiotik 35
semiotisches Dreieck 38
serielle Kohyponymie 97
seseo 148, 163
Sibilant 147 f.
Siglo(s) de Oro 135
Signal 39
Signifikant, *signifiant, significante* 36
Signifikat, *signifié, significado* 36
Skripturalität 159
Sonorisierung 146 f., 9
Soziolekt 158
Soziolinguistik 34, 157 ff., 164 ff.
Spirantisierung 145
Sprachbewusstsein, Sprecherbewusstsein 33, 61, 85, 124
Sprachdenkmäler (älteste Zeugnisse) 130 ff.
Sprachfähigkeit, Sprachvermögen 17 ff.
Sprachgeographie 28
Sprachkontakt 168 ff.
Sprachmischung 168 ff.
Sprachtypen, Sprachtypologie 71
Sprachwandel 140 ff.
Sprechakttheorie 32
Sprecherzahlen 11 ff.
Sprechtätigkeit 18
Stammbaumtheorie 27
Stemma (Baumdiagramm) 109 f., 114
Stimmbeteiligung 50 f., 57
stimmhaft 50 f., 57
stimmlos 50 f., 57
Strukturalismus 18, 23 ff., 28 ff., 31, 53, 61 ff., 66 ff., 99 f.
Substitutionstest 53, 61 ff.
Substrat 120 ff.
Suffigierung, Suffix 66, 82 f.
Superstrat 123
Suprasegmentalia 59 f.
Sweben 123 f.
Symbol 35 f.
Symptom 39
Synchronie 24
Synkope 149
Synkretismus 69
Synonymie 95 f.
Syntagma, Syntagmatik, syntagmatische Beziehungen 63 ff.
Syntax 109 ff.
synthetische Sprachen 71
System 18 ff.

T

Tabu, sprachliches 104
taifas 125
Tartessier 121
Tempus 73 ff.
tertiärer Dialekt 162 f.
Textlinguistik 33, 118
Textsorten 22, 118, 130 ff.
Thema *(topic)* 116 f.
Thema-Rhema-Gliederung 116 f.
Themavokal 82 f.
theta-Rollen 114 f.
Tmesis 151
Tonhöhe 60
Toponym, Toponymie 121 ff.
Transkription 43 ff.
tratamiento unificado 163
Triphthong 52
Turdetaner 121

U

Überdachung 135
Universalien 21 ff.
„unsichtbare Hand" 142
Unterbegriff 97

V

Valdés, Juan de 135 f.
Valenz, Valenzgrammatik 111 ff.
Vandalen 123 f.
Variation (Wortbildung) 85 f.
Variation, Variationslinguistik 157 ff.
Varietät, Varietätenlinguistik 157 ff.
Varietätenkette 161 f.
velar 50, 57
Verbalperiphrase 76 f.
Verbalphrase 109 f.
Verknüpfung 109 ff.
Verschiebung 86
Verschriftlichung 130 ff.
Verschriftung 130 ff.
Vibrant 49, 57
Vokaldreieck 55 f.
Vokale 46f f., 55 f., 143 f.
Volksetymologie 103

voseo   163 f.
Vox   114 ff.
Vulgärlatein   7, 143 ff.

W

Westgoten, Westgotenreich
    123 ff.
Westromania   9 f.
Wortbildung, Wortbildungs-
    lehre   81 ff.
Wortfeld   98
Wortgebildetheit   91

Z

Zeichen   35 ff.
Zeitebene   74
Zentralareale   8 f.
Zirkumstanten   111 ff.
Zungenstellung   46 f.
zweifache Gegliedertheit
    (double articulation)   61 f.
Zweitaktant   111 ff.
Zweiter Punischer Krieg
    122